Helmut Schmidt
Der Kurs heißt Frieden

Helmut Schmidt

DER KURS HEISST FRIEDEN

Econ Verlag
Düsseldorf · Wien

16. bis 18. Tausend   März 1980
Copyright © 1979 by Econ Verlag GmbH, Düsseldorf und Wien
Alle Rechte der Verbreitung, auch durch Film, Funk
und Fernsehen, fotomechanische Wiedergabe, Tonträger
jeder Art, auszugsweisen Nachdruck oder Einspeicherung
und Rückgewinnung in Datenverarbeitungsanlagen
aller Art, sind vorbehalten.
Gesetzt aus der Trump der Linotype GmbH
Satz: Dörlemann-Satz, Lemförde
Papier: Papierfabrik Schleipen GmbH, Bad Dürkheim
Druck und Bindearbeiten: Richterdruck, Würzburg
Printed in Germany
ISBN 3 430 179947

Inhalt

Vorwort

Wer sich die Politik als Beruf gewählt hat, wer für seine
Partei, für das Gemeinwesen, für die res publica etwas
bewegen helfen will, muß sich in zeitlichen Abständen
immer aufs neue Klarheit darüber zu verschaffen versuchen, wo er steht und wohin er geht. Das hört sich so
selbstverständlich an und ist für den Politiker in einer
pluralistischen Demokratie doch nur mit großer Anstrengung zu leisten, weil jeder neue Tag, zumal für den,
der Verantwortung übertragen bekommen hat, viele
dringliche aktuelle Überlegungen und Entscheidungen
verlangt.

Freunde, aber auch solche Mitbürger, die meine Arbeit
als Bundeskanzler von anderen politischen Positionen
aus begleiten, haben seit längerem angeregt, daß ich einige meiner Reden, auf die ich eine Menge Zeit und
Mühe verwendet habe, in einem Buch zusammenfasse.
Die Anregung erschien mir sinnvoll, denn nicht selten
werden von einer Rede, mit der der Redner etwas über
den eiligen Tag hinaus seinen Zuhörern mitteilen möchte, etwas, das für sein politisches Denken von grundsätzlicher Bedeutung ist, nur kurze Zeitungsmeldungen be-
kannt.

Für nicht wenige junge Bürger unseres Landes ist der Zustand des Friedens in Europa eine Tatsache, die sie für völlig selbstverständlich nehmen. Wir Älteren wissen, daß die Bewahrung des Friedens, der ja weit mehr ist als die Abwesenheit von Konflikten, immer neuer Anstrengungen bedarf, buchstäblich an jedem neuen Tag.

Für mich ist die Erhaltung des Friedens stets die größte Herausforderung an alle gewesen, die in dieser zweiten deutschen Republik Verantwortung tragen. Es gibt tatsächlich keine andere oder höhere Verpflichtung als diese: im Inneren und nach außen Voraussetzungen dafür schaffen zu helfen, daß Konflikte vermieden, dort wo sie unvermeidbar erscheinen, eingedämmt, dort wo sie nicht zu verhindern waren, eingegrenzt und überwunden werden. Dazu habe ich als Bundeskanzler beizutragen versucht – durch zweckgerichtetes Handeln im Inneren, wo mir der soziale Frieden, der Ausgleich zwischen Gruppen unterschiedlicher Interessen durch den vernünftigen Kompromiß das wichtigste ist, und durch eine Politik der Verständigung mit unseren Nachbarn in allen Himmelsrichtungen. Wir vergessen manches Mal: Kaum ein anderes Land hat so viele Nachbarn wie die Bundesrepublik Deutschland.

In diesem Buch sind einige Reden nachzulesen, die ich für wesentlich halte oder von denen andere mir sagten, daß sie in einem Buch nachlesbar gemacht werden sollten.

Manches in diesen Reden bezieht sich auf das Geschehen des Tages, ich wünsche mir, daß der Leser anderes findet, was ihn die Linien meines Denkens und die Linien der Politik der Bundesregierung besser erkennen läßt.

Helmut Schmidt
Bonn, im November 1979

DAS ETHOS DER POLITIK

Gesinnung und Verantwortung in politischer Sicht

Ansprache
zur Entgegennahme des Theodor-Heuss-Preises
am 21. Januar 1978 in München

Herr Bundespräsident,
meine Damen und Herren, liebe junge Leute
und verehrte Frau Hamm-Brücher!

Nach den freundlichen Worten von Frau Hamm-Brücher über die Preisträger muß ich Ihnen, meine Damen und Herren, ein kleines persönliches Geständnis ablegen. Gewiß sind Politiker nicht weniger eitel als andere Menschen, eher ein klein wenig mehr. Sie lesen gerne über sich selbst in den Zeitungen. Aber es geht vielen Politikern gewiß ähnlich wie mir selbst: körperlich anwesend zu sein und selbst mitzuhören, wenn uns ein anderer lobt: das ist schwieriger, als Zeitung zu lesen. Und so fühlt man sich ein bißchen gehemmt und auch etwas beklommen.

Deshalb lassen Sie mich an Stelle von Formeln des Dankes nur sagen, daß wir Freude empfinden über die mit diesem Preis und diesen Medaillen verbundenen Auszeichnungen und daß wir zugleich die Verpflichtung erkennen, die der Name Heuss den in öffentliche Verantwortung Gestellten auferlegt. Und ich denke, daß ich diesen Dank zugleich habe aussprechen dürfen für Herrn Bischof Hanselmann, für Alfred Grosser und auch für Manfred Rommel.

Theodor Heuss hat in den Geburtsstunden unserer Republik Maßstäbe gesetzt, die auch heute jederzeit Richtschnur für das Denken und für das Handeln demokratischer Politiker sein können.

Und wer wie ich gestern abend im Protokoll des Parlamentarischen Rates die engagierten, aber doch stets klugen und meist heiter-gelassenen, jedenfalls immer mäßigenden Beiträge von Theodor Heuss liest, der wird nachdenklich; nachdenklich, weil hier bei beherztem Eintreten für die Liberalität des neu zu formenden Staates ein Mann spricht, ein Mann wieder vor Augen tritt, der das Aufeinander-zu-Gehen unter den miteinander ringenden politischen Kräften und der damit am Ende den Kompromiß möglich macht.

Nicht zu vergessen dabei, daß Theodor Heuss durch seine humorvolle und gelegentlich vielleicht schelmisch zu nennende Einmischung die allzu verbissenen Kontrahenten behutsam voneinander zu lösen verstand.

Kein Parlamentarier, kein Politiker kann die Notwendigkeit bestreiten, in der Auseinandersetzung um einen politischen Gegenstand von Zeit zu Zeit Abstand zu suchen, um erneut Maß zu nehmen, um erneut Augenmaß zu nehmen.

Augenmaß gegenüber der Sache, Toleranz – Toleranz aus Achtung, nicht aus Duldung – gegenüber den Grundüberzeugungen des Andersdenkenden, des politischen Widersachers und die Fähigkeit und die Bereitschaft zum Kompromiß. Diese drei Dinge möchte ich, ohne zu zögern, zu den Tugenden des Demokraten rechnen. Übrigens sind diese Tugenden nicht allein in der großen Politik gefragt, sondern auch im Alltag der Staatsbürger.

Und ich räume ein, daß im praktischen Alltag des Politikers diese Tugenden einem keineswegs immer leichtfallen. Und das gilt für Jüngere und Ältere. Viele Jüngere werden auf unseren Schulen und Hochschulen, in ihren Vereinigungen und Verbänden, von ihren Eltern, von ihren älteren Freunden nun nicht gerade zum Augenmaß erzogen, nicht gerade zur Toleranz und nicht gerade zur Kompromißbereitschaft.

Im Gegenteil: An vielen Orten wird statt Augenmaß vielmehr die Verabsolutierung von Gedankengebäuden gepredigt, von Ideologien, oder die Verabsolutierung von Wunschgebilden, von Utopien. Und statt Toleranz wird vermeintlich dialektischer Widerspruch, ja Kampf zum Ideal gemacht. Der Wille zum Kompromiß wird häufig genug und schon lange genug als lächerliche Schwäche herabgesetzt – seit Hegel, seit Marx, seit Wilhelm II. bis zum heutigen Tage. Und bei alledem ist die Nazi-Ära nicht zu übersehen und die von ihr ausgelöste und immer noch nachwirkende Zerstörung der Tugend zum Augenmaß. Was ja heißt: Zerstörung einer Fähigkeit, die man charakterisieren kann als Erlernen und Üben vernunftgemäßen, pragmatischen Urteils. Diese Nachwirkungen der Nazi-Ära sind nicht zu übersehen. Die von der gleichen Zeit ausgehende Zersetzung des Willens zur Toleranz wirkt ebenso nach. Das gleiche gilt für die Tugend des Kompromisses. Und ich will dabei gewiß nicht daran vorbeisehen, daß Lenin und Stalin in der gleichen zerstörerischen Weise in unserer gegenwärtigen Gesellschaft nachwirken.

Ich hoffe, ich muß mich nicht wehren gegen die Unterstellung, die ich eigentlich auch nicht erwarte, daß ich nicht wüßte, daß es auch kompromittierende Kompromisse geben könnte und daß auch Kompromisse denkbar sind, die man nicht machen darf.

Wenn ich gebeten worden bin, heute über Gesinnung und Verantwortung aus politischer Sicht zu sprechen, so erkennen die Älteren unter ihnen, meine Damen und Herren, in dieser Thematik natürlich den Bezug auf Max Weber, der vor fast 60 Jahren hier in München seinen berühmten und – ich würde hinzufügen – heute noch jedem Politiker als unverzichtbare Pflichtlektüre nahezulegenden Vortrag über Politik als Beruf gehalten hat.

Max Weber – nach meinem Verständnis ist er immer noch einer der wichtigsten Soziologen dieses Jahrhunderts und ebenso immer noch einer der wichtigsten politik-wissenschaftlichen Lehrer, und er ist – auch wenn jetzt meine Wortwahl etwas überraschend klingen mag – zugleich geschichtlich einer der ersten Vertreter einer demokratischen Staatsphilosophie in Deutschland. Und ich bekenne gern: ich halte heute noch Webers Distinktion, seine Unterscheidung, seine Klarstellung zwischen Gesinnungsethik und Verantwortungsethik für klärend, für orientierend und übrigens für eminent politisch.

Bei solchem Bekenntnis mag es überraschen, daß ich am Anfang soeben eben nicht jene drei Weberschen Kategorien genannt habe, die immer wieder zitiert werden, nämlich Leidenschaft und Augenmaß und Verantwortungsgefühl. Ich denke nämlich: Leidenschaft gibt es mehr als genug in unserer Politik, wenngleich keineswegs immer Leidenschaft von befriedigendem Tiefgang; jedenfalls bedarf Leidenschaft gegenwärtig nicht der Propagierung.

Aber Verantwortungsgefühl – wie Weber sagte, heute würden wir sagen: Verantwortungsbewußtsein, was dasselbe meint –, dieser Begriff ist der unmittelbare Zugang zu Weber und führt ins Zentrum der kurzen Bemerkungen, die ich Ihnen heute vormittag anbieten möchte.

Nach meinem Verständnis ist Politik pragmatisches Handeln zu sittlichen Zwecken, aber politisches Handeln ist keineswegs allein aus der Sittenlehre oder aus der

Ethik zu begründen, ebensowenig wie umgekehrt etwa allein Politik zu begründen wäre aus der theoretischen Vorhersicht eines unvermeidlichen Ablaufs der Entwicklung. Vielmehr hat Max Weber recht: Der Politiker hat, so sagt er, »für die Folgen seines Handelns aufzukommen«. Man könnte auch formulieren: er hat die Folgen seines Handelns zu verantworten und nicht nur seine eigenen guten Vorsätze.

Für mich habe ich daraus diese Konsequenz gezogen: Die Frage nach den Folgen, die der politisch Handelnde sittlich zu verantworten hat; diese Frage reißt ein ganzes Feld auf der Fragen nach den ethisch gerechtfertigten Zielen oder Zwecken, der Frage nach den Mitteln, die zugleich zweckmäßig und zugleich erlaubt sind, der Frage nach den unvermeidlichen Nebenwirkungen und ob sie in Kauf zu nehmen erlaubt sind und insgesamt nach diesem Zusammenhang von Zwecken, von Nebenwirkungen und von Mitteln. Und damit ist des Fragens in Wirklichkeit noch kein Ende.

Mit einem Wort: wer als Politiker sich zu entscheiden hat, der muß sich bei der Kalkulation der erstrebten Folgen wie der abgelehnten Folgen zunächst der vernunftgemäßen Analyse bedienen, um erst anschließend die durch die Analyse klargestellten Ziele, Mittel und Nebenwirkungen sittlich bewerten und gegeneinander abwägen zu können.

Dabei ist die vorweggehende, die theoretische Analyse unverzichtbar. Aber diese Analyse kann den Politiker nicht bewahren vor der Notwendigkeit zum ethisch begründeten eigenen Werturteil. Mit anderem Wort: Der Politiker muß, ehe er handelt, *auch* prüfen, wieweit seine moralische Legitimation reicht, um die Folgen seines beabsichtigten Handelns verantworten zu können.

Man kann diese Aufforderung zur vorweggehenden

Analyse auch ausdrücken als Aufforderung zur Rationalität des Handelns. Und wenn Max Weber die Formel vom Augenmaß benutzte, so besagt seine Wortwahl »Augenmaß« im Grunde nichts anderes. Es sei denn, daß das Wort vom Augenmaß darüber hinaus anklingen läßt, daß dem Politiker oft nicht genug Zeit gelassen bleibt zur sorgfältigen Analyse, so daß er eben tatsächlich, statt mit dem Maßstab wirklich messen zu können, gezwungen ist, die Dimensionen sehr rasch mit dem Auge abzuschätzen. Oder aber es könnte das Wort Max Webers vom Augenmaß auch mitschwingen lassen, daß oft genug die vernunftgemäße Analyse mit so vielen, so unvorsehbaren, so eigenständig-dynamischen, so unabhängig-variablen Faktoren zu rechnen hat, daß die Prognose der Wirkungen und Nebenwirkungen ernsthaft in Frage gestellt ist.

Ich denke dabei – und ich nehme dieses Feld als Beispiel –, ich denke dabei zum Beispiel an unsere mittelfristigen ökonomischen Prognosen und Projektionen, unsere gesetzlich vorgeschriebenen Hochrechnungen der Entwicklung der öffentlichen Finanzen über fünf Jahre oder der Rentenfinanzen über fünfzehn Jahre in die Zukunft hinein. Und selbst ein Bundes- oder Landeshaushaltsplan, der nur für ein einziges Jahr gilt, aber mindestens 18 Monate vor dem Ablauf dieses einzigen Jahres aufgestellt werden muß, erweist sich am Jahresultimo dann in vielfacher Hinsicht als irrig, und zwar gleichgültig, ob die Landesregierung christlich-sozial oder sozial-liberal oder wie auch immer eine Bundesregierung, die für ihren Haushaltsplan verantwortlich ist, politisch gefärbt sein möge.

Obwohl von Hause aus gelernter Ökonom, bin ich gerade auf diesem Felde ein vielfach gebranntes Kind. Ich weiß heute aus Erfahrung, daß die Prognosen in Zeiten des weltweiten wirtschaftlichen Umbruchs überhaupt nie stimmen können, daß sie zum Beispiel keinerlei außerökonomische politische Faktoren, weltpolitische Faktoren vorhersehen und infolgedessen auch nicht einbeziehen können, daß sie nicht einmal die gleiche Treffer-Wahrscheinlichkeit für sich haben wie die allabendlichen Wettervorhersagen im Fernsehen für den folgenden Tag, die uns häufig genug auch irreführen.

Ich gestehe Ihnen, daß ich in langen Jahren der politischen Verantwortung und verschiedenen Aufgaben niemals mehr gelitten habe als im Zeitraum des Erkenntnisprozesses am Ende des Jahres 1976, als wir damals begreifen mußten, daß die Rentenfinanzierungsprognosen nicht stimmten, weil die von uns zugrunde gelegten mehrjährigen Wirtschaftsprognosen nicht mehr stimmten. Zwar hatten wir alle unsere Aussagen zur Rentenpolitik ein knappes halbes Jahr früher erst in intellektueller Redlichkeit geprüft – die Lage war redlich analysiert worden –, ehe wir sie veröffentlicht hatten, aber jetzt standen wir als Irrende da, und einige gar nannten uns Betrüger.

In Wahrheit waren wir dies nicht; denn zum Betrug gehört der Vorsatz. Wir hatten den umgekehrten Vorsatz gehabt, nämlich nur das zu versprechen, was wir für realistisch und für erfüllbar hielten. Unser Fehler war: wir hatten unsere nüchternen ökonomischen mittelfristigen Prognosen – für die übrigens mein Freund Walter Arendt am allerwenigsten verantwortlich gewesen war –, wir hatten unsere nüchternen Prognosen für realistisch gehalten, Prognosen, die von der späteren Entwicklung und von neueren Prognosen falsifiziert wurden.

Es ist bitter, solche Fehler einsehen zu müssen. Es ist bitter, sie öffentlich eingestehen zu müssen. Und es ist bitter, sodann andere gesetzgeberische Beschlüsse empfehlen zu müssen, als man sie selbst früher angekündigt hatte. Ich kann Ihnen versichern, es kann recht unangenehm sein, sich öffentlich der Verantwortung zu stellen.

Nun, Fehlurteile auf der Grundlage falscher Analyse, wenngleich pflichtbewußter Analyse, Fehlurteile auf der Grundlage falscher Prognosen sind im Bereiche der ökonomischen Politik leider unvermeidlich und leider in der ganzen Welt häufig. Der erste Bericht des Club of Rome ist nur eines der vielen Beispiele, die jedes Jahr sich auf der ganzen Welt ereignen – von den Fünf-Jahres-Plänen in der Sowjetunion bis hin zu den Problemlösungen der westlichen internationalen Währungspolitiker, von denen ich auch einmal einer gewesen bin.

Nun sind aber viele andere Felder der Politik schlechthin und der Außenpolitik besonders in mindestens gleicher Weise risikobehaftet. Allerdings: auf den anderen Feldern der Politik tritt der Kalkulationsfehler nicht so eindeutig in Erscheinung, weil auf diesen anderen Feldern keine in Zahlen ausgedrückten Gleichungen vorgelegt werden, keine Bilanzen, weder als ex-ante-Prognosen noch als ex-post-Rechnungslegung.

Tatsächlich kommen zum Beispiel auf dem Felde der Außenpolitik schrecklich folgenreiche Fehleinschätzungen zukünftiger Entwicklungen vor. Denken Sie an das Ereignis hier in Ihrer Stadt im Jahre 1938, an das Treffen Hitlers und Mussolinis mit Chamberlain und Daladier. Welch schwerwiegender Prognose-Fehler auf seiten der französischen und der englischen Regierung und welch ungeheure Folgen für die Welt! Damals hat auf seiten des Westens die rationale Analyse gefehlt; das »Augenmaß« im Sinne Max Webers erst recht und, wenn ein Deutscher das überhaupt sagen darf, wahrscheinlich auch die Tapferkeit.

Bei aller Einsicht in die Begrenztheit der die Zukunft

vorwegnehmenden Analyse, die ich hier vortrage, beharre ich gleichwohl auf der Forderung nach rationalem Handeln des Politikers. Niemand kann rational handeln, wenn er keine Gedanken auf die Umstände und auf die Bedingungen seines Handelns verwendet und wenn er keine Vorstellungen von den Folgen seines Tuns hat. Einordnung des eigenen Handelns in solchen Rahmen erfordert umfassende gedankliche Vorstellungen – und auf manchen Feldern bleiben es dann zum Teil lediglich Vermutungen – keine eindeutigen Vorstellungen, sondern nur Vermutungen – von den zukünftigen tatsächlichen Gesetzmäßigkeiten.

Die Gesamtheit *solcher* Vorstellungen ist wohl das, was im weiteren Sinne eigentlich mit dem Wort Theorie gemeint sein sollte, wenn heutzutage von einem »Theorie-Defizit« gesprochen wird. In diesem Sinne sind dann sogenannte theoretische Fragen allerdings keine Fragen, die man einfach mit Mehrheit entscheiden kann. Und deshalb sind Gremien, in denen die Argumente letztlich nach der Zahl der abgegebenen Stimmzettel gewogen werden, zur Entscheidung »theoretischer« Fragen nur mit recht begrenzter Kompetenz ausgestattet.

Wenn Politik mit der praktischen Lösung konkreter Fragen zu tun hat, so gehören aber Praxis und Theorie in der Politik gleichwohl zusammen: zwischen Geschichte, Erfahrung, Idee, Programm und Tat besteht ein unauflöslicher interdependenter Zusammenhang. Dabei muß die Einheit von theoretischer Einsicht und von Praxis aus zwei Gründen gefordert werden: Erstens aus dem Grundsatz der Wahrhaftigkeit und zweitens aus dem Grundsatz der Rationalität des Handelns, aus der Maxime der Rationalität des Handelns.

Ich möchte in dem Zusammenhang der weitverbreiteten These, eine Theorie müsse mehrheitsfähig sein, ganz entschieden widersprechen. Die Einführung dieser These würde die Einführung des grundsätzlichen Opportunismus bedeuten; nicht mehrheitsfähig muß eine Theorie sein, sondern richtig muß sie sein.

Und wenn Handlungen, die aus einer theoretischen Analyse abgeleitet sind, scheitern oder wenn sie Fehler zeitigen, die man nicht vorhergesehen hat, wenn Theorien, allgemein gesprochen, in der Wirklichkeit scheitern, so muß man prüfen, ob und wieweit und warum die theoretischen Überlegungen falsch waren oder wieweit sie richtig bleiben oder wie sie ergänzt werden oder wie sie geändert werden müssen. Hier liegt das Kriterium für den Unterschied zwischen Dogmatismus und wahrhaft kritischer Haltung.

Was mich an manchen – oft von ihnen selbst ernannten – Theoretikern stört, ist, daß sie versuchen, ihre Theorien anderen vorzuschreiben, statt sie kritisch an der Wirklichkeit zu überprüfen. Politische Theorie, gesellschaftliche Theorie, insbesondere ökonomische Theorie bedürfen fortgesetzt der empirischen Überprüfung. Wenn nun einer freilich von dem Anspruch beseelt ist, das, was sein soll, zwingend abzuleiten aus seiner theoretischen Erklärung dessen, was ist, dann wird er es schwer haben, seine Soll-Sätze zu revidieren. Vielleicht wird er es unmöglich, weil verboten, finden, seine Soll-Sätze zu revidieren. Hier liegt eine der großen inneren Gefährdungen des Marxismus. Das erkennt man als Sozialdemokrat oder als Sozial-Liberaler besonders deutlich.

Meine Damen und Herren, diese wenigen Gedanken habe ich im Laufe meines Lebens so oder ähnlich mehrfach vorgetragen. Ich biete Ihnen wirklich Neues kaum an. Auch hatte ich keineswegs im Sinne, Ihnen vorzuklagen, daß die Verantwortung eines Politikers schwer zu tragen sei. Sondern ich wollte mit diesen wenigen Bemerkungen meine Reverenz vor Max Weber bezeugen, der gesagt hat, es sei für den Politiker ein – er hat sich sehr scharf ausgedrückt – »abgrundtiefer Gegensatz«, ob man unter der gesinnungsethischen Maxime handele: der Christ tut recht und stellt den Erfolg Gott anheim; oder unter der verantwortungs-ethischen Maxime: daß man für die Folgen aufzukommen habe.

Niemand wird demjenigen, der aus dieser Verantwortlichkeit für die Folgen handelt, niemand wird dem erlauben oder erlauben dürfen, daß er ohne Gesinnung handele. Seine »Gesinnung« kann sich dabei noch nicht einmal beschränken auf seinen Kanon von Grundwerten. Aber schon seine Grundwerte, die der handelnde Politiker nicht verletzen will, weil er sie im Gewissen nicht verletzen darf – aber schon seine Grundwerte sind insgesamt ein höchst kompliziertes Feld, das den allermeisten von uns in den längsten Zeitabschnitten keineswegs übersichtlich geordnet und griffbereit zur Hand liegt.

Das, was wir heute – meist in unscharfem Wortgebrauch – »Grundwerte« nennen, das sind zum Teil Rechtssätze wie zum Beispiel der Gleichheitssatz im Grundgesetz. Zum Teil sind es Gebote wie zum Beispiel das Gebot zur Solidarität oder das Gebot zur Toleranz. Zum Teil sind es religiöse Glaubensüberzeugungen. Zum Teil sind es philosophische Grundüberzeugungen. Zum Teil sind die Grundwerte unveränderbar im Grundgesetz festgestellt, sie sind damit einer staatlichen Disposition oder einer politischen Disposition kategorisch entzogen. So stehen zum Beispiel die Würde des Menschen und die Freiheit der Person mit unserer gemeinsamen inneren Bejahung an der Spitze unserer Verfassung. Aber zum Teil sind ebenso wichtige Grundwerte im Grundgesetz nicht erwähnt und konnten auch nicht erwähnt sein. Übrigens fehlt zum Beispiel ein ausdrückliches Friedensgebot im Grundgesetz, wenngleich es vielleicht aus den Artikeln 1 und 25 mit Mühe herausdestilliert werden könnte. Und etwas, was heute viele von uns als Grundwert empfinden, nämlich Arbeit, fehlt ebenso.

Insgesamt konnte und wollte das Grundgesetz eben weder einen vollständigen Katalog aller Grundwerte geben noch gar eine systematische Hierarchie jener Grundwerte, die das politische Handeln orientieren, jener Grundwerte, die im Zweifelsfall ein politisch Handelnder in seinem Gewissen als Maßstäbe anzulegen hat und die er zugleich anerkennen muß als Limitierungen, als Begrenzungen seiner Freiheit zum Handeln.

Dieser letzte Gedanke, der Hinweis auf grundwertbezogene Grenzen der politischen Handlungsfreiheit, auch wenn sie nicht alle in Verfassung und Gesetz verzeichnet sind – den füge ich hier ein, um Bezug zu nehmen auf das, was Carl-Friedrich von Weizsäcker vorhin über die zwingende Notwendigkeit zur Gesetzmäßigkeit gesagt hat. Es gibt Grundwerte, das sage ich noch einmal, die im Gesetz gar nicht stehen, die aber gleichwohl nicht verletzt werden dürfen.

Dies führt mich am Schluß zu der Einsicht, daß es auch dem verantwortungs-ethisch orientierten Politiker durchaus geschehen könnte, daß im äußersten Fall seine Gesinnung, sein Gewissen ihm verbieten, eine politische Handlung zu vollziehen, deren Zweckmäßigkeit unbestritten ist, deren Legalität unbestritten ist, deren Folgen er sehr wohl vor anderen verantworten dürfte und könnte – zum Beispiel vor seinen Wählern, vor dem Parlament, vor dem Gericht in Karlsruhe – und die er gleichwohl nicht vollziehen darf, weil sie ihm, seinen Grundwerten nach, verboten ist. Ich gestehe, daß ich einen solchen Konfliktsfall selbst bisher bewußt nicht erlebt habe. Aber ich kann ihn mir vorstellen, und ich kann ihn mir seit dem letzten Herbst besser vorstellen als früher.

Zugleich weiß ich, daß für viele unter uns Politikern und daß für jeden einzelnen von uns wiederholt im politischen Leben das Abwägen von Werten gegeneinander als schwierig empfunden wird und deshalb als bedrängend, auch wenn man uns dies oft nicht ansieht, weil wir ja im allgemeinen nicht dazu neigen – es gibt Ausnahmen –, unsere eigenen inneren Zweifel zu offenbaren, die es aber gibt.

Nach seiner Vereidigung 1949 hat Theodor Heuss im Bundestag vom Bewußtsein seiner Verantwortung vor Gott gesprochen. Und in der Rede zehn Jahre später, mit der er sich verabschiedet, kommt im allerletzten Satz das Wort vor von der Toleranz – ich zitiere wörtlich – »im geistigen wie im moralischen Raum« als einem »Element aktiver Tapferkeit«.

Theodor Heuss hat durch sein ganzes Leben gezeigt, daß Max Webers Wort von der politischen Notwendigkeit der Leidenschaft, die ich vorhin ein wenig abschätzig behandelt habe, im Grunde eben doch richtig war: nämlich der Leidenschaft, der res publica zu dienen.

Wenn diese Leidenschaft für die res publica und wenn die aus ihr entspringende politische Leistung von Vernunft geleitet ist, wenn diese politische Leidenschaft sich nach den Grundwerten richtet, dann darf sie, so denke ich, mit Recht Patriotismus genannt werden. Solch Patriotismus mag und sollte Dank verdienen. Zugleich, sage ich für mich selbst, hat die liberalitas bavariae, von der Herr Oberbürgermeister Kronawitter sprach, meine Hochachtung.

Der Wille zur libertas, der Wille zu *der* Freiheit, von

der vorhin Carl-Friedrich von Weizsäcker so vorzüglich und so klar gehandelt hat, dieser Wille ist uns allen gemeinsam, die heute morgen hier oben gesprochen oder gestanden haben. Herzlichen Dank für Ihre Aufmerksamkeit!

Staat und Kirche

Ansprache
bei der »Geistlichen Woche« in der St. Jacobi-Kirche
am 31. Oktober 1974 in Hamburg

Das mir gestellte Thema »Staat und Kirche« erscheint
mir nicht als ein tatsächlich aktuelles Thema. Denn ich
meine, daß die Beziehung zwischen den Kirchen und der
staatlichen – wenn ich es so einmal sagen darf – »Obrigkeit« gegenwärtig in der Bundesrepublik Deutschland
deutlich besser und deutlich freiheitlicher beschaffen ist
als in den allermeisten Phasen und Abschnitten der
deutschen Geschichte. Die religiöse und weltanschauliche Neutralität des Staates ist weithin gesichert; Freiheit
und Selbstbestimmung der Kirchen waren kaum jemals
so absolut wie heute.

Wenn ich mich trotzdem diesem mir von den Veran-
staltern vorgegebenen Thema gerne zuwende, so deshalb, weil ich einige andere, damit zusammenhängende
Fragestellungen mit einbringen möchte.

Zum Beispiel diese: Was fangen die Kirchen mit ihrer
Selbstbestimmung an? Was sollen sie tun in dieser vielfältigen, sogenannten pluralistischen Gesellschaft? Was
ist ihr Amt? Worauf hat die Gesellschaft Ansprüche an
die Kirchen? Und wenn die Kirchen Ansprüche aus der
Gesellschaft erfüllen sollen, worauf haben sie selbst
dann Anspruch?

Ich kann mich gut an einige Debatten in der Hamburgischen Synode erinnern, die sich Mitte der sechziger Jahre am politischen Engagement einiger entzündet hatten, die ein – ihrem eigenen Anspruch nach christlich begründetes –, seinem Wesen nach politisches Wort für nötig hielten in Sachen des Friedens, in Sachen der Versöhnung mit unseren östlichen Nachbarn, in Sachen der Notstandsregelung und so fort. Ich habe seither meine eigene Meinung über die Aufgaben der Kirchen in unserer Zeit nicht geändert. Ich nehme mir die Freiheit, diese Meinung heute abend voranzustellen. Ich tue das als Christ.

Zweitens habe ich zum eigentlichen Thema zu reden, wobei ich natürlich – wie eben schon von Bischof Wölber betont – von dem Staatsamt nicht absehen kann, das ich verwalte. Aber ich komme deswegen mit meinen persönlichen Urteilen in keiner Weise in Bedrängnis, im Gegenteil.

Und schließlich möchte ich drittens ganz gern, falls die Zeit noch reichen wird, zu einem Teilaspekt der Aufgaben und der Rolle der Kirche in unserer Gesellschaft zurückkehren, nämlich zu dem Teilaspekt des Verhältnisses zu politischen Parteien und zu meiner eigenen, und zu Fragen, die Kirchen und Parteien wechselseitig aneinander richten.

Die in meiner Vaterstadt Hamburg geübte Toleranz ermutigt mich dazu, dabei dann auch ein paar unbequeme Fragen aufzuwerfen.

1.

Mein Freund Herbert Wehner hat vor fast genau zehn Jahren in einer anderen hamburgischen Hauptkirche zu einem sehr ähnlichen Thema geredet. Er hat damals gesagt: »Mit der Kirche leben«, das werde dann fruchtbar, wenn viele Bürger in der Kirche leben und wenn die Kirche mit möglichst vielen Bürgern ihrerseits leben wolle; das heißt: wenn sie Kirche für alle zu sein sich bemühe.

Hier möchte ich anschließen und unterstreichen, was ich selbst hier in Hamburg vor einer Reihe von Jahren in der Synode sagen durfte, nämlich, daß Volkskirche zu sein und zu bleiben in unserem geistig zerrissenen Jahrhundert mir eine wesentliche, vielleicht die wesentliche Aufgabe der Kirche in dieser Gesellschaft ist.

Meine Begründung für diesen Satz fließt aus der Erkenntnis, daß die wissenschafts- und fortschrittgläubigen Generationen vor uns – und vielleicht das ganze neunzehnte Jahrhundert –, daß sie im Irrtum waren, wenn sie dahin tendierten zu meinen, der Mensch könne sich kraft seiner Vernunft sein Maß selbst setzen. Ich halte das Vertrauen darauf, der Mensch sei gleichsam von Natur aus auf Vernunft und Fortschritt und Freiheit angelegt, für eine Selbsttäuschung. Die Hitler-Diktatur, der Krieg und das Wissen von anderen schrecklichen menschlichen Verirrungen haben mich die Notwendigkeit transzendenter Bindungen des Menschen erkennen lassen. Freilich ist das vielen von uns so gegangen – es ist nichts Ungewöhnliches.

Es ist nichts Ungewöhnliches, daß jemand auf diese Art dazu kam, bewußt seine Hoffnung auf die Kirche zu richten. Zumeist ist es wohl nicht die Theologie, die uns zu Christen gemacht hat, sondern die Erkenntnis oder die Erfahrung der Macht über uns und der Macht über unsere Geschichte, die Erfahrung des Vertrauens in Gott und auch in seine Kirche. Diese Erkenntnis und Erfahrung festzuhalten, dem Menschen darin ein Zuhause zu geben, für seine Seele zu sorgen erscheint mir in unserer anscheinend mühelos lebenden, in Wahrheit aber aus vielen suchenden Einzelnen bestehenden Gesellschaft das Wichtigste, das Kirche in dieser Gesellschaft gegenüber dem Nächsten zu leisten vermag.

Ich kann deshalb für meine Person auch nur in ökumenischer Haltung der Reformation Martin Luthers gedenken. Es haben in den seither vergangenen Jahrhunderten zu viele Menschen unter der Glaubensspaltung gelitten, die beide Kirchen verantworten müssen. Um so dankbarer bin ich dafür, daß sie begonnen haben, wieder aufeinander zuzugehen, und daß sie sich um Gemeinsamkeit in der Verkündung bemühen und um Gemeinsamkeit im Dienst am Nächsten.

Unser Volk ist geteilt in Protestanten, Katholiken, Freidenker, Juden; gleichwohl sind wir gemeinsam von christlicher Zivilisation und von christlichen Wertordnungen geprägt. Aber ebenso sind wir gemeinsam in der Gefahr geistigen, ethischen oder moralischen Orientierungsverlustes.

Nun die Vielfalt von Wertvorstellungen zu beklagen oder gar sie durch erkünstelte neue Theologien zu legitimieren hilft uns nicht – allzu viele haben schon gefragt, wo Gott denn sei. Vielmehr denke ich, daß die prägende Kraft der christlichen Kirchen dann überleben wird, wenn die Kirchen in der Gesellschaft lebendig bleiben, wenn sie als moralische Kraft in unserem Volk leben und wenn sie Beispiel und Hilfe geben für ein im Gewissen verantwortetes Handeln.

Das zwanzigste Jahrhundert ist nicht erfüllt von Frieden und Glückseligkeit. Vernichtungskriege, Weltanschauungskriege, Übervölkerung und Hunger in Entwicklungsländern und jedenfalls – wie eben vom Bischof gesagt – Ressourcenmangel und internationaler Verteilungskampf kennzeichnen eine Zeit großer existentieller Gefährdung.

Ich komme gerade eben von einem Besuch aus einem Lande zurück, dem wir im letzten Kriege schwere Wunden zugefügt haben und das uns im letzten Kriege schwere Wunden zugefügt hat. Wir haben versucht, erneut ein kleines bißchen zur gegenseitigen Versöhnung beizutragen. Das ist auf beiden Seiten ein schweres Unterfangen, zu dem wir noch viele Jahre viel Kraft und viele Mithilfe von allen gebrauchen werden.

Die existentielle Gefährdung, in der dieses Jahrhundert steht, verlangt Weitblick, Opferbereitschaft, Solidarität und Gerechtigkeit und eben auch Kraft. Kardinal Döpfner hat deshalb vor wenigen Wochen – wie ich denke, mit Recht – auf die Notwendigkeit einer an Welt-Verantwortung orientierten Ethik hingewiesen. Und wo immer wir Verantwortung tragen im Staat oder in der Kirche oder in der Gesellschaft – wir müssen jedem dankbar sein, der angesichts der weltweit immer bedrückender werdenden Nöte daran mitwirkt, einen umfassenden moralischen Konsens, eine moralische Übereinstimmung herzustellen.

Weder der Christ noch die christliche Kirche dürfen sich dieser Notwendigkeit entziehen. Es ist nicht von vornherein die Aufgabe des Staates, die Ethik zu entwickeln, die nötig ist. Der Staat bedarf der Ethik, der Moral seiner Bürger als Voraussetzung für sein eigenes Handeln. Allerdings gehören dann der Sachverstand und die Instrumente dazu, über die allein der Staat ausreichend gebietet.

Aber hier liegt auch eine Gefahr für die Kirche – weil sie nachdenken muß und will über die Not und wie ihr abzuhelfen sei, deswegen gerät sie leicht in das Feld politischen und staatlichen Handelns. Und so wie ansonsten Menschen verleitet sein mögen zu Patentantworten, so gilt diese Gefahr auch für allzu schnelle Antworten, die aus dem kirchlichen Bereich kommen mögen. Zum Beispiel der zerstörerische weltweite Verteilungskonflikt, in den industriell-reiche und arme unterentwickelte

Völker geraten sind: ihn zu entwirren, zu schlichten, für Ausgleich und Gerechtigkeit zu sorgen – das ist ein weites Arbeitsfeld, das bietet eine geistige Aufgabe, vor der man sich nicht abwenden darf, ehe man antwortet oder eingreift oder gegensteuert.

Ich denke, Amtskirche und Theologie müssen sich bei ihren Antworten auf politische Fragen jeweils im Einzelfalle prüfen, wie weit ihr Amt und wie weit ihre Legitimation und ihre Urteilskraft reichen. Ich sage ganz offen – einigen mag das vielleicht zu konservativ klingen –, daß manche politische Theologie mir ein Greuel ist, ob sie sich nun auf weltweite oder auf innenpolitische Ziele richtet.

Politik ist in ihrem Wesen auch immer eine Verbindung zwischen Zielen oder Zwecken und Mitteln, die gute Absicht allein reicht für politisches Handeln nicht aus. Je komplizierter im Einzelfalle eines politischen Problems das Netz von Anstößen und Wirkungen ist, von Nebenwirkungen, Gegenanstrengungen, Gegenwirkungen, desto weniger eindeutig ergibt sich erkennbar ein von Gott gewollter Anstoß; desto weniger ist der Theologe gefragt. Und wer glaubt, eine politische Entscheidung oder seine politische Entscheidung gründe sich auf Gottes Wort, der möge sich prüfen. Er möge sich übrigens *auch* deshalb prüfen, weil politisierende Theologie dazu führen *kann*, die Kirchen von den Menschen zu entfernen. Politische Predigt und politischer Hirtenbrief können in Einzelfällen legitim und sogar notwendig sein; sie können auch die Kirche leerpredigen. Und sie können auch illegitim sein und anmaßend sein.

Christliche Theologie zur Rechtfertigung von Revolution und Klassenkampf ist mir genauso grauenhaft wie christliche Theologie des Krieges oder die Segnung von Waffen für den militärischen Kampf. Ich denke, die Kirche muß sich zu jeder Zeit auch prüfen, ob sie nicht gewollt oder unbewußt eine Theologie der politischen Gesinnung zuläßt – obwohl sie es nicht sollte, wie ich denke. Wenn zum Beispiel die protestantischen Kirchen in Preußen und in Deutschland vor 1914 zu solcher Selbstprüfung fähig oder doch willens gewesen wären, ob sie politische Ideologie in der Predigt oder im Gewand ihrer Theologie verbreiten, vielleicht wären uns dann einige der schlimmsten Übertreibungen des Wilhelmismus erspart geblieben – und das gleiche gilt dann für die sogenannten Deutschen Christen und einige andere später auch. Natürlich muß die Kirche sich auch prüfen, ob sie nicht z. B. stillschweigend, z. B. durch Schweigen dort, wo Menschen nach Antworten verlangen, ob sie passivisch gleichsam politische Gesinnung vertritt oder fördert. Daß sie dies letztere nun seit 1945, trotz vielfältigen Umdenkens, doch getan und daß die Kirche dies auch zu verantworten hat, das bezweifle ich nicht. Um so mehr denke ich, daß Grund zur Selbstprüfung besteht und Grund zur Prüfung der Frage, ob eigentlich zugelassen werden darf, daß bewußt und absichtlich politische Ideologien im Gewande der Theologie oder im Mantel des geistlichen Amtes verbreitet werden.

Wir einzelnen, wir Laien, die wir die Volkskirche brauchen, von der eben geredet worden ist, die wir die Seelsorge notwendig haben, wir bitten darum, durch kontroverse Theologien und durch politische Verkündigung nicht verstört zu werden. Ebensosehr wollen wir aber, daß Parteien und Staat davon Abstand halten, in die Kirchen hineinzuregieren oder deren Aufgaben in unserer Gesellschaft von außen zu beeinflussen oder gar zu normieren. Wir haben allerdings – viele von uns, so denke ich jedenfalls – ein schlechtes Gewissen, daß wir selbst nicht genug Kraft aufwenden, unserer Kirche in ihrer Aufgabe zu helfen. Um so weniger wollen wir zulassen, daß sie von anderen in ihrer Aufgabe gestört werde.

2.

Tatsächlich – so wird man aus geschichtlichem Rückblick sagen dürfen – hält sich unser heutiger Staat von jeder Störung der Kirche fern. Wenn man das Verhältnis der beiden zueinander durch die deutsche Geschichte zurückverfolgt, so haben wir ja auf deutschem Boden alle möglichen Konstellationen erlebt. Eine Überwältigung der Kirche durch den Staat – und umgekehrt –, eine Unterwerfung der Kirche; wir haben auch eine enge Gemeinschaft, eine Symbiose in vielen Funktionen erlebt zwischen Kirche und Staat – aber ebenso haben wir von Canossa bis zum Kirchenkampf Bismarcks und bis zu Hitler auch Krieg bis aufs Blut und bis zum Tod im Konzentrationslager miterlebt. Wir haben Staatskirche erlebt, und wir haben die Verklammerung von Thron und Altar erlebt. Wir haben die Lehre von den beiden Reichen gehört – aber auch den, auf den Römer-Brief gestützten, freiwillig dargebrachten Gehorsam von Christen gegenüber einer zweifelhaften staatlichen Obrigkeit, die von Gott verordnet sei. Wir haben die Entfaltung des katholischen Naturrechts ebenso erlebt wie die ausdrückliche Feststellung der Barmer Bekenntnissynode 1934, wonach die Regierenden nicht allein, sondern ebenso die Regierten verantwortlich seien.

Dieser auf deutschem Boden eintausend Jahre andauernde Streit zwischen Staat und Kirche ist vor 25 Jahren in unserem Grundgesetz in einer, wie ich denke, einstweilen optimalen, in der bisher besten Weise gelöst worden.

Ich weise auf den Katalog der Grundrechte im Grundgesetz hin, insbesondere auf Artikel 2 GG mit dem Recht auf freie Entfaltung der Person; Artikel 3 GG – Gleichheit vor dem Gesetz, unabhängig vom persönlichen religiösen Bekenntnis; Artikel 4 GG – der Freiheit des Glaubens und des Bekenntnisses; Artikel 5 GG – Meinungsfreiheit – und Artikel 7 GG mit der Regelung des Religionsunterrichts als Lehrfach an öffentlichen Schulen. Dazu kommen die durch Artikel 140 GG aus der Weimarer Reichsverfassung übernommenen Regelungen für den Status der Religionsgesellschaften und Kirchen als Körperschaften des öffentlichen Rechts, die Artikel 136, 137, 138, 139 und 141 WRV. All dies zusammen hat eine sehr weitgehende gegenseitige Unabhängigkeit von Staat einerseits und Kirche und Religionsausübung andererseits geschaffen, ohne jedoch die gegenseitigen Bindungen vollständig zu beseitigen und ohne die beiden Bereiche quasi aseptisch voneinander zu trennen. Verträge und Konkordate haben das geschaffene partnerschaftliche Verhältnis überdies noch stärker betont.

Unser moderner Verfassungsstaat garantiert die Toleranz. Er muß und er will dies, weil Glaube, Bekenntnis und Religionsausübung nach unserem Urteil der Abstimmbarkeit entzogen sind. Man kann in einer Gesellschaft und in einem Staat, in dem Menschen vieler Bekenntnisse leben, leben müssen und auch leben wollen, über derlei Dinge nicht abstimmen wollen. Im Geltungsbereich unseres Grundgesetzes kann der Staat weder anordnen noch abstimmen lassen darüber, was der einzelne zu glauben und wie er seinem Glauben gemäß zu handeln hat.

Das Gewissen der Person entzieht sich der Fremdbestimmung. Das Gewissen darf auch nicht durch Zwang unterworfen oder vergewaltigt werden. Deshalb sagt das Grundgesetz ganz klar, worüber man eben *nicht* durch Mehrheitsentscheidung oder Abstimmung befinden darf. Nur im Bereich dessen, was der Abstimmung anheimgegeben ist, darf die Mehrheit Unterordnung der Minderheit verlangen; z. B. bei Entscheidungen über den Bau einer U-Bahn oder einer Stadtautobahn, über die Zugehörigkeit zur NATO oder über die Ostpolitik. Alle solche Fragen können und müssen durch Abstimmung zur Entscheidung gebracht werden.

Aber die Gewissensgründe eines Kriegsdienstverweigeres liegen ebenso im Bereich dessen, über das man nicht abstimmen darf, wie die Gewissensgründe einer Krankenschwester, die zu einer Schwangerschaftsunterbrechung nicht helfen will. Beide dürfen nicht von der Mehrheit genötigt und in ihrem Gewissen verletzt werden.

Der freiheitliche Verfassungsstaat will den Menschen nicht total umgreifen. Er will vielmehr die Vielfalt – oder wie man heute sagt, den Pluralismus –, die Vielfalt der Glaubens- und Weltanschauungsüberzeugung zulassen. Er *muß* dies ja auch wollen; denn nur dadurch kann er ein gemeinsames Dach, ein gemeinsames Haus für alle Bürger bieten.

Der Staat übt deshalb weltanschauliche und religiöse Neutralität. Aber – und das zeigt das Grundgesetz in Artikel 140 mit dem Rückgriff auf die Weimarer Reichsverfassung – der Staat übt keineswegs Gleichgültigkeit. Er übt auch Toleranz nicht aus gleichgültiger Vernachlässigung von Dingen, die ihm unwichtig wären. Sondern ihm ist Anerkennung auferlegt durch das Grundgesetz gegenüber Dingen, die ihm als Rechte und als Werte vorgegeben sind, die vor ihm da waren, die er deshalb nicht selber setzen und auch nicht selber verändern darf.

Mit anderen Worten: der Staat darf nicht und der Staat will nicht über die Transzendenz der Person verfügen. Er anerkennt vielmehr diese Transzendenz, die der Christ als »angewiesen sein auf Gott« versteht. Von dieser Notwendigkeit leitet sich die Unabhängigkeit der Kirchen von unserem modernen Verfassungsstaat ab.

Nun dienen freilich sowohl der Staat als auch die sich selbst bestimmenden Kirchen den gleichen Menschen innerhalb der gleichen Gesellschaft. Und es ist deshalb nur vernünftig und nur natürlich, wenn sie beide miteinander kooperieren.

Natürlich ist es vernünftig, diese Zusammenarbeit nicht dem Zufall zu überlassen. Man muß deshalb Absprachen und Regeln miteinander darüber treffen, wie denn die Tätigkeit beider zum Wohle des Ganzen eingerichtet werden kann. Und dies gilt insbesondere für die quasi konkurrierenden Bereiche, wie Unterricht, Taufe, Eheschließung, konkurrierende Bereiche, in denen die Abgrenzung der Zuständigkeiten zwischen beiden – Staat und Kirche – sauber sein muß.

Die Notwendigkeit zur Zusammenarbeit gilt dann auch für den ganzen karitativen Bereich im weitesten Sinne dieses Worts – von den Krankenhäusern, den Alten- und Pflegeheimen bis zur sozialen Hilfe in ihren vielfältigen Formen –, ein Bereich, in dem die Eigenständigkeit der Kirchen durch den Staat geachtet und in dem ihr Dienst am öffentlichen Wohl anerkannt wird. Allerdings gilt für diesen Bereich auch, daß in der modernen Massengesellschaft und in dem seine Vorsorge sorgfältig regelnden und planenden Sozialstaat die Kirchen allein nicht entfernt alle Nöte bedecken könnten, wie infolgedessen gelten muß, daß die Kirchen hier keinen Vorrang beanspruchen sollen, etwa bei der Verwendung staatlicher Finanzmittel.

Im übrigen aber wird der Staat, der eine pluralistische, eine vielfältige Gesellschaft zu überwölben und zu organisieren hat, dieser Staat wird dankbar dafür sein müs-

sen, daß bei aller Divergenz doch ein Jahrtausend gemeinsamer kultureller Entwicklung eine sehr weitgehende Übereinstimmung sittlicher Werte geschaffen
hat. Anders wäre diese sogenannte pluralistische Gesellschaft auch nur sehr schwierig aufrechtzuerhalten. Wo
keine Ehrfurcht ist vor den letzten Werten, dort wäre die
vom Staate gewollte Toleranz kaum am Leben zu erhalten. Insofern wird also der Mann des Staates, wenn auch
vielleicht meist unausgesprochen, Dankbarkeit dafür
empfinden, daß Kirchen und Religionsgemeinschaften
beitragen zur Beeinflussung, zur Erziehung des einzelnen
in Richtung auf Ehrfurcht vor den letzten Werten.

An dieser Stelle ist von einem ernsten Problem zu reden, das konkret immer dann wieder auftauchen muß,
wenn die Kirchen von ihrem Recht zum sittlichen Urteil
– auch gegenüber dem Staat – Gebrauch machen und gegenüber seinen Instanzen – der Gesetzgebung, der
Rechtsprechung, der Regierung, der Verwaltung. Daß die
Kirchen dieses Recht besitzen wie jedermann sonst auch,
folgt aus dem Grundgesetz ganz eindeutig. Aber ich denke, die Häufigkeit oder die Sparsamkeit, mit der die Kirchen von diesem Recht der Kritik gegenüber dem Staat
Gebrauch machen – auch die Form und der Inhalt der In-
anspruchnahme dieses Rechts, das kann für das tatsächliche Klima des Nebeneinander-Seins, der Koexistenz
beider Teile – Staat und Kirche – von beherrschender Bedeutung werden.

Inhalt und Form solcher kritischen Begleitung staatlichen Handelns können dort sehr entschieden sein, wo
etwa der Verdacht oder der Eindruck der Verletzung des
staatlichen Grundgesetzes und insbesondere der Grundrechte besteht. Solche Kritik wird aber sehr viel behut-
samer sein müssen, wo Verfassungswidrigkeit nicht behauptet werden kann, wohl aber allgemeine sittliche

oder theologische Urteile beabsichtigten oder schon getroffenen Zweckmäßigkeitsregelungen durch staatliche
Instanzen entgegengestellt werden.

Ich will dazu ein Beispiel geben: die Bekämpfung der
staatlichen Freigabe empfängnisverhütender Mittel –
eine Sache, die in nicht allzu ferner Vergangenheit in
Deutschland viel Streit ausgelöst hat –, die Bekämpfung
dieser Freigabe hat – wie ich denke – gewiß eine andere,
eine geringere Kategorie als etwa die Feststellung und der
Vorwurf, ein Staat, der unter bestimmten Voraussetzungen und innerhalb bestimmter Grenzen die Schwangerschaftsunterbrechung straffrei läßt, verletze damit ein
Grundrecht seiner eigenen Verfassung.

Wer für den Staat handelt, wird eine solche Kritik seitens der Kirche im Gewissen prüfen müssen. Schließlich
aber werden beide Seiten – Kirche wie Staat – das Verfassungsgericht als die oberste Instanz akzeptieren müssen,
die hienieden möglich ist.

Kritik staatlicher Instanzen an kirchlichem Handeln
oder Nichthandeln ist in aller Regel sehr viel seltener als
umgekehrt. Die Kirche kritisiert den Staat viel häufiger
als der Staat die Kirche. Der Staat ist da zurückhaltender
– ich rede hier noch nicht von den politischen Parteien.
Diese Zurückhaltung des modernen Verfassungsstaates
gegenüber den Kirchen wird von den Kirchen nicht überall anerkannt; wobei ich natürlich vornehmlich von der
Amtskirche rede. Man muß sich stets darüber klar sein,
daß viele der bestehenden Abstimmungen und Vereinba-
rungen, Absprachen und Verträge zwischen staatlichen
Instanzen und kirchlichen Instanzen, daß die zwar vom
Grundgesetz erlaubt sind, daß sie aber durch das Grundgesetz nicht vorgeschrieben oder angeordnet sind. Sie
sind deshalb auch abänderbar, und sie sind im Inhalt und
in der Form – die ja doch notwendigerweise Kompro-

misse darstellen – auf die Dauer deshalb auch vom Klima abhängig, das zwischen beiden Teilen besteht.

Die Bundesregierung, für die ich hier spreche, hat nicht die Absicht, die bestehenden Regelungen zu ändern. Sie will das im allgemeinen ja doch gute Klima zwischen beiden Seiten bewahren und wenn möglich verbessern.

Ich habe dazu in meiner Regierungserklärung am 17. Mai 1974 wörtlich zwei Sätze wiederholt, die schon die vorangegangene Bundesregierung am 18. Januar 1973 gesagt hatte, nämlich:

»Wir betrachten die Kirchen nicht als eine Gruppe unter den vielen der pluralistischen Gesellschaft und wollen ihren Repräsentanten deshalb auch nicht als Vertreter bloßer Gruppeninteressen begegnen. Wir meinen im Gegenteil, daß die Kirchen in ihrer notwendigen geistigen Wirkung um so stärker sind, je unabhängiger sie sich von überkommenen sozialen oder parteilichen Bindungen machen. Im Zeichen deutlicher Freiheit wünschen wir die Partnerschaft.«

So von zwei aufeinanderfolgenden Bundesregierungen gesagt. Das ist und bleibt jedenfalls die Auffassung *dieser* Bundesregierung. Man sollte daran nicht zweifeln.

Alles zusammen – das Grundgesetz mit den Grundrechten, die Abkommen oder Verträge zwischen Staat und Kirchen und die Staatspraxis und schließlich die eben von mir noch mal zitierte Zielsetzung der Bundesregierung –, alles dies zusammen rechtfertigt, wie ich denke, die im Anfang aufgestellte These, das Verhältnis zwischen Staat und Kirche sei in der deutschen Geschichte noch niemals so freiheitlich geregelt gewesen wie in unserer Zeit.

Ob allerdings der Begriff der Partnerschaft, der hier vorkam, ob dieser Begriff schon aller Weisheit letzter Schluß ist, das mag man bezweifeln. Denn offensichtlich stehen die Bereiche des Glaubens und des staatlichen Handelns nicht auf derselben Ebene, sie stehen nicht im Verhältnis der Vergleichbarkeit zueinander. Und es wäre vielleicht zu wünschen, daß Staatsrechtler und Kirchenrechtler und Theologen sich um eine bessere Begriffsbildung und Terminologie bemühen.

Dabei steht fest, daß der Kern der Stellung als öffentlich-rechtlicher Körperschaft, die das Grundgesetz den Kirchen gewährt hat, daß der Kern in der *ausdrücklichen Anerkennung der öffentlichen Bedeutung eigenständigen kirchlichen Wirkens* liegt; zum anderen liegt er in gewissen Rechten und Vorrechten – auf eines von diesen komme ich gleich noch zurück.

Der Status der Kirchen als öffentlich-rechtliche Körperschaft ist kein Verstoß gegen den Grundsatz der Toleranz, denn der gleiche Status muß nach unserem Grundgesetz (Artikel 140 GG und 137 [5] WRV) auch anderen Religionsgemeinschaften zuerkannt werden, wenn sie dies beantragen und wenn sie durch ihre innere Verfassung und durch die Zahl ihrer Mitglieder Gewähr bieten für ihre Dauerhaftigkeit. Das heißt, das *Gleichheitsprinzip für alle Bekenntnisse* ist gewahrt.

Aber nun zurück zu einem der Vorrechte. Ich spreche von dem staatlichen Einzug der Kirchensteuer. Wenn es innerkirchliche Gründe gibt, eine Revision anzustreben, und wenn die Kirchen sich zu einer Revision des bisherigen Verfahrens entschließen sollten, so fällt dies in ihre eigene Zuständigkeit. Zweifellos würde der Staat sich dann nach einer solchen kirchlichen Entscheidung richten. Aber auch vom staatlichen – und nicht nur vom kirchlichen! – Interesse aus gibt es gewichtige Gegengründe gegen eine solche Revision. Z. B. würde ein kircheneigenes, noch dazu das Belieben der einzelnen Person ins Zentrum stellendes neues Beitragssystem vorhersehbarerweise die Kirchen in ihrem karitativen Bereich empfindlich einengen. Darüber hinaus läge in einem kircheneigenen – die einzelne Entscheidung des einzelnen Mitglieds ins Zentrum stellenden – System, wie wir es im Auslande an manchen Stellen schon beobachten können, die Gefahr, daß die jeweilige kirchliche Gemeinde durch ihre mächtigsten, potentesten Geldgeber dominiert werden könnte. Es kann dem öffentlichen Interesse sehr widersprechen, wenn solch eine Entwicklung eintritt. Nach meinem Urteil wären deshalb die kirchlichen Instanzen gut beraten, wenn sie, so wie die Bundesregierung, auch von sich aus am bestehenden System der Kirchensteuer nicht rühren würden.

Im übrigen wissen wir, daß der Staat die kirchliche Sozialarbeit innerhalb der eigenen Gesellschaft wie auch kirchliche Entwicklungshilfe gegenüber den Entwicklungsländern keineswegs aus eigener Kraft voll ersetzen könnte. Er sollte vielmehr diese Leistung anerkennen, und er darf sie nicht beeinträchtigen.

Der weltanschaulichen und religiösen Neutralität des Staates, von der ich sprach, entspricht nun auf der anderen Seite die tatsächliche Füllung der durch den Staat frei gelassenen Räume durch alle in der Gesellschaft wirkenden Kräfte. Viele dieser Kräfte sind eigenständig oder autonom. Jedenfalls gilt das für die Kirchen und für die anderen Religions- und Weltanschauungsgemeinschaften. Aber es ist in diesem Vortrag dann auch die Frage zu stellen, ob und wieweit die eigenständigen Kirchen z. B. von seiten des Staates rechtzeitig Einblick und Beteiligung erhalten bei staatlichen Planungen auf solchen Gebieten, auf denen beide nebeneinander tätig sind. Die Gesetzgebungshoheit des Staates erleidet keine Einbuße, wenn freie Träger von Anfang an zu solchen Planungen hinzugezogen werden; Informationsbereitschaft und Fairneß ist auf beiden Seiten notwendig.

In dem wachsenden Etatismus unserer Massengesellschaften, wo immer mehr verlangt wird, daß der Staat regeln und finanzieren soll, liegt eine Gefahr. Es können hier auch Probleme entstehen, die erneuter Abstimmung und erneuter Vereinbarung zwischen Staat und Kirche bedürfen. Und ich denke, das auf grundsätzlicher Trennung von Staat und Kirche beruhende Nebeneinander wird im Detail gewiß auch in Zukunft bisweilen neu angepaßt und neu ausbalanciert werden müssen.

Neben der schon ausdrücklich ausgesprochenen Anerkennung der Sozialarbeit, der karitativen Arbeit der Kirchen, ihrer Sorge um Krankheit und Alter, will ich auch hervorheben, daß aus den Kirchen und noch mehr aus dem kirchlichen Gesamtraum immer wieder fruchtbare Anstöße kommen für die Entfaltung zum Beispiel unseres nachbarschaftlichen Verständnisses für andere Völker oder unseres guten nachbarlichen Verhältnisses zu anderen Staaten. Ihr Verdienst um die moralische Fundierung und auch um die tatsächlich doch enorme Ausweitung auch der staatlichen Entwicklungshilfe ist groß. (Und ich füge hier in Klammern hinzu, daß eine zum Teil recht irreführende öffentliche Diskussion der letzten Monate nicht den Blick auf die Tatsachen unserer staatlichen Entwicklungshilfe verstellen darf. Tatsächlich verdoppeln wir die Entwicklungshilfe im Zeitraum von 1973 bis 1978, und wir liegen damit vergleichsweise weit vor den Vereinigten Staaten von Amerika und weit vor der Sowjetunion. Das soll auch so bleiben.)

Wenn ich mit diesen wenigen Bemerkungen insgesamt die Kirchen heute abend in ihrem Willen zur Eigenständigkeit ermutigt haben sollte, so wäre ich damit zufrieden.

Auf der anderen Seite sollten die Amtskirchen sich auch dessen bewußt bleiben, daß sie selbst ein bedeutendes Machtgebilde innerhalb von Staat und Gesellschaft darstellen, einige Kirchen mehr, andere weniger. Der Einsatz dieses Gewichtes gegenüber staatlichen Instanzen bedarf in jedem Einzelfall der sorgfältigen vorherigen Erwägung und bedarf in jedem Einzelfall der Legitimation. Manchen Fall von drängendem Lobbyismus kirchennaher Verbände hätten wir lieber vermieden gesehen.

3.

Diese letzte Bemerkung leitet über zu der Frage des Verhältnisses zwischen Kirchen und Parteien. Ich möchte zu dieser Frage nicht als Bundeskanzler, sondern von einem sehr persönlichen Standort aus sprechen. Das Grundgesetz hat nicht nur den Kirchen ihren freien Raum und ihre Selbstbestimmung garantiert. Es hat unter anderem auch den politischen Parteien ausdrücklich bescheinigt, daß sie mitwirken an der politischen Willensbildung des Volkes. Und so wirken also Kirchen und politische Parteien neben mancherlei verschiedenartigen anderen Kräften im freien Raum unserer Gesellschaft. Ihre beiderseitigen Berührungspunkte und ihre Möglichkeiten für Übereinstimmung oder Konflikt sind mannigfaltig, mannigfaltiger als gegenüber dem heutigen Staat.

Wenn es nun eine Beziehung zwischen so verschiedenartigen Kräften und Anstößen gibt wie dem Glauben und der politischen Überzeugung, aus der heraus Politik gestaltet werden kann, dann ist der Ort, wo diese beiden Dinge sich begegnen, der einzelne Mensch, der sich entscheiden muß. Die personale Einheit dieses einzelnen Menschen kann man nicht aufspalten in die eine Hälfte, die der Forderung sich zuwendet, die ihm um seiner Seele willen von der Kirche verkündet wird, und in die andere Hälfte, die der Forderung zu genügen sucht, die die politische Gemeinschaft als politische Entscheidung der Person abverlangt, sei es die Person als Bürger, als Anhänger einer Partei, als Wähler oder Mitglied einer politischen Partei oder wie immer. Es ist der einzelne Mensch, in dem sich die Strahlen des Glaubens und die Forderung aus dem gesellschaftlichen Bereich, aus dem politischen Raum überschneiden.

Der einzelne und jeder einzelne hat für sich allein, nur ein einzelner Mensch hat ein Gewissen. Es gibt kein kollektives Gewissen. Der einzelne ist vor die Frage gestellt, ob er eine bestimmte politische Meinung, eine bestimmte politische Zielsetzung in seiner Stadt oder in seinem Staat mit seinem Gewissen – und das heißt für viele: mit seinem Glauben – vereinbaren kann, oder ob er gar aus seinem Gewissen heraus zu einer bestimmten Entscheidung oder zu einer bestimmten Parteinahme verpflichtet ist.

So ist es also dem einzelnen Menschen gegeben, sich seine politische Meinung zu bilden und sie selbst zu verantworten. Wenn es richtig wäre, wie manche von uns glauben machen, daß dem Christentum nur eine einzige politische Meinung entspräche, dann hinge allerdings die Möglichkeit, Christ zu sein, davon ab, daß man sich in der Politik nicht irrt. Andererseits würde man dann aber durch eine politische Meinung, die man sich bildet, notwendig und unvermeidlich zugleich entweder für oder gegen Christus Partei nehmen, und letztlich würde damit die politische Zusammenarbeit mit Nichtchristen ausgeschlossen. Man würde die Möglichkeit verneinen, überhaupt mit Nichtchristen politische Gemeinschaft zu bilden.

Ich denke persönlich – und betone erneut, dies sage ich nicht als Bundeskanzler –, christliche Politik als die Politik von Parteien oder Regierungen oder als Politik eines ganzen Staates, eines freiheitlich-demokratisch verfaßten Staates, kann es nicht geben, wohl aber muß es einzelne konkrete politische Entscheidungen geben, die der einzelne aus seinem christlichen Gewissen fällt.

Da aber Gewissensinhalte und da eine Gewissensmeinung nicht abstrakt formulierbar und auch nicht kollektivierbar sind, sollte es auch keine christlichen Parteien in der Politik geben, sondern nur Christen *in* den Parteien: konservative Christen, liberale Christen, demokratische Christen, soziale Christen; Christen, die für Planwirtschaft, Christen, die für Marktwirtschaft eintreten. Christen, die für Westorientierung, Christen, die für Ostorientierung unserer Außenpolitik sind. Weder die eine noch die andere Konzeption ist an sich christlich.

Aber in seinem Gewissen muß der Christ verantworten, was aus der Entscheidung, die er trifft, sich ergibt; die Folgen, die sich aus seiner Entscheidung ergeben, die muß er verantworten. Ich fühle mich immer wieder auf Max Weber zurückgeworfen, der die Unterscheidung getroffen hat, es liegt 50 Jahre zurück, zwischen »Gesinnungsethik«, wie er es nennt, und »Verantwortungsethik«. Er sagt, wenn ein Christ als Gesinnungsethiker handelt, dann handelt er nach den Geboten Gottes und stellt den Erfolg Gott anheim und damit auch, ob die Gesamtfolgen mehr gute oder mehr böse Konsequenzen zeitigen. Die Hauptsache ist für ihn, sich im Augenblick seiner Entscheidung nach dem gerichtet zu haben, was er für das unmittelbar ihm gegebene Gebot Gottes hielt.

Ich denke, daß in einer Demokratie, in der jeder von

uns das, was geschieht, und das, was nicht geschieht, mitverantworten muß, daß man in einer solchen Ordnung als bewußt handelnder politischer Mensch nicht gut anders kann, als den von Max Weber so genannten verantwortungsethischen Aspekt zu erkennen, also das Gegenbild zur Gesinnungsethik in den Vordergrund zu stellen. Das heißt, er muß die Wirkungen und die Nebenwirkungen und die ungewollten Nebenwirkungen und die Gegenwirkungen, er muß das ganze Geflecht der Folgen, die er auslöst, bei seiner Entscheidung abschätzen, und er muß die Gesamtheit aller Folgen im Gewissen verantworten.

Diese sogenannte verantwortungsethische Maxime macht gleichzeitig deutlich, daß Christ zu sein eben nicht einen allgemeinen politischen Leitfaden für alle konkreten Fälle des politischen Lebens bedeutet. Ich glaube nicht, daß man aus abstrakten ethischen Grundsätzen erschöpfende oder auch nur halbwegs ausreichende politische Maximen herausholen kann für eine konkrete Situation, in der man sich entscheiden muß. In jeder konkreten Entscheidungs-Situation ist jeder von uns ein einzelner.

Deshalb, so denke ich, muß ein Theologe, ein Bischof oder ein Pastor, der in die allgemeine Politik eingreifen will, seine Amtsautorität dabei ausdrücklich sichtbar und hörbar beiseite stellen. Er sollte genausowenig im Talar eine politische Demonstration veranstalten, wie ich denke, daß er als Bischof von der Kanzel herab in die Politik seines Landes einzugreifen habe.

Das alles soll und kann nicht heißen, daß etwa die Kirche zu schweigen habe gegenüber allen Vorgängen im staatlichen oder im politischen Raum. Im Gegenteil. Aber sie muß sehr sorgfältig prüfen, wie weit im Einzelfall ihre Rechtfertigung reicht, wie weit nicht nur ihre rechtliche, sondern auch ihre christliche Legitimation reicht und wie weit sie die Grenzen einhalten muß, wenn sie ihre wesentliche Aufgabe, Volkskirche zu sein, nicht gefährden will.

Sie kann durchaus in konkreten politischen Situationen sehr laut und sehr hörbar an politische Führer, an Regierungen oder an die Opposition oder an wen auch immer, der politische Gewalt ausübt, die Frage richten, wie es in dieser Angelegenheit mit seinem Willen zum Frieden bestellt sei, oder wie es in jener Sache mit seinem Willen zur Versöhnung bestellt sei, oder wie es in einer dritten Angelegenheit mit seinem Willen zur Gerechtigkeit bestellt sei, oder mit seinem Willen zur Wahrhaftigkeit in einer vierten Sache, oder wie es in einem noch anderen Fall mit seinem Respekt der einzelnen Person bestellt sei, die doch ihrer Würde wegen in ihrem Gewissen nicht vergewaltigt werden darf.

Solche Fragen kann man und muß man in bestimmten politischen Situationen sowohl den Politikern als auch den Wählern sehr konkret stellen. Aber man soll dabei nicht vergessen, daß auch die Kirche, die Volkskirche wie die Amtskirche, den Willen Gottes in bezug auf den Gang der Geschichte, und das heißt in bezug auf die Politik, nicht im voraus wissen kann.

Eine Kirche, die zu sehr ins Politisieren geriete, könnte ihre eigene Autorität gefährden, den Bestand und die Weitergabe des Glaubens an die nachfolgende Generation; sie könnte bei manchen Gegnerschaft oder jedenfalls doch Gleichgültigkeit herausfordern oder auslösen.

Ich habe neulich hier in Hamburg in einer Rede, die von manchen absichtsvoll mißverstanden wurde, einige meiner jungen Parteifreunde bildhaft davor gewarnt, die »Kirche leerzupredigen«. Aber es gibt auch die Gefahr, daß wegen der politischen Predigt die Kirche im eigentlichen Sinne des Worts sich leert. Damit erklärt sich doch, wenn auch nicht allein damit, die Entfernung manches jungen Menschen von der Kirche.

Nun kann weder die Kirche noch etwa eine politische Partei diese Jugend entbehren, die kritische Fragen stellt und die eine Kanzelabkündigung als solche noch nicht für eine richtunggebende ausreichende Antwort hält. Das gleiche gilt auch für viele Erwachsene, z. B. in der Partei, der ich angehöre. Wir empfinden bisweilen Hirtenbriefe als schwer verständlich.

Die Partei, für die ich in diesem Augenblick spreche, hat in einem Grundsatzprogramm von säkularer Bedeutung vor 15 Jahren gesagt, sie sei eine Gemeinschaft von Menschen verschiedener Glaubens- und Denkrichtungen, deren Übereinstimmung auf gemeinsamen sittlichen Grundwerten beruht; die politische Zielsetzung des von uns vertretenen demokratischen Sozialismus sei in christlicher Ethik, in Humanismus und in der klassischen Philosophie verwurzelt. Sie hat dies ernst gemeint; sie meint es weiterhin ernst. Sie will als Partei weder letzte Wahrheiten darbieten, noch will sie so etwas sein wie eine »Ersatzkirche«, wie früher wohl mal jemand gesagt hat.

Sicherlich gibt es auch in meiner Partei einige, die aus dem Sozialismus eine mythologisierte Weltanschauung machen wollen, aber diese Menschen befinden sich in einer relativ sehr kleinen Minderheit. Ich darf daran erinnern, daß auf einem Bundesparteitag heute vor drei Jahren zur Kirchensteuerfrage meine Partei mit Dreiviertel-Mehrheit abgelehnt hat, den Kirchen einen eigenen Steuereinzug aufzuerlegen. Wir sind für den Abschluß von mehreren, beide Seiten befriedigenden Verträgen zwischen Staat und Kirchen verantwortlich. »Wir wollen nicht, daß das Angebot der Kirchen an Orientierung und an Lebenshilfe für den bedrängten einzelnen geschwächt werde«, so hat Willy Brandt vor einigen Tagen öffentlich wiederholt.

Natürlich weiß jede politische Partei, die meinige auch, daß sie sich kritische Fragen aus dem kirchlichen Raum gefallen lassen muß. Sie wird sich aber das Recht zu kritischen Fragen an die Amtskirche und an einige der von dorther geführten Verbände auch nicht nehmen lassen. Wenn es jüngst auf vielen Kanzeln in Teilen unserer Bundesrepublik geheißen hat, die jetzige Bundespolitik trete einem Rückgang der Achtung vor den Grundrechten »soweit überhaupt, dann nur unzureichend entgegen«, oder: die demokratische Substanz der Regierungsparteien des Bundes sei »ernsthaft gefährdet«, dann wird man kritisch zurückfragen müssen, woher eigentlich die Maßstäbe genommen werden für derartig herabsetzende Urteile. Und ob eigentlich die gleichen Prediger nicht auch sehen wollen, daß es hier eine politische Partei gibt, die den Namen Christ nirgendwo im politischen Getriebe unnützlich führt, die aber doch in ihrem tatsächlichen Handeln der Bergpredigt nähersteht als mancher andere, der ein politisches Wort finanziert oder selbst ausspricht.

Kirchen, die sich parteilich, parteipolitisch binden, können ihren Verkündigungs- und Seelsorgeauftrag nur unvollkommen erfüllen. Sie erreichen den scheinbar politischen Gegner nicht. Die Befreiung einer Kirche von parteipolitischer Bindung ist Befreiung zu ihrem eigentlichen Auftrag.

Den evangelischen Kirchen muß man dankbar sein, daß sie solche einseitigen politischen Bindungen, die es früher, in vergangener Zeit bei ihnen gegeben hat und die ziemlich stark waren, daß sie diese aufgegeben haben. Die katholische Kirche in Deutschland muß man bitten, den Schritt auf jenen Weg hin zu vollziehen, den die katholische Kirche in vielen Ländern seit dem Konzil schon betreten hat. Das leuchtende Toleranzvorbild Johannes XXIII. hat mich damals mit großer Hoffnung erfüllt; jetzt fürchtet man manchmal, sein Erbe könnte auch verschüttet werden.

So wie der Staat, so müssen auch die politischen Parteien der Kirche gegenüber zum Zuhören bereit sein. Das wollen wir auch. Das gilt für das Ehe- und Familienrecht, für die elterliche Sorge, das gilt für die Sozial- und Jugendhilfe, für die Sozialbindung des Eigentums, für die Entwicklungshilfe, und es gilt vor allem für die Orientierung auf die Transzendenz des Menschen hin. *Aber die Kirchen müssen auch zuhören wollen.* Kein Gespräch wird möglich, wenn nicht *beide* Seiten zuhören wollen. Und es führt nicht weit, wenn etwa eine Kirche nur *über* eine politische Partei redet, statt *mit* ihr zu reden.

Wir brauchen alle Seelsorge auf die eine oder andere Weise. Wir dienen alle. Wir alle müssen und wir alle wollen unserem Nächsten helfen. Es liegt kein vernünftiger Grund vor, dies nicht gemeinsam zu tun. Es liegt kein Grund vor, solche Hilfe nicht gemeinsam zu planen und zu veranstalten!

Ich gebe ein Beispiel: Vor der Reise nach Moskau habe ich meine Mitarbeiter in Bonn gebeten, darüber nachzudenken, ob wir nicht doch noch etwas tun könnten, um das Elend der Flüchtlinge auf Zypern mildern zu helfen, und zwar nicht nur im karitativen Sinne, nein, sondern auch darüber nachzudenken, ob wir politisch etwas tun können, das ihnen hilft, ohne daß wir unsere eigene politische Bedeutung als Deutsche überschätzen wollen. Wie schnell gewöhnen wir uns im Wohlstand an das Unglück derer, die in der Folge von Machtentscheidungen oft für Jahre zu materieller und seelischer Not verurteilt sind. Nach dem ersten schönen Impetus pflegt die Nächstenliebe oft etwas einzuschrumpfen, vor allen Dingen dann, wenn der Schauplatz des menschlichen Elends weit von uns entfernt liegt. Zypern ist ein Notfall, in dem Politiker und Männer und Frauen der Kirchen gemeinsam versuchen sollten, etwas auszurichten gegen das schläfrig und träge werdende Gewissen. Es gibt viele Fälle, in denen man versuchen sollte, gemeinsam etwas auszurichten!

Am Schluß möchte ich an eine Erkenntnis erinnern, die wir alle teilen: Freiheit ohne Bindung ist nicht möglich. Diese Freiheit, so möchte ich sehr persönlich schließen, habe ich in schwierigen Situationen des Lebens immer in jener Erkenntnis empfunden, die aus der ersten Zeile des Liedes spricht, das jetzt folgen soll.

(Es folgt die Motette von Johann Sebastian Bach »Fürchte dich nicht«.)

UNSERE GESCHICHTE –
MAHNUNG
UND VERPFLICHTUNG

Ansprache
in Auschwitz-Birkenau

Gehalten am 23. November 1977

Eigentlich gebietet dieser Ort zu schweigen. Aber ich bin sicher, daß der deutsche Bundeskanzler hier nicht schweigen darf.

Wir sind nach Auschwitz gekommen, um uns und andere daran zu erinnern, daß es ohne Erkenntnis der Vergangenheit keinen Weg in die Zukunft gibt, auch keinen Weg zu einem neuen und unbefangenen Verhältnis zwischen Deutschen und Polen. In Auschwitz und in Birkenau kann niemand der Erkenntnis ausweichen, daß Politik etwas anderes ist, daß Politik mehr ist als ein Spiel von Macht und Interessen, daß Politik der moralischen Grundlage und der sittlichen Orientierung bedarf.

An diesem Ort wird zwingend deutlich, daß Geschichte nicht nur als eine kausale Kette von Ereignissen und Handlungen verstanden werden kann, sondern daß Verantwortung und Schuld dazugehören, daß Verantwortung und Schuld auch geschichtliche Größen sind.

Die Verbrechen des Nazifaschismus, die Schuld des Deutschen Reiches unter Hitlers Führung begründen unsere Verantwortung. Wir heutigen Deutschen sind als Personen nicht schuldig, aber wir haben die politische Erbschaft der Schuldigen zu tragen, hierin liegt unsere Verantwortung. Aus ihr erwächst der Auftrag, die Zukunft nicht dem Zufall zu überlassen, sondern sie mit Mut, mit Umsicht zu gestalten.

Es braucht sich kein junger Deutscher unfrei zu fühlen, wenn er einem polnischen Altersgenossen begegnet. Aber wissen muß er, was Deutsche im deutschen Namen damals begangen haben. Wissen muß er, was sein polnischer Altersgenosse von seinen Eltern und seinen Großeltern über Auschwitz erfuhr und was er über die deutsche Okkupation nach 1939 erfahren hat. Wissen muß er schließlich, daß sich an ihn als einen jungen Deutschen besondere Erwartungen richten.

Es sind dies Erwartungen, denen auch die Regierung der Bundesrepublik Deutschland gegenübersteht, Erwartungen, denen sie sich stellt und die sie zu erfüllen sucht, seit Konrad Adenauer mit unseren westlichen Nachbarn und seit Willy Brandt mit unseren östlichen Nachbarn bewußt die Verständigung zu suchen begann.

Wir wissen, daß wir nichts ungeschehen machen können, aber wir können Folgerungen für die Zukunft ziehen. Wir tun dies seit 32 Jahren, wir tun es im Blick auf alle Opfer des Nazifaschismus in allen Ländern Europas, auch in unserem eigenen Lande. Und ich denke, unsere polnischen Partner werden, gerade weil sie am meisten zu leiden hatten, am besten verstehen, wenn ich daran erinnere, daß die ersten Opfer Hitlers Deutsche waren und daß bis zum Ende Hitlers in immer zunehmender Zahl auch Deutsche die Opfer seiner Diktatur geworden sind.

Und die Polen werden verstehen, wenn ich daran erinnere, daß in unserem eigenen Lande Widerstand geleistet worden ist von Deutschen, die immer wieder, wenn auch in tragischer Vergeblichkeit, versucht haben, der mörderischen Tyrannei über Europa ein Ende zu machen. Diese deutschen Kämpfer gegen Hitler, Frauen und

Männer aus allen politischen Lagern, gehören auch zur deutschen Vergangenheit, und sie sind ihr achtungswürdigster Teil. Und sie sind für uns Deutsche Grund zu bescheidenem Stolz, vor allem aber zu der Verpflichtung, von der ich eben sprach, zu der Verpflichtung, für die Zukunft Folgerungen zu ziehen.

Auschwitz ist ein Mahnmal. Uns Deutschen steht es nicht zu zu sagen, es sei ein Mahnmal, das zur Versöhnung mahne. Das könnten nur die sagen, deren Mitbürger hier gelitten haben. Wir wissen aber eines, daß die Wege zur Versöhnung Auschwitz nicht ausklammern können, und wir wissen, daß die Wege zur Verständigung hier in Auschwitz nicht enden dürfen.

Auftrag und Verpflichtung der Geschichte

Ansprache
auf dem 32. Deutschen Historikertag
am 4. Oktober 1978 in Hamburg

Meine sehr geehrten Damen und Herren,
verehrter Herr Professor Ritter!

Herkömmlicherweise ist es ein Vorrecht der Historiker,
Gedanken über handelnde Politiker und über die Bedingungen ihres Handelns zu äußern, Gedanken, die zu kritischen Urteilen führen. Mit ihrer heutigen Einladung
geben Sie mir die Gelegenheit, die Perspektive umzudre-
hen und als handelnder Politiker über Geschichte, über
die Probleme von Historikern zu sprechen.

Nicht daß ich meinte, die Welt der Praxis schuldete der
Welt der Theorie eine Revanche für mancherlei Fehlurteile in der Vergangenheit oder in der Gegenwart. Aber es
könnte nützlich sein, wenn aus der Sicht aktiver politischer Verantwortung Fragen gestellt werden oder Fragen
beleuchtet werden, die sich für Sie in der fachlichen Beschäftigung mit der Geschichte und mit deren Vermittlung ergeben.

Ich glaube, daß aus diesem Grunde Bundespräsident
Walter Scheel vor zwei Jahren zu Ihnen gesprochen hat;
und jedenfalls stehe ich aus diesem Grunde vor Ihnen –
wobei ich im Gegensatz zu Herrn Dr. Grolle als gebore-
ner und natürlich geschichtsbewußter, geschichtsstolzer

Hamburger hier stehe. Und wobei ich, abermals im Gegensatz zu Herrn Dr. Grolle – und ich bekenne das vorweg, weil ja manches sicherlich nicht auf ungeteilte Zustimmung stoßen kann, was ich zu sagen beabsichtige –, hier nicht als Historiker stehe, sondern als ein zeitweilig begeisterter Konsument Ihrer geistigen Arbeit.

1.

Ich bin überzeugt, daß Geschichte nicht nur Historiker etwas angeht, daß sie vielmehr jeden Bürger betrifft, jedenfalls jeden, der seine Pflichten in der Gesellschaft und gegenüber dem Staat ernst nimmt, und daß sie deswegen nicht nur eine Forschungsdisziplin, sondern mit Recht auch ein Schulfach ist. Historiker sind zwangsläufig, ob sie es nun wahrhaben wollen oder nicht, zugleich Erzieher.

Es wird vielfach heute Klage geführt, daß der Geschichte in der Schule nicht genug Platz eingeräumt werde. Eben hat hier gerade ein Schulminister damit geprunkt, daß er dabei ist, das zu bessern. Zugrunde liegt ja der allgemein in unserer Gesellschaft verbreitete Eindruck, es mangele allenthalben an Geschichtskenntnis, an Geschichtsvorstellungen. Ich selber habe übrigens in den drei Jahren, in denen ich Oberbefehlshaber der Bundeswehr war, sehr deutlich bei den jungen Soldaten in der Bundeswehr gespürt, daß dem tatsächlich so ist. Nun liegt das allerdings auch schon wieder sieben, acht, neun Jahre zurück.

Walter Scheel hat vor zwei Jahren vor Ihnen die Sorge ausgesprochen, wir könnten im Begriffe sein, ein geschichtsloses Land zu werden. Solche Besorgnisse teile ich tendenziell; ich kann mich noch nicht überzeugen lassen durch das Zitat, was hier vorhin, von Hermann Lübbe stammend, vorgebracht worden ist.

Aber zunächst einmal möchte ich zurückfragen: Ist eigentlich die Kette dieser Besorgnisse, dieser Klagen in sich so kohärent, wie sie klingt oder wie sie klingen gemacht wird? Ergibt sich wirklich oder hat sich wirklich das eine aus dem anderen ergeben? Wenn ich z. B. an meinen eigenen Geschichtsunterricht zurückdenke, den ich in der Schulzeit genossen habe, so stelle ich fest, daß meine eigenen Geschichtskenntnisse, jedenfalls soweit sie in der Jugendzeit erworben worden sind, keineswegs nur auf die von mir durchaus geliebten Stunden im Schulfach Geschichte zurückzuführen sind, eher zum kleineren Teil. Was ich dagegen im Geschichtsunterricht tatsächlich erworben habe, war zweierlei: erstens – und das werden Sie, soweit Sie Pädagogen sind, als in Ordnung und nicht überraschend finden – vielfältige Anregung zum eigenen Lesen und Arbeiten; vor allem aber zweitens – und dies ist, denke ich, überraschend – die Fertigkeit zu diskutieren, vor allem eine gewisse Fähigkeit zur kritischen Auseinandersetzung mit vorgefaßten Meinungen. Ich werde diese Anstöße aus meiner eigenen Schulzeit nie geringschätzen, den mir der übrigens nicht gerade sehr systematische Geschichtsunterricht – meine Schulzeit endete 1937 – an der Hamburger Lichtwarkschule gegeben hat und der in mir ein lebenslanges Interesse an geschichtlichen Entfaltungsprozessen ausgelöst hat.

Ich möchte nicht ohne weiteres folgern, daß die Misere des in unserer Gesellschaft heute in der Tat schwachen historischen Bewußtseins nun im wesentlichen auf mangelhaftem Geschichtsunterricht in der Schule zurückzuführen ist. Das glaube ich nicht. Dies ist ein weites Feld, das ich jetzt nicht ganz beackern kann. Allerdings glaube ich auch nicht, daß die Schulen tatsächlich kohärente geschichtliche Vorstellungen auch nur im

Umriß vermitteln können – bei aller Mühe und bei aller Arbeit und bei aller Liebe nicht nur zum Fach, sondern auch zum Schüler oder zur Schülerin. (Die Lacher haben mich mißverstanden. Ich sehe dort allerdings einen Herrn sitzen, der seine Schülerin geheiratet hat.) Ich glaube nicht, daß bei aller Liebe die Schulen tatsächlich kohärent geschichtliche Gesamtvorstellungen vermitteln können, auch nur im Umriß: etwa von Lascaux bis zum Bauhaus; oder von den Verfassungen der griechischen polis bis zu den russischen Zaren und Wilhelm II., bis zu Stalin und bis zu Hitler, den z. Z. doch erratischen Weg bis zum modernen demokratischen Verfassungsstaat; oder den Weg von der Entstehung der Schriften bis zu den heutigen Computer-Sprachen; oder den Weg von der Weltwirtschaft der Phönizier oder des Römischen Weltreichs bis zu den prägenden Erfolgen und Zusammenbrüchen der Weltwirtschaft im 20. Jahrhundert; oder das Auf und Ab einerseits der Optimierungen, andererseits der Unterdrückung von Antworten auf die sich stets anders stellende soziale Frage; oder die verwirrende Diskontinuität und Vielfalt der Weltbilder, der Menschenbilder; die Entstehung unserer heutigen Pluralität oder dem Humus der Klassik, des Christentums, des Mittelalters, der Aufklärung und der geistigen Säkularisierung der letzten beiden Jahrhunderte.

Ich glaube, daß all dies sich denjenigen Bürgern, die nicht ein spezielles Interesse entwickeln, daß dies alles sich der großen Mehrzahl nur im Laufe eines ganzen Lebens und auch nur in sehr vagen Umrissen erschließen kann. Die Schule aber soll von alledem zugleich eine Ahnung herstellen und Wißbegierde wecken. Und sie soll zugleich das Wissen um die Fallibilität der sich entwickelnden Menschheit ahnen und das Wissen von ihren Erfolgen ebenso ahnen lassen. Sie soll von der Interdependenz der Geschichte der europäischen Völker und Staaten eine Vorstellung vermitteln, aber ebenso von der übernationalen Symbiose von Sprachen, von Denkschulen, Kirchen, Kunst, aus der Europas Zivilisation nun einmal entstanden ist und ohne welche sie niemals so hätte entstehen können.

Liebenswürdigerweise schicken mir einige bisweilen Bücher, die sie herausgegeben oder die sie geschrieben haben, und dadurch habe ich rudimentäre Einblicke hier und da. Ich glaube, gute Ansätze sind in der Schuldidaktik durchaus zu sehen. Dazu zählen für mich auch solche Bemühungen wie diejenige der hamburgischen Kurt-Körber-Stiftung, mit ihren Schülerwettbewerben zur Förderung des Geschichtsbewußtseins beizutragen.

Übrigens darf ich Ihnen hier ein Kompliment aussprechen für eine, wie ich glaube, fabelhafte Idee. Hoffentlich ist sie dann auch im Ergebnis noch immer fabelhaft, nämlich den Versuch des Hospitierens von Kongreßteilnehmern im normalen Geschichtsunterricht hamburgischer Schulen. Das gegenseitige Hospitieren ist ja nicht überall beliebt, was nicht nur für Lehrer gilt, sondern auch für Professoren. Eine fabelhafte Idee!

Aber all das, was ich versucht habe, als Umrisse zu zeichnen, die man im Glücksfall im Laufe seines ganzen Lebens vage in seine Vorstellung bekommt – dies alles nun von der Schule zu verlangen heißt wahrscheinlich schon zuviel verlangen. Und deswegen möchte ich hier zwei Bemerkungen einschieben, die genauso subjektiv sind und ausschließlich auf eigener Lebenserfahrung, auf eigener politischer Erfahrung beruhen wie alles andere, das ich hier vortrage, nicht aber auf fachlich-disziplinär erworbenem Wissen.

Erstens: Ich denke, der Geschichtsunterricht allein kann selbst diese von mir für wünschenswert gehaltenen vagen Umrisse einer Gesamtvorstellung kaum leisten, jedenfalls gilt das mit Sicherheit sogar für die Hauptschule. Deshalb sollten jedenfalls alle Schulfächer am Entstehen des Mosaiks mitwirken. Dies trägt dann übrigens auch zum Erfolg des jeweils eigenen Faches bei. Wer Englisch lernt, ohne von der Magna Charta oder von Cromwell oder von der Bill of Rights oder von Roosevelt oder Churchill zu hören und zu lernen, dessen Lehrer hat seine Aufgabe nicht verstanden. Wer Mathematik und Physik und Chemie und Biologie in der Schule lernt, ohne eine Ahnung vermittelt zu bekommen von der zweieinhalbtausendjährigen Entfaltung des naturwissenschaftlichen Weltbildes, dessen Lehrer haben ihre Aufgaben nicht erkannt. Wer Französisch lernt, ohne gleichzeitig eine Ahnung zu bekommen von der unmittelbaren Aufeinanderfolge von Ludwig XVI. und der Französischen Revolution und Napoleon und der Gründe für dieses unmittelbare Folgen, dessen Lehrer hat eine wichtige Chance vergeben. Wer im Geschichtsunterricht den Bogen zurück von Hiroshima zum Dreißigjährigen Kriege nie vorgezeichnet bekommen hat oder von den vielen anderen Bögen, über die zu reden sein würde, sagen wir den Bogen vom Freiherrn vom Stein über 1848 bis nach Weimar und bis nach Bonn nicht zu erkennen gelernt hat, dessen Lehrer, dessen Geschichtslehrer in dem Fall, haben eine wichtige Chance vertan. Und wer im Religionsunterricht nicht sowohl von Thomas als auch Ignatius, von Luther und, erschrecken Sie nicht, von Lenin und von Johannes XXIII. etwas gehört hat, dem ist Wichtiges vorenthalten worden.

Zweitens: Jeder Lehrer unter Ihnen weiß, wie viele sogenannte Miterzieher es gibt. Es gilt ja auch hinsichtlich der Studenten, bei deren Formung des historischen Bewußtseins ganz erhebliche außeruniversitäre Kräfte wirksam sind. Die Wirkungen der Massenmedien, allen voran des Fernsehens, auf das Geschichtsbewußtsein der Gesellschaft schlechthin können gar nicht hoch genug veranschlagt werden. In diesem Zusammenhang sage ich den Professoren und den Assistenten auf unseren Hochschulen: Manchen der Geschichte studierenden jungen Menschen sollte vor Augen gestellt werden, daß möglicherweise ihre persönliche Aufgabe, wenn sie ihr Studium beendet haben, im Fernsehen liegen könnte oder in den Redaktionen und in der Mitarbeit bei Zeitungen und Zeitschriften oder in der Erwachsenenbildung. Ihnen selbst, meine Damen und Herren, den Fachgelehrten, möchte ich die dringende Bitte ans Herz legen: Sorgen Sie und erkennen Sie als ernste Aufgabe die Sorge für eine fachlich einwandfreie populärwissenschaftliche historische Literatur – einschließlich der Bilder und Tabellen und Karten – und was alles dazu gehört, um es dem normalen Publikum attraktiv genug zu machen. Das muß nicht unbedingt in teuren Prachtbänden geschehen, wenngleich ich z. B. die schöne Geschichte Europas im Propyläen-Verlag als ausgesprochen verdienstvoll empfinde.

Zusammenfassend: Ich glaube nicht, daß man allein die Schule verantwortlich machen darf – sie soll sich auch nicht für allein verantwortlich halten – für allgemein in der Gesellschaft aufscheinende Defizite an historischem Wissen und am Rückbezug heutiger Umstände auf ihre geschichtliche Entstehung. Ich denke, wir sollten vorsichtig sein bei allzu engen Verknüpfungen von Defiziten. Aus der Perspektive des Fachhistorikers spielen bei der Erklärung von Nöten im Bereich der Geschichte selbstverständlich solche Sorgen – aber bitte machen Sie sich selber darüber keine Illusion: eben auch eigenen Interessen! – eine Rolle, die sich im eigenen Berufsfeld bilden. Man soll solche Sorgen ernst nehmen. Ich tue das. Aber als Nichthistoriker gebe ich zu bedenken, daß Geschichte nicht nur aus *einer* Berufsperspektive heraus zu debattieren ist. So wie – wenn Sie mir einen sehr annäherungsweisen Vergleich erlauben – die Stärke oder die Schwäche des Glaubens zu keiner Zeit nur eine Frage der Theologen war, so scheinen mir Stärke oder Schwäche des historischen Bewußtseins keineswegs nur eine Frage der Geschichtswissenschaft oder des Geschichtsunterrichts zu sein.

Nachdem dies alles gesagt ist, zögere ich nicht, zu betonen, daß die Verantwortung der Fachhistoriker für unser aller Bildung mir von zentraler Bedeutung erscheint. Ich will Ihnen gerne gestehen, daß ich Sie bisweilen im Laufe meines Lebens um Ihren Beruf beneidet habe.

Clemenceau wird das Wort zugeschrieben, daß der Krieg eine zu wichtige Sache sei, um ihn den Generälen allein zu überlassen, aber er hat die Generäle ja gleichwohl benötigt. Übertragen Sie das auf Ihr Fach! Ich füge hinzu: Die Kompetenz von einigen Tausenden – wenn ich es richtig verstanden habe, einschließlich aller Geschichtslehrer sogar von mehr als zehntausend – geschichtswissenschaftlich geschulten Fachkräften ist ein großes Kapital, mit dem gearbeitet werden muß.

Bei nur sehr begrenztem Einblick in die Diskussionen Ihres Faches weiß ich, daß die Frage des Gegenwartsbezuges der Geschichte in den Reflexionen Ihres Faches naturgemäß eine große Rolle spielt. Sie haben die Frage erörtert, wie weit sich die Geschichtswissenschaft von aktuellen Interessen und Fragestellungen leiten lassen darf. Sie haben die Aufgaben debattiert, die sich dem Fach Geschichte in der modernen demokratischen Gesellschaft stellen. Mir scheint wichtig, diese Art von Diskussionen nicht versanden zu lassen – auch dann nicht, wenn die

Hektik der politischen Auseinandersetzungen an den Hochschulen eine Sehnsucht nach ruhigeren Gefilden der Forschung hat aufkommen lassen, und dies nicht nur hier oder dort! Eine sich Gegenwartsfragen aufschließende Geschichtswissenschaft ist zweifellos exponierter als eine, die z. B. aus Berührungsängsten sich auf sich selbst zurückzieht. Mut bleibt auch in Zukunft notwendig. Pseudopolitische und pseudowissenschaftliche Aktivitäten können sich leicht dort entfalten, wo verantwortliche Politik oder wo verantwortliche Wissenschaft zuvor das Feld geräumt hat oder zuvor das Feld unbestellt gelassen hat. Man begegnet dem wirksam nur dann, wenn man sich selbst den Konflikten stellt, die sich aus den Fragen der Gegenwart und aus den Fragen an die Gegenwart ergeben. Und zweifellos ist hier eine Zusammenarbeit mit z. B. der politischen Wissenschaft, mit der Sozialökonomie (um einen Ausdruck Max Webers wieder aufzunehmen, den ich bei weitem für den besten halte von all denen, die für die Ökonomie ansonsten geprägt wurden; ich rede ganz gern anstelle von Nationalökonomie von »Internationalökonomie«, aber mehr um des heuristischen Effektes wegen und weniger, weil ich das für eine präzise Definition halte), es ist also zweifellos die Zusammenarbeit mit der politischen Wissenschaft, mit der Sozialökonomie und auch mit der Soziologie geboten.

Freilich, eine sich so verstehende Geschichtswissenschaft scheint mir zu ihrem Bildungserfolg, den sie bezwecken soll, drei Bedingungen erfüllen zu müssen. Sie muß an der Bewältigung der Orientierungsschwierigkeiten unserer Tage teilnehmen; sie muß ihre Bindung an den Bestand gemeinsamer Grundwerte zu erkennen geben; und sie muß ihre Verpflichtung zu Toleranz und Meinungspluralismus ernst nehmen und darin sogar Vorbilder setzen.

Dies alles ist viel leichter gesagt, als man es im Beruf leisten kann. Ich brauche keine Phantasie, um mir vorzustellen, daß der Prozeß z. B. der Einführung neuer Hochschulverfassungen in den letzten zehn Jahren – der ja übrigens ein Prozeß von trial and error ist; in diesem Hinweis sollte für Sie, meine Damen und Herren, Hoffnung beschlossen sein –, ich brauche keine Phantasie, um mir vorzustellen, daß dieser Prozeß für den Wettstreit der wissenschaftlichen Positionen untereinander auch negative Folgen mit sich gebracht hat. Häufig, glaube ich zu erkennen, wird bei Gremienwahlen oder bei Berufungen die Berücksichtigung einer konkurrierenden, im Wettstreit liegenden Position erschwert, gar verhindert, und das Kräftespiel der hochschulpolitischen Mehrheitsbildung oder des ideologischen Streits droht an manchem Ort den theoretischen Pluralismus zu ersticken.

Ich habe gehört – ich kann es nicht selbst beurteilen –, daß solche Gefahren einer Einengung des pluralistischen Spektrums in unseren westlichen Nachbarländern geringer seien als bei uns. Während bei uns in mancher Hinsicht die Gefahr heraufzieht, daß die Landkarte der Hochschulen ähnlich fleckig wird wie die Konfessionskarte Deutschlands nach der Reformation – hie rechts, hie links –, scheint in unseren Nachbarländern mehr Sinn dafür zu bestehen, daß Positionsunterschiede an ein und derselben Hochschule nicht nur möglich, sondern daß sie fruchtbar und deswegen notwendig sind. An manchen Universitäten, jedenfalls großen Universitäten im Ausland, wird offenbar geradezu Wert darauf gelegt, daß große, die Meinungsbildung auslösende Ereignisse wie die Französische Revolution oder die Oktoberrevolution in Rußland zugleich von verschiedenen Ansätzen aus, durch verschiedene Lehrpersonen betrachtet, beleuchtet, in unterschiedlicher Perspektive gedeutet werden. Es scheint mir, daß eine Territorialisierung des Pluralismus – nach dem Leitsatz: Cuius regio eius religio – die schlechteste aller denkbaren Lösungen für das Pluralismusproblem wäre.

An dieser Stelle sage ich als Politiker fest überzeugt und ohne Hemmungen wegen meiner mangelnden Historikererfahrungen oder -kenntnisse: Die Pluralität der Meinungen und Positionen muß allen Widerständen zum Trotz bejaht und auch tatsächlich verwirklicht werden!

Es war eine bedenkliche und übrigens politisch folgenschwere Fehlentwicklung, daß die deutsche Geschichtswissenschaft, wie mir scheint, seit der Mitte des 19. Jahrhunderts sich in zunehmendem Maße nicht-angepaßten Minderheiten verschlossen, andersdenkende Köpfe, wenn möglich, von den Lehrstühlen ferngehalten hat. Und Sie werden es einem sozialdemokratischen Bundeskanzler nicht verübeln, wenn er an die Eingeschränktheit der Laufbahnchancen erinnert, welche etwa die Gegner des Bismarckischen Staates, wie Sozialdemokraten, Linksliberale, aber auch Zentrumskatholiken, in Deutschland über lange Strecken zu erleiden hatten.

Nun hat sich gottlob nach den beiden Weltkriegen, insbesondere nach dem letzten, manches gewandelt. Die benachteiligten Positionen von einst haben Anerkennung gefunden. Aber dem Pluralismus sind inzwischen neue Schwierigkeiten entstanden. Ich gebe zu, sicherlich wird nachher in der Pause gesagt werden: dabei spiele auch die heutige Stellenknappheit an den Hochschulen eine Rolle, die der unmittelbar voraufgegangenen Stellenopulenz gefolgt ist. Ich weiß: Die Konkurrenz wird natürlich härter, so daß nicht nur die Schwächeren, sondern auch die Nonkonformisten Gefahr laufen, auf der Strecke zu bleiben.

Heute stellt sich wie an vielen Stellen der Gesellschaft die Frage, wie die Probe der Toleranz zu bestehen sei. Ohne Toleranz – und ich spreche von der Toleranz aus gegenseitiger Achtung und nicht aus der Toleranz der Gleichgültigkeit gegenüber dem, was der andere schreibt –, ohne Toleranz aus gegenseitiger Achtung ist Wissenschaft vom Menschen in einer – ich nehme das Wort noch einmal auf – pluralistischen demokratischen Gesellschaft nicht möglich.

Ich las vorgestern in Vorbereitung auf das, was ich Ihnen hier versuche vorzutragen, in einem ansonsten sehr lesenswerten Kommentar in der »Frankfurter Allgemeinen Zeitung« zu Ihrem Historikertag das Wort – und ich zitiere wörtlich – von einem »einigermaßen verbindlichen Geschichtsbild«, welches – und ich zitiere das nächste Wort wiederum wörtlich – »wieder« entstehen solle. Ich muß Ihnen sagen, ich kann mir weder ein verbindliches noch ein einigermaßen verbindliches Geschichtsbild vorstellen – genausowenig wie ich mir 1969 oder 1970 als Verteidigungsminister vorstellen konnte, was eigentlich bezweckt wurde, wenn damals in einer militärischen Denkschrift verlangt worden war, es müsse der Erziehung der Soldaten in der Bundeswehr ein verbindliches Menschenbild zugrunde gelegt werden. Sie lachen, aber in solchen unbeabsichtigten Kommentaren und in solchen blauäugig und sehr wohlmeinenden und sehr idealistisch vorgebrachten Forderungen schlägt sich das nieder, was ich vorhin die Misere vom mangelnden Geschichtsbewußtsein genannt habe.

Verbindlich – und zwar nicht einigermaßen, sondern ohne irgendwelche Einschränkungen und ohne irgendwelches Epitheton verbindlich! – ist für Lehrer und Soldaten das Grundgesetz. Verbindlich ist für die Wissenschaft der Wille zur Wahrheit. Aber die Normen des Grundgesetzes enthalten mit voller Absicht, aus historischer Erfahrung gewonnener Absicht, das Grundrecht der Meinungsfreiheit und keinerlei Vorschriften über Meinungsverbindlichkeit. Und der wissenschaftliche Wille zur Wahrheit führt ja auch, teils zeitlich nacheinander, teils gleichzeitig und am selben Tage, zu sehr verschiedenen Antworten. Das muß auch so sein.

Dieses Plädoyer für Toleranz und für Meinungspluralismus, das ich hier halte, geht über den Rahmen eines Fachkongresses weit hinaus, wenngleich ich im Kreise der Historiker auf eine zustimmende Resonanz gehofft habe, die stellenweise ja auch schon hörbar geworden ist. Einheit kann sich bestenfalls, jetzt philosophiere ich vor mich hin, nur aus der Vielfalt ergeben. Prä-postulierte Einigkeit ist kein Wert an sich, kann dagegen sehr wohl zu einer schlimmen Gefahr werden.

Geschichte zu schreiben oder Geschichte zu lehren umschließt die Möglichkeit, die ungeheure Vielfalt von Traditionen und Positionen im Wandel der Zeiten zu vergegenwärtigen, den Reichtum an verschiedenen geprägten Kräften ins Bewußtsein zu heben, aber ebenso auch deutlich zu machen, wie rasch Toleranz und wie rasch Meinungsfreiheit verlorengehen können und wie gefährdet Freiheit und Humanität immer waren und nach all diesen bisherigen geschichtlichen Erfahrungen auch in Zukunft bleiben werden.

2.

Ein Wort möchte ich sagen über den Beitrag der Geschichtslehre zum rechten Verständnis der Demokratie, d. h. nicht nur ihrer Vorzüge und Möglichkeiten, sondern ebenso ihrer Begrenztheiten.

Ich denke, sozialökonomische Strukturgeschichte ist unumgänglich notwendig. Allerdings führt sie nur schwerlich zur Erkenntnis von der Notwendigkeit der Demokratie. Dies letztere mag von der Geschichte der geistigen Strömungen schon eher geleistet werden. Aber ebenso gehört sicherlich die Ereignisgeschichte dazu, ebenso die Biographie. Eine einseitig sozial-struktur-orientierte Geschichtsdeutung, bei der die dramatis personae und ihre individuelle Verantwortung völlig hinter den strukturellen ökonomischen Faktoren zurücktreten, hinter den Ständen und den Klassen und den Wirtschaftsordnungen und deren Eigendynamik, bei der die Personen dahinter völlig verschwinden, die kann nun in der Tat bei dem, der zuhört oder liest, ein Erklärungsvakuum entstehen lassen, in das dann rein personalisierende Deutungsversuche, wie z. B. der heutige subkulturelle Hitlerkult, ohne große Mühe einströmen können. Und umgekehrt wird mit der Inflationierung des Faschismusbegriffs (nicht nur im allgemeinen, sondern sogar im wissenschaftlichen Sprachgebrauch!) sicher keine Klarheit über die Probleme der Zeitgeschichte hergestellt. Das gilt genauso für den Begriff des Antifaschismus. Das sind heute Begriffe, die die Welt eher vernebeln, aber nicht klären.

Das düstere Kapitel jüngster deutscher Geschichte ist vor lauter Theorien und Überschriften für viele der heute Erwachsenen noch immer ein Bild ohne ausreichend klare Kontur. Viele der jüngeren Zeitgenossen haben sehr verschwimmende Vorstellungen über jene Zeit, und der Handel mit Hakenkreuzsymbolen und Schallplatten mit Reden aus jener Zeit und Schundliteratur macht Umsätze. Es gibt zu denken, daß andererseits Versuche, Hitler zu erfassen und ihn damit zu entdämonisieren, wenn ich es richtig sehe, in letzter Zeit nicht von Historikern, sondern von historisch versierten Journalisten kommen; ich rede von Joachim Fest und von Sebastian Haffner.

Es gibt auch zu denken, daß manche unserer jüngeren Zeitgenossen – das habe ich erst jüngst im Bundestag erlebt – den Widerstand gegen den Tyrannen, den Diktator immer noch nur sehr schwer verstehen und daß einige ihn gar nur dann gelten lassen und nur dann achten wollen, wenn und soweit der Widerstand geleistet wurde von Menschen, deren damalige politische Vorstellung den heute Urteilenden passabel erscheinen will. Tatsächlich kam der Widerstand sowohl von Konservativen als auch von Liberalen, sowohl von Sozialdemokraten als auch von Kommunisten; er kam von Aristokraten und von Arbeitern; er kam von Christen und von Freidenkern. In Frankreich oder in Italien käme überhaupt kein gebildeter Mensch auf die absurde Idee, den Anteil damals kommunistisch denkender Menschen am Widerstand geringzuachten oder ihn gar aus der Geschichte zu streichen. Im Gegenteil.

Wer solche Dummheiten nicht mitmacht, sondern wer mit Recht etwa der Geschichte der deutschen Arbeiterbewegung, auch ihrer für den ersten deutschen Demokratieversuch schicksalsträchtigen Gespaltenheit einen festen Platz in der Geschichte gibt oder gegeben hat, der muß deswegen ja weder Sozialdemokrat sein noch Kommunist. Und wer Bismarcks außenpolitische Kunst darstellt und vielleicht bewundert, der muß deswegen nicht Bewunderer seiner gefährlichen Innenpolitik und seiner Sozialistengesetzgebung werden. Mir scheint wertungsfreie Geschichte kaum möglich. Aber andere als meine eigenen Wertungen müssen ebenso zu Gehör kommen, und dafür muß ich selber mit sorgen. Und jeder von uns möge sich seiner zeitbedingten, situationsbedingten Optik bewußt bleiben. Ich denke, daß schließlich die meisten Historiker unter den Zeitgenossen Bismarcks dessen Illiberalität wahrscheinlich auch deswegen nicht kritisch erkennen konnten, weil sie eben durch die Brillen ihrer Zeit schauten.

Ich z. B. mußte 59 Jahre alt werden, um am 17. Juni dieses Jahres Walter Scheels Bewertung und Einordnung des Reichsmythos und seiner Wirkung auf die Entwicklung des politischen Bewußtseins der Deutschen als sehr erhellend und deshalb dankbar zu empfinden. In meiner eigenen Schulzeit und, ich vermute, in der Schulzeit mancher derer, die hier – verschiedenen Generationen angehörend – sitzen, wäre eine solche Geschichtsbetrachtung durch einen so hohen Repräsentanten des Staates undenkbar gewesen.

Wir Deutschen, meine Damen und Herren, haben die Demokratie nicht erfunden. Wir haben auch den Nationalstaat nicht erfunden. Wir haben auch nicht als erste die Staatsnation geschaffen. Heute sind wir in Gefahr, Nationalstaat und Staatsnation in ihrer Bedeutung zu überschätzen und dann auch noch zu überfordern.

In dem Zusammenhang möchte ich die Bitte aussprechen, daß wir die Demokratie nicht überfordern, daß wir sie nicht mit Erwartungen überfrachten, mit Erwartungen, die sie nicht erfüllen kann. Schon Thucydides hat davor gewarnt, daß Demokratie nicht zum Staat der ewig Unzufriedenen werde.

Ich möchte sehr frei nach Winston Churchill sagen: Demokratie als Gesinnung einer Gesellschaft, Demokratie als Form eines Staates ist nach aller geschichtlichen Erfahrung und nach allen Ergebnissen unseres heutigen staatspolitischen, staatstheoretischen Denkens das Beste, was wir haben können. Darin werden die meisten hier übereinstimmen. Aber man darf nicht unterschlagen: Demokratie bleibt auch immer Menschenwerk, allzu menschliches Menschenwerk. Die naive Idealisierung der Demokratie durch alliierte und durch selbstgemachte re-education, wobei die selbstgemachte re-education an manchen Schulen bis in die 60er Jahre gedauert hat – die naive Idealisierung der Demokratie, die damals durch Marshall-Plan und Erfolg in unserem wirtschaftlichen Neuaufbau gestützt und gefördert wurde, hat dann zwangsläufig angesichts des scharfen Kontrastes zwischen dem idealisierten Modell und der vorgefundenen Wirklichkeit, die dann auch noch kritisch überzeichnet wurde –, hat zwei Jahrzehnte nach Kriegsende bei einem wichtigen Teil der akademischen Jugend eine Desillusionierung und darüber hinaus sogar einen gefährlichen Kollaps der politischen Ratio zur Folge gehabt. Dieser Kollaps ist geistig nur teilweise überwunden, und bei einigen hat er lediglich resignativer Anpassung Platz gemacht.

Mich erschreckt oft, wie vielerorts die Anspruchshaltung steigt, während zugleich die Beitragshaltung der Bürger stagniert oder gar schwindet. Dies ist ein Problem, zu dessen Abhilfe auch Sie, meine Damen und Herren, beitragen können. Mit der Demokratie und mit dem öffentlichen Wohl ist es wie auf dem Felde des Landwirts. Man muß ackern und säen und düngen, wenn man ernten will. Demokratie und res publica laufen nicht von allein, sie brauchen jeden von uns, sie brauchen jeden von uns – auch als Erzieher! Zu dieser Erziehung zur Demokratie gehört, daß wir die Menschen auch aufschließen müssen zum Verständnis für die Schattenseiten der Demokratie, für das, was sie nicht leisten kann. Insgesamt müssen wir dahin erziehen, daß trotz aller Schattenseiten unsere Menschen die Bereitschaft entfalten, notfalls für die Demokratie ihr Leben zu wagen.

Ich erachte es z. B. als einen unvermeidbaren, aber deswegen keineswegs zu verschweigenden Mangel, daß die Demokratie Prämien ausstellt für denjenigen Politiker, der sich besser als der andere der Öffentlichkeit genehm zu machen weiß. Dies ist seit Athen, seit zweieinhalbtausend Jahren ein Geburtsfehler, den kann man nicht beseitigen, der bleibt so. Deswegen wird ja auch in Wahlkämpfen manchmal Unsinn geredet. Ich halte es für einen unvermeidbaren, aber keinswegs dem Verschweigen anheimfallen dürfenden Mangel, daß Demokratie nicht unbedingt die Durchsetzung des Richtigen bewirkt, sondern vielmehr nur die Durchsetzung dessen, was von der Mehrheit für richtig angesehen wird zu dem Zeitpunkt, in dem die Mehrheit entscheidet. Ich halte es für unvermeidbar, daß in der Demokratie die Meinungsfreiheit nicht nur zur Lehre von gemeinsamen Grundwerten und anderen richtigen, guten oder schönen Dingen genutzt werden kann, sondern durchaus auch genutzt werden darf zur Verbreitung von Wert-losen Meinungen – wertlos in jederlei Sinn, der diesem Worte unterlegt werden kann. Demokratie ist Launen ausgesetzt.

Dies alles muß auch vermittelt werden. Man kann nämlich auf die Dauer nicht nur die Personen, sondern auch die Demokratie nur lieben in eingestandener Erkenntnis auch der Unvollkommenheit dessen, mit dem man es zu tun hat.

Demokratie darf nicht unkritisch als Lehre von der alten Harmonie mit neuer Kulisse im Hintergrund verstanden oder gelehrt werden. Ich teile Walter Scheels Skepsis gegen diesen deutschen Harmoniewahn voll und ganz. Natürlich kann es Harmonie in dieser Gesellschaft nicht geben. Demokratie ist von der Definition her erstens immer auch Konflikt, allerdings begrenzter Konflikt; und Demokratie ist zweitens von der Definition her verfassungsrechtlich institutionalisierte Konfliktregelung. In den späten 60er Jahren gingen die eben apostrophierten Enttäuschten daran, an die Stelle der ihnen zwar verkündeten, aber nicht tatsächlich vorgefundenen Harmonie den totalen Konflikt zu setzen. Sie wurden dann sogar auch noch ermuntert, den Konflikt mit ihren eigenen Fäusten zu regeln. Ein schwerer Rückschlag, aus dem Erzieher, Politiker, aber auch Professoren und Lehrer gleicherweise zu lernen haben. Romantisierende Verklärungen rächen sich. Einigkeitsmythen und Harmoniegesänge rächen sich.

Natürlich muß andererseits, wenn ich bei Karl Popper eine Anleihe machen darf, die offene Gesellschaft gegen ihre Feinde verteidigt werden. Ich warne dabei vor einem Übermaß an Perfektion. Die Gründlichkeit, mit der mancherorts nach Gegnern unserer Ordnung gesucht, der psychische Flurschaden, der mancherorts dabei angerichtet wird, kann erschrecken. Hüten wir uns davor, meine Damen und Herren, an die Stelle eines abstrakten übergesellschaftlichen Staatsbegriffs nun einen, wenn ich Karl Bracher folgen darf, »abstrakten übermenschlichen Demokratiebegriff« zu setzen. Irren muß erlaubt bleiben. Gerade in Deutschland muß Irren erlaubt bleiben. Es kann in der offenen Gesellschaft kein einheitliches, kein richtiges Geschichtsbild geben. Die beiden Male in diesem Jahrhundert, die beiden kurzen Epochen, in denen sich Deutschland im Besitze des »richtigen« Geschichtsbildes glaubte, die sind uns und der Welt sehr schlecht bekommen. Es waren der nationalistischen Ideologie entsprechende Geschichtsbilder.

Deutscher zu sein kann heute nicht mehr bloß die Zugehörigkeit zu einer Sprach- und Kultur- oder zur Abstammungsgemeinschaft bedeuten; es bezeichnet auch nicht eine spezifische Staatsbürgerschaft, sondern es muß wohl darüber hinaus eine Selbstidentifikation mit den Begriffsinhalten der Demokratie und der Humanität stattfinden.

Unser Staat hat eine Form der Demokratie entwickelt, die auch durch die besonderen Herausforderungen der deutschen Geschichte geprägt ist. Sie ist weder von der unbeschwerten Zuversicht und Ursprünglichkeit der amerikanischen Demokratie getragen noch von den ehrwürdigen, machterfahrenen Traditionen der parlamentarischen Demokratie in England noch von den revolutionsgeprägten demokratischen Errungenschaften der Französischen Republik.

3.

Im nächsten Jahr wird der 30. Jahrestag von Verkündung und Inkrafttreten unserer Verfassung die Grundgesetzdiskussion sicherlich erneut beleben. Dabei muß dann auf die historischen Erfahrungen, die in unsere Verfassung eingeflossen sind, Aufmerksamkeit verwandt werden ebenso wie auf die insgesamt sehr guten Erfahrungen, die wir seither mit diesem Grundgesetz gemacht haben.

Das Grundgesetz spricht von der Einheit und Selbstbestimmung unseres Volkes, von der Nation. Mir scheint, daß die häufig zitierte Einheit der Nation jedenfalls auch in den folgenden drei Dingen besteht:

Erstens: Einheit der Nation bedeutet eine gemeinsame geschichtliche Vergangenheit mit sowohl Stationen, die Anlaß sind zum Stolz, als auch mit Stationen, die Anlaß sind zum Bedauern oder derentwegen wir uns schämen müssen.

Zweitens: Einheit der Nation bedeutet einen Anspruch an die Zukunft, den wir stellen, der uns aber auch selbst verpflichtet.

Und *drittens:* Einheit der Nation bedeutet auch ein Stück der Wirklichkeit in unserer Gegenwart; denn es gibt ein fortbestehendes Bewußtsein der Zusammengehörigkeit der Deutschen, es gibt – dank der Politik der letzten zehn Jahre – auch Möglichkeiten zu gegenseitiger Berührung, zu Besuch, zu Gespräch, zu mannigfachem Austausch. Das alles ist trotz jener brutalen Grenze und trotz der Trennung ein Stück Einheit der Nation.

Diese zweitens und drittens genannten beiden Aspekte bewegen und beschäftigen mich am meisten; denn ich hielte es für falsch, die Einheit der Nation vorwiegend aus der Vergangenheit her zu sehen oder gar unkritisch die Zeiten zu preisen, in denen es eine staatliche Einheit für die meisten Deutschen gegeben hat. Ich denke, daß ein sentimentaler Umgang mit der historischen Einheit der deutschen Nation eine Fehlbeurteilung unserer Geschichte fördert. Vielfach ist der Eindruck entstanden, nicht bei Historikern, aber bei einem großen Teil der 60 Millionen Menschen, die heute in unserem Staat leben, als ob in unserer deutschen Geschichte vorwiegend Einheit bestanden habe. Und es wird leicht vergessen, was es an Zerrissenheit, an Auseinandersetzung, ja an Kriegen zwischen den Deutschen gegeben hat.

Im Hyperion heißt es: »Es ist ein hartes Wort und dennoch sag ich's, weil es Wahrheit ist: ich kann kein Volk mir denken, das zerrissener wäre wie die Deutschen.« So lange ist das noch nicht her, daß Hölderlin das geschrieben hat. Und erst 1871 hat Ludwig von Gerlach nach der von vielen bejubelten Gründung des Bismarck-Reiches etwas Ähnliches gesagt, nämlich: »Und – wo ist die Einheit Deutschlands? Seit 1648 war es nicht so zerrissen als jetzt.«

Das ist gerade erst 100 Jahre her. Zur gleichen Zeit mußten die Führer der Sozialdemokratischen Partei,

Bebel und Liebknecht, die fortbestehende innere Zerrissenheit sehr persönlich erfahren. Sie saßen im Gefängnis, als in Versailles das Deutsche Reich gegründet wurde. Herr Conze (oder war es Herr Groh?) hat gesagt, sinnfälliger hätte kaum zum Ausdruck gebracht werden können, daß der neue Staat, in dem das nationalliberale Bürgertum die Erfüllung seiner nationalen Hoffnungen verwirklicht sah, daß dieser neue Staat die Arbeiterbewegung und deren nationale Ziele in sein politisches Fundament weder integrieren konnte noch wollte.

Nun war es unbestritten, daß Arbeiterbewegung und Sozialdemokratie die nationale Einheit nachdrücklich bejahten – ihre Führer hatten dafür seit Beginn ihrer politischen Arbeit gekämpft –, aber sie bedrohten durch ihre Demokratiebestrebung den innenpolitischen Einigkeitsmythos der Konservativen. Und dies ließ den unausgetragenen, den bei der Reichsgründung ausgeklammerten Grundkonflikt des 19. Jahrhunderts zwischen dem alten Obrigkeitsstaat und der bürgerlich-liberalen Fortschrittsbewegung auf neuer Stufe wieder hervortreten. Denn in Wirklichkeit nahm ja die Sozialdemokratie damals nur die Ideale des bürgerlichen Emanzipationsstrebens beim Wort und suchte sie zur Konsequenz zu führen.

Das alles paßte nicht in den konservativen Einigkeitswahn. Obrigkeitsstaat und große Teile des Adels und des Bürgertums wehrten gemeinsam solche Bestrebungen ab.

Ebenso unberechtigt wie folgerichtig sind dann später die Sozialdemokraten als vaterlandslose Gesellen denunziert und noch später als November-Verbrecher und als Verräter verfemt worden, nachdem sie in der Weimarer Republik den endlich und entscheidend mit ihrer Hilfe errichteten bürgerlichen Verfassungsstaat auch ge-

gen wichtige Teile des Bürgertums verteidigt hatten,
welche inzwischen ihrerseits die sogenannte »nationale
Erhebung« mit Wohlwollen begleiteten. Die Proklama-
tion der Volksgemeinschaft bedeutete dann den bisherigen Höhepunkt des Einigkeitswahns und gleichzeitig das
Ende einer Demokratie, für deren Verwirklichung die
Sozialdemokraten seit ihren politischen Anfängen gekämpft hatten.

Wir dürfen diese Aspekte der deutschen Geschichte
nicht beiseite schieben, wenn wir historisch über die
Einheit der Nation reden. Und ich sehe den Auftrag aus
der Präambel des Grundgesetzes, in freier Selbstbestimmung die Einheit und Freiheit Deutschlands zu vollenden, auch vor diesem Hintergrund.

Vieles an der Gegenwart der Teilung erfüllt uns mit
Bitterkeiten. Hier besteht die Aufgabe, alles zu tun, um
die menschlichen Nöte, die Schwierigkeiten der Teilung
ertragbar zu machen. Wir können den durch Hitler ausgelösten gegenwärtigen Zustand Deutschlands nicht
durch, wie manche wollen, »mehr Härte«, durch ständige Anklagen oder durch Androhung von Sanktionen
verändern oder die Kriegsfolgen ungeschehen machen.
Im Gegenteil. Solche Versuche würden zusätzliche Gefährdungen auslösen.

Was die Zukunft der deutschen Nation betrifft, so
müssen wir nüchtern feststellen, daß die politischen
Konstellationen in der Gegenwart keine Möglichkeiten
bieten, die Teilung Deutschlands in zwei Staaten zu
überwinden. Und wenn die beiderseitige Arbeit zur Entspannung zwischen diesen beiden durch eine neue Konfrontation abgelöst würde, so hätte darunter niemand
mehr zu leiden als die Deutschen, insbesondere die auf
der anderen Seite.

Es gibt keinen anderen Weg, für die Einheit der deutschen Nation politisch Sinnvolles zu tun, als die Politik des Friedens und der Entspannung fortzusetzen und die Wiederherstellung der geistigen, kulturellen, ökonomischen Einheit ganz Europas zu betreiben. Dies war durch Jahrhunderte immer eine Einheit aus der Vielfalt. Und ich denke, die Geschichtslehrer und die Geschichtsschreiber sollten uns aus der Enge überkommener nationalgeschichtlicher Perspektiven herausführen und uns allen die Augen öffnen für die Vielfalt der geschichtlichen Konstellationen Europas und für Europas in gegenseitiger Befruchtung entstandenen Reichtum.

Die Geschichte der europäischen Zivilisation, unserer Sprachen, unserer Literatur, unserer Kirchen, unserer Universitäten ist eine Geschichte, die aus der Vielfalt ihrer Vermischung und aus gegenseitiger Berührung und Befruchtung entstanden ist – eine Geschichte, so betone ich immer wieder, aus der weder Oxford weggedacht werden kann noch Cluny noch Sagorsk, die Venedig und Nowgorod, die Prag und Aachen, die Paris und Krakau, die Byzanz und Rom und alles das mit einschließt.

Europa beschränkt sich nicht auf den Kreis derjenigen Staaten, die gegenwärtig in der Europäischen Gemeinschaft und demnächst zusätzlich in einem Währungsverbund vereinigt sind und die sich nächstes Jahr, zu meiner Freude, ein gemeinsames Parlament wählen werden – sondern alle Völker Europas sind so geworden, wie sie heute sind, auf Grund einer gemeinsamen Geschichte, zu der Puschkin oder Tolstoi ganz genauso gehören wie Shakespeare oder Petrarca oder Schiller.

Dies alles entstammt einem und demselben geschichtlichen Kontinuum. Wir können Europa nicht und wir dürfen Europa nicht einengen auf seinen westlichen Teil, geistig nicht, geschichtlich nicht, politisch nicht. Wir müssen offenbleiben. Und wir Europäer müssen dazu nicht nur die Unterschiede, sondern auch die Gemeinsamkeiten unserer geschichtlichen Entwicklungen besser erkennen und ins Bewußtsein heben, damit wir wieder Europäer werden können, wenn wir doch zugleich auch Deutsche oder Polen oder Franzosen bleiben wollen.

Wir, die Russen, die Tschechen, die Ungarn, die Italiener, die Holländer, die Skandinavier, die Engländer, wir römische Katholiken, griechisch Orthodoxe, wir Lutheraner und Calvinisten, Juden und Freidenker und Dissidenten, wir haben dies alles, was wir besitzen, ja nicht jeder allein erworben, sondern wir haben uns jeder gegenseitig befruchtet. Und so sind wir zu dem gelangt, was wir heute besitzen. Zum Teil haben wir es ursprünglich aus den Quellen des Christentums empfangen, zum Teil aus den Quellen des klassischen Altertums, aber wir haben es gemeinsam fortentwickelt.

Wir müssen füreinander offenbleiben, die wir dies gemeinsam erarbeitet haben, damit sich die Katastrophen nicht wiederholen, die zu der gegenwärtigen Teilung des geschichtlich gewordenen Europas geführt haben.

Wir können dabei gewiß auf Vorsicht, auf Voraussicht nicht verzichten, nicht verzichten auf Sicherheit und Verteidigungsbereitschaft zugunsten unserer Freiheit, nicht verzichten auf sorgfältige außenpolitische Kalkulation, auf Umsicht und Klugheit nicht verzichten. Aber eines müssen wir immer wissen: Wer von uns den Kompromiß mit dem Nachbar nicht suchen will oder nicht suchen kann, der wäre für die friedliche Wiederherstellung Europas nicht tauglich. Und hier komme ich zum Ausgangspunkt meines Gedankens über die Einheit der Nation zurück: nur die Wiederherstellung des geistigen Zusammenhangs von ganz Europa, nur die Wiederherstellung des wirtschaftlichen Zusammenhangs von ganz

Europa, trotz all seiner gegenwärtig bedrückenden politischen Formen, nur sie bietet eine Chance für die dereinstige zukünftige Vereinigung unserer eigenen Nation unter einem gemeinsamen Dach.

Alles andere halte ich für Illusion. Unsere Nachbarn in Ost und West beobachten sorgfältig, was wir Deutschen tun, was wir in beiden deutschen Staaten tun, um zu prüfen, wie sie uns einschätzen sollen, ob wir gelernt haben aus unserer Geschichte.

Wir selbst sollten uns die Geduld der polnischen Nation zum Vorbild nehmen. Die deutsche Frage braucht Zeit. Sie kann nur in guter Nachbarschaft – mit Franzosen genauso wie mit Polen und mit Russen – und in Partnerschaft lösbar gemacht werden.

An dieser Stelle möchte ich (quasi als Exkurs) meine Dankbarkeit für die deutsch-polnischen Schulbuchgespräche zum Ausdruck bringen. Ich begrüße sehr, daß es deutschen und polnischen Historikern gelungen ist, zum Prozeß der Verständigung zwischen beiden Völkern beizutragen. Damit eine gemeinsame Darstellung einer an Verwicklungen und Leiden reichen Geschichte zweier Nationen möglich wird, muß man die eigene Geschichte ohne Vorurteil prüfen. Die Eliminierung, die Verdrängung von Teilen der Geschichte kann nicht helfen, Streitfragen zu lösen. Ich weiß: Die polnischen staatlich beauftragten Wissenschaftler haben sich an der einen oder anderen Stelle gegenüber ihren ungebundenen deutschen Verhandlungspartnern ein bißchen zu entschlossen durchgesetzt. Keine Seite darf sich überfahren lassen, darf andere überfahren, niemand soll sich überfahren fühlen. Aber insgesamt ist durch diese Arbeit doch ein großer Fortschritt erreicht, und viele Tausende von Menschen auf beiden Seiten sind zum Nachdenken gebracht worden über die unendlich reichhaltige und übrigens ungemein interessante gemeinsame deutsch-polnische Geschichte. Wenn man sich hineinvertieft, lernt man manches, was man sich ganz falsch vorgestellt hatte, weil es einem von Kindesbeinen an nicht richtig dargestellt worden war. Ein Blick auf Ihr Vorlesungsverzeichnis, was diese Tagung angeht, führt mich zu der Hoffnung, es möchten beim nächstenmal sehr viel mehr ausländische Gäste zu Worte kommen. Die internationale Berührung ist notwendig.

Übrigens hat das deutsch-polnische Bemühen um bessere Kenntnisvermittlung auch das Verlangen nach vermehrtem Geschichtsunterricht gestärkt. Es ergibt sich fast von selbst, daß die Schulbuchüberprüfung auf die Frage nach der Anwendung in der Schule hinlenkt, weil die beste Revision nutzlos ist, wenn sie auf nicht verwendete Bücher beschränkt blieb. An dieser Stelle wird deutlich, daß das Fach Geschichte durchaus Möglichkeiten zur Stärkung seiner eigenen Stellung hat, wenn es sich nur bereitwillig genug auf Probleme einläßt, die für die Erkenntnis der gegenwärtigen Wirklichkeit bedeutsam sind.

Die Beispiele von nationalen Minderheiten in manchen Grenzgebieten an den deutsch-dänischen, deutsch-belgischen und deutsch-französischen Grenzen sind lehrreich. Wenn Sie sich zurückerinnern, was die Grenzlandfragen in den letzten Jahrhunderten bedeutet haben und wie sie heute bewertet werden, so sehen Sie, daß Probleme, um derentwillen die Völker generationenlang bereit waren, gegeneinander Kriege zu führen, sich später als überholt, ja fast als nichtig herausstellen können. Jedenfalls seit mehreren Jahrzehnten ist es in Europa für viele Menschen ungleich wichtiger geworden, ob sie diesseits oder jenseits einer ein politisches System abschottenden Grenze leben müssen – ungleich wichtiger als die alten Nationalitätenprobleme an den Grenzen.

4.

Zum Schluß, meine Damen und Herren, ich habe keine Sorge vor dem Wettbewerb der politischen Systeme. Ich denke daran in großer Gelassenheit. Der Wille zu Freiheit und Menschenwürde zieht sich durch die Geschichte, solange sie aufgezeichnet wird. Das wird so bleiben. Ideologen und Ideologien kommen, aber sie werden auch wieder verdrängt. In dem Maße, in dem wir selbst die Würde der Person, ihre Grundfreiheiten, ihre Grundrechte, in dem wir selbst ein Gemeinwesen der sozialen Demokratie, der Gerechtigkeit verwirklichen, in dem Maße fördern wir unsere gemeinsame Zukunft und brauchen vor dem Wettbewerb keine Sorgen zu haben.

Das Motto eines anderen diesjährigen Historikertreffens in Tutzing war: »Blick zurück in die Zukunft.« In dieser auf den ersten Blick etwas überraschend anmutenden Überschrift »Blick zurück in die Zukunft« wurde gut zum Ausdruck gebracht, daß wir nicht nur Geschichte zu bewältigen, sondern daß wir auch zukünftige Geschichte vorzubereiten haben.

Spätere Generationen werden über uns, über unsere Politik, über unsere Lehre, über unsere Wissenschaft urteilen. Wir müssen eine Gegenwart schaffen, die unsere Kinder oder unsere Enkel späterhin gerne akzeptieren können als ihre eigene Geschichte. Lassen Sie uns dabei bitte den Stolz auf unsere gegenwärtige Leistung nicht zu kurz kommen. Herzlichen Dank!

Mahnung und Verpflichtung
des 9. November 1938

Ansprache in der Großen Synagoge Köln
am 9. November 1978

Beim Propheten Jesaja heißt es: »Wie geht das zu, daß die
fromme Stadt zur Dirne geworden ist? Sie war voll
Rechts, Gerechtigkeit wohnte in ihr, jetzt aber – Mörder.«

Herr Bundespräsident, verehrte Kölner Bürgerinnen
und Bürger, verehrte Juden und Christen und Freidenker
in Deutschland!

Die deutsche Nacht, zu deren Gedenken wir uns heute
nach vierzig Jahren versammelt haben, bleibt Ursache
für Bitterkeit und Scham. Wo Gotteshäuser brannten, wo
auf einen Wink der Machthaber zerstört und geraubt, ge-
demütigt, verschleppt, eingekerkert wurde, da gab es
keinen Frieden mehr, keine Gerechtigkeit, keine
Menschlichkeit mehr. Der 9. November 1938 war eine
Station auf dem Wege in die Hölle.

1.

In dieser Gedenkstunde muß zunächst von Ereignissen
und Tatsachen gesprochen werden, von Verhängnissen
und Verbrechen, für deren Bewertung heute genausowenig ein hilfreiches Vokabular zur Verfügung steht wie
damals.

Die Synagoge war 1938 wie zu allen Zeiten Gotteshaus, Raum des Gebetes der Gemeinde. Die Synagoge war aber für die seit dem Frühjahr 1933, seit den »Nürnberger Rassengesetzen« von 1935 in immer ärgere Bedrängnis gebrachte jüdische Minderheit zugleich ein Symbol des jüdischen Lebens in Deutschland – auch für jene, die am religiösen Leben nicht teilnahmen. Als die Synagogen zerstört wurden, begann dieses Leben zu erlöschen.

Drei Jahre später folgte der Entschluß der Machthaber zu der von ihnen so genannten »Endlösung der Judenfrage«, der Entschluß zum Massenmord, den sie sodann mit kalter Energie und zweckgerichteter Brutalität im Bereiche ihrer Herrschaft in die Tat umgesetzt haben.

Wer um Frieden bittet und darüber hinaus um Versöhnung, der muß wahrhaftig sein, der muß zur Wahrheit sich fähig machen. Die Wahrheit ist: heute vor 40 Jahren wurden 30000 jüdische Mitbürger verhaftet, die allermeisten von ihnen in Konzentrationslager verschleppt, 91 jüdische Menschen wurden ermordet, sehr viele wurden gequält. Die Wahrheit ist: 267 Synagogen wurden verbrannt oder zerstört; viele Tausende Geschäfte und Wohnungen wurden verwüstet.

Ich mag für die Verbrechen jener Nacht jenes Wort nicht benutzen, das in diesen Tagen vielfältig, aber zum Teil eben auch gedankenlos bagatellisierend, für diese Ereignisse in Gebrauch ist.

Die Wahrheit ist auch, daß sehr viele Deutsche die Verbrechen und Vergehen mißbilligt haben; ebenso: daß sehr viele andere davon damals nichts oder fast nichts erfuhren.

Die Wahrheit ist, daß gleichwohl sich dies alles vor den Augen einer großen Zahl deutscher Mitbürger ereignet hat, daß eine weitere Anzahl von den Geschehnissen unmittelbar Kenntnis erhielt.

Die Wahrheit ist, daß die meisten Menschen furcht-sam schweigen; daß auch die Kirchen furchtsam schwie-gen – obgleich doch Synagoge und Kirche dem gleichen Gott dienen und im Geist desselben Testaments verwur-zelt sind.

2.

Der deutsch-jüdische Philosoph Martin Buber hat vor fünfundzwanzig Jahren in der Paulskirche gefragt: »Was bin ich, daß ich mich vermessen könnte, hier zu verge-ben?« Aber er hat später in derselben Rede auch gesagt: »Mein der Schwäche des Menschen kundiges Herz wei-gert sich, meinen Nächsten deswegen zu verdammen, weil er es nicht über sich vermocht hat, Märtyrer zu wer-den.«

Märtyrer freilich hat es später gegeben – in den Kir-chen, in der Arbeiterbewegung, im Bürgertum und im Adel.

Einer von ihnen, General Henning von Tresckow, hat unmittelbar nach der Nachricht vom Scheitern des Auf-standes vom 20. Juli 1944 gesagt: »Wenn Gott einst Abraham verheißen hat, er werde Sodom nicht verder-ben, wenn auch nur zehn Gerechte darin seien, so hoffe ich, daß Gott auch Deutschland um unseretwillen nicht vernichten wird.«

Ungezählte Deutsche haben ihres Widerstandes we-gen den Tod gefunden. Wie hatte aber dies ungeheure kollektive Verbrechen geschehen können? Was war vor-angegangen, daß ein so unerhörtes gemeinsames Verbre-chen durch viele Täter sich reibungslos vollziehen konn-te? Wie hatte es im Deutschen Reich zu jenem, dem Verbrechen vorangehenden Prozeß der Auflösung der deutsch-jüdischen Verbindung kommen können?

3.

Wir wissen, daß das Verhältnis zwischen jüdischer Minderheit und nicht-jüdischer Mehrheit in Deutschland nie
frei von Spannungen gewesen war. Wieso aber die in diesem Verhältnis enthaltenen Spannungen so entarten
konnten, daß schließlich die Katastrophe ermöglicht
wurde, das ist eine Frage zugleich der jüdischen und der
deutschen Geschichte. Ihre Erforschung rührt an Grundprobleme der jüdischen wie der deutschen Situation –
darüber hinaus vielleicht sogar an Grundprobleme der
menschlichen Seele.

Seit der Aufklärung des 18. Jahrhunderts und der ihr
folgenden jüdischen Emanzipation gab es zunächst wohl
nur wenige Völker in Europa, in denen die Juden sich
heimischer fühlten als bei uns. Es gab kaum ein Volk, in
dem der jüdische Anteil in Gesellschaft und Staat, in
Kunst, Literatur, Philosophie und Wissenschaft stärker
gewesen wäre als bei uns. Ich erwähne beispielhaft einige
wenige Namen: Moses Mendelssohn, das Urbild von
Lessings Nathan, Heinrich Heine, Arthur Schnitzler,
Franz Kafka, Franz Werfel, Stefan Zweig, Karl Kraus;
Lassalle, Marx, Oppenheimer, Scheler, Gundolf, Buber,
Mannheim; Franz Marc, Max Liebermann, Arnold
Schönberg; und schließlich Albert Einstein.

Sie wie die meisten der 700000 Juden in Deutschland
fühlten sich – trotz des schon vor hundert Jahren sichtba-
ren Menetekels antisemitischer Hofprediger – nicht als
Angehörige einer eigenständigen nationalen Minderheit,
sondern als Deutsche. Und sie wurden zumeist als Deutsche betrachtet. Sie haben, untrennbar, an unserer geistigen Geschichte mitgewoben.

Wir schulden ihnen ebenso Dank wie allen unseren
geistigen Vorvätern. Wir sollten wissen, daß mit der Ver-
treibung der Juden und mit dem Mord an ungezählten jü-

dischen Mitbürgern unser Volk geistiger Schöpfungskräfte beraubt worden ist, die bis heute nicht ersetzt sind
und die unersetzlich bleiben.

4.

Wenn es aber doch nie wieder vorkommen darf, daß
deutsche Bereitschaft zur Pflichterfüllung, zum Gehorsam, zum Einsatz für Ideale zu Kadavergehorsam
pervertiert und irregeleitet wird in gemeinsames ver-
brecherisches Handeln, dann genügt es noch nicht, ein
Widerstandsrecht ins Grundgesetz geschrieben zu haben. Sondern dann müssen wir die jungen Menschen unseres Volkes durch Vermittlung historischer Kenntnisse
und durch unser eigenes Beispiel dahin erziehen, daß sie
nach dem moralischen und menschlichen Wert und dem
Sinn ihrer Handlungen fragen – auch dann, wenn diese
ihnen als aufgegeben erscheinen mögen in einem Treue-
verhältnis oder in einer Gehorsamspflicht zu einer
»Idee« oder zu einem Gesetz.

Wenn wir es besser machen wollen als die damaligen
Generationen, dann müssen wir wissen, was jene falsch
gemacht und warum sie gefehlt haben.

Die damaligen Generationen konnten 1933, 1935 oder
1938 die Katastrophe einer anti-humanen Diktatur nicht
mehr verhindern, weil ihnen die Demokratie, die 1918
ausgerufen war, schon aus den Händen geglitten ist, noch
bevor sie die Demokratie bewußt angenommen und entfaltet hatten.

Das am 9. November 1918 unversehens empfangene
politische Erbteil war ohne eine gemeinsam annehmbare
geistige Hinterlassenschaft gewesen. Das kulturelle Erbteil dagegen entstammte vielfach einer demokratie-
feindlichen Kultiviertheit, die Thomas Mann treffend als
»machtgeschützte Innerlichkeit« bezeichnet hat.

Die Untertanen-Mentalität war keineswegs überwunden, der der große Teil des Bürgertums – nach der Selbstaufgabe von dessen politischen Freiheitswillen in der zweiten Hälfte des vorigen Jahrhunderts – sich hingegeben hatte.

Der klaffende Gegensatz zwischen wirtschaftlich-technischer Modernität und politisch-gesellschaftlicher Reaktion des kaiserlichen Deutschland wurde keineswegs überwunden, als der Obrigkeitsstaat 1918 plötzlich zusammenbrach. Demokratisch unerzogen und politisch unvorbereitet, sahen sich Bürgertum und Landvolk mit den Möglichkeiten und den Gefährdungen der parlamentarischen Demokratie und mit einer offenen Gesellschaft konfrontiert.

Viele begriffen die Demokratie nur als Technik und nicht als sittliche Einstellung, bei welcher die Würde des Menschen oberster Grundsatz ist.

Die Demokratie konnte aber weder mit ihren inneren Feinden noch konnte sie mit ihren – durch Versailles und danach durch die erste Weltwirtschaftskrise noch verschärften – enormen ökonomischen und sozialen Problemen fertig werden.

Viele Deutsche jener Epoche, die sich zum Teil der Schutzwälle zugunsten ihrer alt-gewohnten Privilegien beraubt sahen, die sich zum anderen Teile ihrer schimmernden Idole beraubt sahen, die zum dritten Teile über Kriegsausgang, Sinnlosigkeit der Opfer und Verkleinerung des Reiches tief enttäuscht waren, sie alle verachteten und haßten die Demokratie und die Demokraten, weil sie nach Schuldigen suchten, auf die sie ihre Wut richten konnten.

Das galt auch für viele Beamte und Soldaten und Richter. Feinde der demokratischen Verfassung blieben oder wurden Staatsanwälte, Richter und beamtete Staatsrechtslehrer. Vom Kaiserreich über Weimar bis zur Rechtfertigung der Morde in der Röhm-Affäre, von der Rechtfertigung der Durchbrechung der Verfassung und der Akzeptanz der vom Führer eigenmächtig gegebenen rechtswidrigen Befehle vollzog sich bis zum Volksgerichtshof ein kataraktartiger, aber folgerichtiger Verfall der politischen Justiz.

Das Wort Jesajas erfüllte sich: Aus der Stätte des Rechtes und der Gerechtigkeit wurde eine Behausung der Mörder.

Die Flucht in den Haß fand ihre Ziele: Demokraten, Gewerkschafter, Künstler, Dichter, Gelehrte, Bekenner insgesamt – sie alle trieb man ins Exil oder ins Konzentrationslager.

In den Juden aber traf man die Aufklärung und die freiheitliche Emanzipation im Kern! Das jüdische Schicksal in Deutschland war ja wesentlich geistige, gesellschaftliche, politische Emanzipation gewesen – menschliche und menschheitliche Emanzipation. Wer alles Streben nach Emanzipation für verdammenswürdig hielt, der war allerdings verführbar, das Judentum als Sündenbock für all seine eigenen Ängste und Frustrationen zu akzeptieren und diese am Judentum auszulassen.

Es waren Hitler und seine Gesellen, die Deutschland und seine Juden und unsere Nachbarvölker mit unerhörter krimineller Energie in die Katastrophe führten – aber der Boden war schon vorher bereitet gewesen. Die Erziehung zur Demokratie, die Erziehung zum eigenen Urteil, die Erziehung zur Humanitas, die Erziehung zu Würde und Freiheit der Person hatte generationenlang vorher nicht ausgereicht.

Allein die Arbeiterbewegung, das Zentrum und nur schmale Schichten des Bürgertums hatten sich dieser Erziehung angenommen. Zwischen 1919 und 1930 wurde offenbar, daß diese Kräfte nicht zahlreich genug, nicht stark genug waren, um die zentrale Aufgabe der Erziehung zur Liberalität und zur Humanitas nach Tiefe und Umfang ausreichend zu lösen.

5.

Warum blicken wir auf dies alles heute zurück?

Nicht, um uns zu distanzieren von unserer eigenen Geschichte. Nicht, um mit dem Finger auf andere zu zeigen, die Schuld auf sich geladen haben. Sondern wir blicken zurück, weil unsere Generation und die nachfolgenden Generationen lernen wollen, wie Juden und Nicht-Juden in Deutschland friedlich miteinander leben können.

Wir blicken zurück, um zu lernen. Wir blicken zurück und versuchen zu begreifen und zu bewerten, damit die Konsequenzen gezogen werden können. Damit diejenigen einen unbefangenen Umgang miteinander finden können, die damals Kinder waren oder die erst später geboren wurden – das sind in Deutschland mehr als zwei Drittel aller Bürger.

Wir gedenken, um zu lernen, wie Menschen miteinander umgehen sollen und wie sie miteinander nicht umgehen dürfen.

Es kann nicht darum gehen, unser Volk in den Schuldturm der Geschichte zu werfen. Ich wiederhole, was ich in Auschwitz sagte: Die heute lebenden Deutschen sind als Personen zu allermeist unschuldig. Aber wir haben die politische Erbschaft der Schuldigen zu tragen und aus ihr die Konsequenzen zu ziehen. Hier liegt unsere Verantwortung.

Es wäre sehr unredlich und außerdem gefährlich, die junge Generation mit Schuld belasten zu wollen. Aber sie trägt unsere Geschichte mit, sie ist – wie wir selbst –

Teil unserer Geschichte. Die Teilhabe nimmt uns und sie in die Verantwortung für morgen und übermorgen. Ich füge aber mit großem Nachdruck hinzu: auch junge Deutsche könnten noch mitschuldig werden, wenn sie ihre aus dem damaligen Geschehen erwachsene heutige und morgige Verantwortung nicht erkennen.

Die jungen Deutschen sollen wissen: mit der Suche nach Sündenböcken hat es angefangen. Mit Gewalt gegen Schriften und Bücher und mit Gewalt gegen Sachen hat es sich fortgesetzt. Die Gewalt gegen Menschen war dann nur noch die vorbereitete Konsequenz.

Mit der Verachtung der Würde eines Mitmenschen, mit dem Niederbrüllen von anderer Bürger Meinung hat es begonnen. Mit der pauschalen Verurteilung des ganzen demokratischen Systems setzte es sich fort. Der Mord war schließlich nur noch die vorbereitete Konsequenz.

Die Parallelität allen Terrorismus' muß offengelegt werden, wenn wir lernen wollen! Die unentrinnbar sich entfaltende Konsequenz aus anti-humanen Verhaltensweisen muß verstanden werden, wenn wir lernen wollen!

Die Verdammungswürdigkeit aller Pauschal-Verurteilungen muß erlebt werden, wenn wir lernen wollen – seien sie gerichtet gegen »die Juden«, »die Deutschen«, »die Kommunisten«, »die Kapitalisten«, gegen »das System« oder gegen »das Establishment«.

Die Fähigkeit zum unabhängigen, individuellen, eigenständigen kritischen Urteil muß ausgebildet werden.

Und es muß gelernt werden, daß es in unserer zerstrittenen Welt und in jeder Gesellschaft darauf ankommt, die Freiheit als einen Handlungsspielraum zu begreifen, in dem es für die Freiheit des einzelnen und der Gruppen durchaus rechtliche und moralische Grenzen gibt.

Demokraten zu erziehen heißt, jungen Menschen das Augenmaß für Freiheit und Bindung zu geben. Sie zur Erkenntnis von und zum Respekt vor der Würde und der Unverletzlichkeit der Person jedes anderen zu befähigen. Sie zu lehren, die Humanitas, die res publica, das Recht und den Frieden als die Grenzen der Verfolgung eigener Interessen und eigener Konflikte zu begreifen.

Erziehung zur Demokratie heißt Erziehung zur Verantwortung für die Folgen des eigenen Handelns.

Zur Verantwortung der Folgen eigenen Handelns oder Nicht-Handelns gehört auch dieses: wo immer wir Angst begegnen, da müssen wir sie ernst nehmen. Sie kann eingebildet oder eingeredet sein. Wir müssen sie verstehen und sie entkräften; oder wir müssen Abhilfe schaffen. Denn aus Angst – das haben wir aus der Zeit von 1918 bis 1930 zu lernen! – kann Wahn und Hysterie, kann Aggressivität entstehen. Der Wahn, die Schuld für eigene Beschwer läge bei einem anderen. Die Hysterie, diesen anderen zum Sündenbock zu machen. Die Flucht sodann in Haß und Aggression, dies alles sind Gefährdungen nicht bloß einer einzigen Generation, nicht nur in einem einzigen Volke. Wir müssen diesen Gefahren entgegentreten – durch Erziehung und durch eigenes Beispiel.

Wir heutigen Deutschen, die wir mit unseren Nachbarn Verständigung, Ausgleich und Frieden suchen, die wir im Geiste einer freiheitlichen Verfassung sozialen Ausgleich und Frieden im Innern bewahren wollen, wir müssen uns an diesen Ansprüchen messen lassen.

Wir sehen manche Sorge und manches Erschrecken bei vielen Mitbürgern – Juden ebenso wie Nicht-Juden –, wenn Zeichen einer vermeintlichen Wiederkehr nationalsozialistischen Gedankenguts auftauchen oder wenn mordwütiger Terrorismus an die Morde erinnert, deren Opfer zu Beginn der ersten deutschen Republik Rathenau, Erzberger, Luxemburg und Liebknecht gewesen sind.

Wir teilen die Empörung.

Zugleich haben wir uns aber zur rechtsstaatlichen Mäßigung und zur Verhältnismäßigkeit der Mittel in der Abwehr solcher Gefahren diszipliniert. Bei dieser Selbstdisziplin werden wir bleiben. Denn wir wollen das Übel des Anarchismus nicht mit dem Übel eines antiliberalen Über-Staates austreiben und vertauschen.

Wir bitten aber auch die Juden in der Welt und alle unsere Nachbarn mit ernstem Nachdruck, unsere zweite deutsche Demokratie nicht an jenen wenigen verirrten Extremisten und Terroristen zu messen, die auch in anderen Staaten kaum irgendwo belehrt oder verhindert werden können.

An dieser Stelle will ich dem Zentralrat der deutschen Juden dafür danken, daß er in dieser Frage immer wieder öffentlich unsere Zuversicht geteilt hat: der Rechtsextremismus findet bei uns sicherlich keine Heimstätte mehr – wie auch der Linksextremismus nicht.

6.

Wir werden des Rates unserer jüdischen Mitbürger bald in einer anderen Frage bedürfen, die jeden von uns in persönliche Verantwortung rufen wird.

Der vom geltenden Gesetz vorgesehene Eintritt der Verjährung einer Mordtat nach dreißig Jahren wirft im Hinblick auf 1979 eine schwerwiegende Frage auf. Sie verlangt nach einer Entscheidung, bei der wichtige moralische Prinzipien miteinander in Widerspruch geraten müssen.

Wir Politiker und Gesetzgeber werden zuhören, was unsere jüdischen Mitbürger, was unsere Freunde in Israel und was unsere Nachbarn dazu sagen werden. Wir werden – jeder für sich – darum bitten, daß unser Gewissen uns in dieser Frage recht handeln läßt.

Wir hoffen dabei auf Rat und Beteiligung vieler. Auch auf den Rat unserer Kirchen. Denn wir erinnern uns dankbar an die Stuttgarter Erklärung der Evangelischen Kirche in Deutschland von 1945, ebenso an das ergreifende Wort Papst Johannes XXIII. während des Zweiten Vatikanischen Konzils – Worte, in denen beide Kirchen die Juden um die Hand zur Versöhnung baten. Auch die Erklärungen, die beide Kirchen zum heutigen Tage veröffentlicht haben, bauen auf diese Versöhnung, sie sprechen aus dem Geiste der Verständigung.

Alle sollten sich daran erinnern, daß wir alle auf demselben tragenden Boden stehen, daß wir weithin dasselbe Buch für uns gelten lassen: die jüdische Bibel – das Alte Testament der Christen.

7.

Der Ägypter Anwar el-Sadat hat mir während langer Gespräche in eindrucksvoller Art seine Sicht der gemeinsamen geistigen und geschichtlichen Wurzeln des Judentums, des Christentums und des Islams erklärt. Er hat auf die gemeinsame Heimat, nämlich auf Sinai, hingewiesen und auf die gemeinsamen Propheten. Mit großer innerer Überzeugung fragte er: Und es soll nicht möglich sein, daß zwischen diesen dreien Frieden ist?

Ich füge Albert Einsteins rhetorische Frage hinzu: Wer will bezweifeln, daß Moses ein besserer Führer der Menschheit war als Machiavelli!

Ich weiß, daß Begin und Sadat gleicherweise in den religiösen Traditionen ihrer Völker verwurzelt sind. Ich bin überzeugt, daß diese beiden Männer den Frieden ihrer eigenen Völker und ihrer Nachbarvölker wollen. Ich weiß, daß dies für viele Staatsmänner jener Weltregion gilt.

Wir Deutschen wünschen von Herzen, daß Juden, Muslims und Christen, daß Israelis und Araber in einem gerechten Frieden miteinander zu leben lernen.

Dem Gebot der Wahrhaftigkeit folgend, bejahen wir das Selbstbestimmungsrecht für alle Völker im Nahen Osten. Wir wissen: ein Leben frei von Not und von Bedrückung ist notwendig, damit die Menschen Frieden halten können.

Als deutscher Bundeskanzler, der heute zugleich zu allen Juden in der Welt spricht und für den die Kölner Synagoge die Stelle aller Synagogen in der Welt vertritt, füge ich einen Wunsch hinzu: Mögen alle Menschen im Nahen Osten, die bisher noch abseits stehen, sich dem friedensstiftenden Geschehen dieser Tage zuwenden! Mögen alle Völker und Staaten ihren Beitrag zum Frieden leisten.

Mögen sie alle erkennen, daß der Frieden ein Sieg des »homo humanus« über den »homo anti-humanus« ist, um noch einmal Martin Buber zu zitieren. Mögen sie alle wissen und beherzigen, daß der Frieden nicht möglich ist ohne den allseitigen Willen zu Ausgleich und Kompromiß! Mögen sie alle erkennen, daß in der Tat Moses ein besserer Leitstern ist als Machiavelli!

8.

Ich kehre zu uns Deutschen zurück und stelle fest: Uns steht es nicht an, die Juden der Welt zur Versöhnung aufzurufen. Wohl aber dürfen wir um Versöhnung bitten.

Wer sich versöhnen will, wer sich die Hand reichen, wer friedlich mit seinem Nächsten leben will, der muß den Kopf heben und den anderen anblicken. Lassen Sie uns deshalb Begegnungen zwischen Juden und Katholiken und Protestanten, zwischen Gläubigen und Freidenkern fördern, auch zwischen Israelis und Deutschen, wo immer dies möglich ist. Die ungewöhnlich große Zahl von Begegnungen junger Deutscher und junger Israelis erfüllt mich mit Freude. Die christlich-jüdische Zusammenarbeit erfüllt mich mit Zuversicht.

Wenn der Bundeskanzler seine jüdischen Mitbürger in diesem Staate und in dieser Stadt aus Anlaß des besonderen Tages anblickt, wenn er ihnen dankt und sie weiterhin um Mitarbeit in Staat und Gesellschaft bittet: dann tut er dies für die ganz große Mehrheit der heute lebenden Deutschen.

Und wenn in dieser Synagoge auch zwei Kölner Schulklassen sich an der Gedenkfeier beteiligen, so tun sie dies an Stelle der ganz großen Mehrheit der Jugend unseres Volkes.

9.

Ich weiß, daß die große Mehrheit der Menschen in unserem Staat die gleichen Lehren gezogen hat, die ich heute zu formulieren versucht habe.

Aus der gleichen Grundeinsicht sind vor dreißig Jahren unser Grundgesetz und unser Staat entstanden. Wir haben damit einen neuen, einen guten Anfang gemacht. Wir sind stolz auf diesen Staat, stolz auf unsere offene Gesellschaft und stolz auf deren Traditionen. Wir verteidigen diesen Staat und diese Gesellschaftsform mit Entschlossenheit. Es ist der gerechteste Staat, den es bisher in der deutschen Geschichte gegeben hat. Es ist die freieste Gesellschaft unserer Geschichte.

Wir werden ihren Feinden wehren.

Wir werden die gute Tradition dieses Staates fortführen.

Wir wissen von einem großen Sozialisten, unserem französischen Nachbarn Jean Jaurés, seit langer Zeit: Tradition bewahren heißt nicht: Asche aufheben. Sondern Tradition bewahren heißt: eine Fackel am Brennen erhalten. Die Fackel: das bedeutet die Liebe zum Menschen, das bedeutet die Achtung vor der Würde jeglicher Person. Die Fackel bedeutet den obersten Wert unseres Grundgesetzes: die Würde der Person und ihre Freiheit.

INTERNATIONALE
PARTNERSCHAFT

Solides Fundament der Freundschaft mit den Vereinigten Staaten

Ansprache in der Feierstunde
aus Anlaß des 200jährigen Bestehens der USA,
gehalten am 15. Mai 1976 in der Paulskirche zu Frankfurt

Herr Bundespräsident,
Frau Bundestagspräsidentin,
Mr. Vice-President, Mrs. Rockefeller,
meine Damen und Herren!

1.

Mit einem Wort des Dankes an Sie, Mr. Vice-President, und an Präsident Ford, dessen Grüße Sie uns überbracht haben und die wir sehr herzlich erwidern, möchte ich beginnen. Ich möchte zugleich all denjenigen danken, Amerikanern und Deutschen, die sich im Laufe der vielen Jahre persönlich für die deutsch-amerikanische Freundschaft engagiert haben. Unsere beiden Völker hätten dieses außerordentliche Maß an Übereinstimmung, das heute unsere Beziehungen trägt und festigt, nicht erreicht, wenn nur unsere in der Tat vertrauensvolle Zusammenarbeit auf der Ebene der Politik der Ausgangspunkt gewesen wäre. Neben den geschichtlichen und geistes-geschichtlichen haben vor allem die menschlichen Bindungen jene weitgehende Identität der politischen und sozialen Wertvorstellungen auf beiden Seiten des Atlantiks entstehen lassen, die heute das solide Fundament unserer Freundschaft ist.

2.

1848 hätten unsere Vorväter hier in der Paulskirche gerne das erreicht, was der amerikanischen Nation ein Dreivierteljahrhundert vorher, 1776, gelungen war, nämlich die Freiheitsidee in einer staatlichen Ordnung zu verwirklichen, in der nur die Regierungen legitim sind, »receiving their just powers from the consent of those governed« (die ihre Macht von der Zustimmung der Regierten ableiten).

Die Paulskirche bedeutete ein erstes Stück deutsch-amerikanischer Zusammenarbeit. Die damals führenden Köpfe standen mit der jungen Nation der Vereinigten Staaten in Grundfragen der Demokratie in engster Berührung. Dahlmann, der spiritus rector des Hauptausschusses für den Entwurf der Reichsverfassung, hat in der Declaration of Rights von Virginia des Jahres 1776 eines der wichtigen Vorbilder für den deutschen Grundrechtskatalog gesehen, neben den französischen und englischen Vorbildern von 1789 und 1688. Für die Parlamentarier der Paulskirche war Amerika wichtigster Inspirator für die Volkssouveränität, für die Staatsorganisation und für das freiheitssichernde System von »checks and balances«.

Das alles ist Episode geblieben. Die Deutschen waren damals stark im Ideal, aber schwach in der Praxis – eine gefährliche, weil enttäuschungsträchtige Kombination, der wir auch im 20. Jahrhundert noch oft genug unterliegen.

Damals hat selbst die Tatsache, daß die Paulskirche hier in Frankfurt steht, wo es inmitten deutscher Kleinstaaterei und Enge immer genügend freiheitliche Geister gab, außerdem exzellente kaufmännische und handwerkliche Tüchtigkeit, den 48ern nichts genutzt. Thomas Jefferson war schon 60 Jahre vorher aufgefallen, wie sehr das demokratische Gemeinwesen der Freien Reichsstadt Frankfurt vom damaligen hessischen Umland abstach.

3.

Wir Deutschen haben leider auf Freiheit und Demokratie und Menschenrechte noch sehr viel länger warten müssen. Und so ist der 48er Generation, wie vielen aus den Generationen danach, nichts anderes übriggeblieben, als entweder sich zu bescheiden oder anderswo reale Freiheit zu suchen. Wer weiß: vielleicht wären wir besser regiert worden, wenn die Vorfahren des Vizepräsidenten und die Vorfahren seiner Gattin hier geblieben wären. Viele der besten Geister haben damals Deutschland und Europa verlassen, sind nach Amerika gegangen und haben – wie unsere amerikanischen Freunde uns bestätigen – dort wichtige Beiträge geleistet.

Während George Washington seiner Armee von Idealisten die Richtung wies, scheint ihr der preußische Rittmeister Steuben ein bißchen Dampf gegeben zu haben. Und was war nicht alles der 48er Carl Schurz drüben auf dem neuen Kontinent: Sklavenbefreier, Indianerfreund, Farmer, Anwalt, Zeitungsschreiber, schließlich Senator und Innenminister.

Es waren die Talente ganz Europas, die zur Entfaltung der Möglichkeiten Amerikas und der amerikanischen Nation beigetragen haben. Es waren unterdrückte und vergewaltigte, freiheitsliebende Menschen aus ganz Europa, die in der Freiheit Amerikas zu Pionieren, zu Entdeckern, zu Wirtschaftsführern, zu Gelehrten wurden. In den letzten 150 Jahren sind allein aus Deutschland sechs Millionen Menschen nach Amerika gegangen. Besonders beschämend ist das Kapitel von 1933 bis 1945, als 200 000 Deutsche als Teil jener Million von Bürgern, die von der Diktatur aus dem Vaterland verjagt wurden, in Amerika eine neue Heimat fanden, unter ihnen weltweit geachtete Gelehrte und Politiker. Daß einige von ihnen heute unser Gast sein können, erfreut uns mit großer Dankbarkeit.

4.

Let me also express to you, Mr. Vice-President, as the delegate of a nation which not only has helped us to maintain our physical existence, but also to make a new start into freedom and democracy immediately after a devastating world war, initiated in the name of Germany, which the American people had won unconditionally, our gratitude for the help which your great nation gave us at that time. [Wir danken Ihnen, Herr Vice-President, als dem Vertreter eines Volkes, das uns nicht nur geholfen hat, unsere physische Existenz zu erhalten, sondern auch einen neuen Anfang in Freiheit und Demokratie ermöglichte – dies unmittelbar nach einem verheerenden Weltkrieg, der im Namen Deutschlands begonnen und vom amerikanischen Volk gewonnen wurde.]

Als ein Jahr nach dem Kriege James Byrnes, der damalige amerikanische Außenminister, in Stuttgart seine denkwürdige Rede hielt, haben wir darin die folgenden Sätze gehört, die sich mir tief eingeprägt haben:

»Das amerikanische Volk wünscht, dem deutschen Volk die Regierung Deutschlands zurückzugeben. Das amerikanische Volk will dem deutschen Volk helfen, seinen Weg zurückzufinden zu einem ehrenvollen Platz unter den freien und friedliebenden Nationen der Welt.«

Dies war eine große Vertrauenserklärung für eine friedliche Zukunft.

Wir haben ebenso zu danken den Millionen von Amerikanern, die leise und undramatisch auf ihre Weise geholfen haben, durch Care-Pakete, durch Schulspeisung, durch spontane Hilfe. Wir haben zu danken für die 275 000 Flüge nach Berlin während der Berlin-Blockade; und wir erinnern uns sehr wohl, daß dabei amerikanische, britische und französische Flugzeugbesatzungen ihr Leben gelassen haben.

Sie, Mr. McCloy, haben gewiß vorhin bei der Nennung Ihres Namen gespürt, daß Sie von den Deutschen symbolhaft als eine der Personen betrachtet werden, an die unser Dank für alle diese Hilfe sich richtet. Dazu gehört weiter der Marshall-Plan, und dazu gehört die geistige Hilfe bei der schließlichen Verwirklichung dessen, was 1848 nicht hat geleistet werden können: 100 Jahre später endlich einen demokratischen Staat zu schaffen, in dem Freiheit als Grundlage der dem Menschen würdigen Existenz erlebbar ist für jeden einzelnen.

Die Väter des Grundgesetzes haben bei der Ausgestaltung des Grundrechtskatalogs abermals auf die Bill of Rights geschaut. Und sie haben abermals gedacht an einen Staat mit starker Exekutive unter starker parlamentarischer Kontrolle, unter föderaler Gliederung, mit einem wachsamen obersten Gericht, dem Bundesverfassungsgericht, und mit einer freien kommunalen Selbstverwaltung.

Seit 30 Jahren arbeiten wir an der Vervollkommnung dieses Gemeinwesens. Und darüber hinaus arbeiten wir in zunehmender Weise mit am Aufbau und an der Festigung einer Gemeinschaft freier Völker, die das Prinzip der Freiheit als Existenzprinzip in der Welt behauptet und für diesen Wert einsteht. Deutsch-amerikanische Verbundenheit und Allianz unter diesem Ziel ist seit 30 Jahren ein großer, für uns sehr greifbarer, dauerhafter

Erfolg. Er ist zugleich einer der Stabilitätsfaktoren in der Welt, mit dem jedermann fest rechnen darf und – an andere Adresse gesagt – mit dem jedermann fest rechnen muß.

5.

Nun sehe ich den Sinn dieser heutigen Feier zum 200jährigen Geburtstag der amerikanischen Nation nicht so sehr im breiten historischen Rückblick. Vielmehr gilt es, sich auf den entscheidenden Punkt in der Leistung des Gefeierten zu konzentrieren und die Erinnerung daran in Gegenwart und Zukunftsaufgabe umzusetzen. Dieser »operative« Punkt ist: die amerikanische Revolution von 1776 war die Geburtsstunde demokratischer Gemeinwesen freier Menschen.

Wer von Freiheit spricht, darf nicht nur das Schmeichelhafte und nicht nur das Feierliche sagen. Aus diesem Grundwert menschlichen Zusammenlebens darf kein Klischee werden und kein Weihrauch für Gedenkstunden. Wir dürfen die Gefahren nicht vergessen, welche die Freiheit bedrohen oder sie pervertieren können – Gefahren von außen und von innen. Vielmehr müssen wir die Notwendigkeit erkennen, stetig und immer neu Freiheit zu sichern und zu entfalten. Dazu nenne ich drei Punkte:

Zum *ersten* die innere Stabilität; das erfordert Eintreten für die Verfassung und für die Gesetze, nicht zur Einengung der Freiheit, sondern um ihrer Wahrung willen. Das verlangt geistige Liberalität, Toleranz und den Schutz der demokratischen Freiheiten für alle Bürger, auch für die unbequemen.

Zum *zweiten* eine auf Wohlstand und Fortschritt gerichtete wirtschaftlich-soziale Entwicklung. Die Freiheitsrechte einer Verfassung nützen demjenigen wenig, dessen berufliche oder soziale Lebenssituation ihn daran

hindert, die ihm durch Gesetz und Verfassung zugespro-
chene Freiheit tatsächlich in Anspruch zu nehmen. Die
Solidarität der Mitmenschen, die Solidarität der Gesellschaft und die Gerechtigkeit des Staates, in dem er lebt,
müssen hinzukommen.

Zum *dritten* den konsequenten äußeren Schutz der
Freiheit. Dem dient die wirtschaftlich-politische Einigung Europas, dem dient vor allem das Atlantische
Bündnis, das der erfolgreichste Friedenspakt dieses unseres Jahrhunderts ist.

Die Bundesrepublik Deutschland und die USA haben
für diese lebensentscheidenden drei Aufgaben aus Überzeugung und auch aus schrecklicher Erfahrung gearbeitet. Selbstzufriedenheit ist gleichwohl nicht am Platze.
Ein Wort von Carl Schurz, das hoffentlich nicht mißverstanden wird, zeigt, in welche Richtung ich denke. Es be-
ginnt mit der alten englischen Regel: »Our country, right
or wrong.« Aber der entscheidende zweite Satz bei
Schurz lautet: »When right, to be *kept* right. When wrong
to be *put* right.« Was nicht in Ordnung ist, in Ordnung
bringen!

6.

Für Freiheit und Demokratie im Inneren wäre es möglicherweise existenzgefährdend, wenn unsere gesellschaftlichen und staatlichen Ordnungen die Solidarität
der Bürger und damit ihre soziale Legitimation verlören.

Solidarität seiner Bürger kann nur ein Staat erwarten,
dessen Werte und Strukturen bejaht und gelebt werden,
nicht aber ein Staat, der in hergebrachten oder wieder-
hergestellten Strukturen verknöchert; sondern nur der
Staat der lebendigen und deshalb überzeugenden inneren
Stärke, in dem verbriefte Rechte und tatsächlich prakti-
zierte Sozialordnung kongruent sind.

Wo verbriefter Anspruch und soziale Wirklichkeit voneinander abweichen, dort entstehen Defizite, die das System unserer Werte in den Augen der Menschen in Frage stellen können. An die Möglichkeit solcher »sozialen Defizite« haben diejenigen, die im 18. und 19. Jahrhundert für die Menschenrechte, für die liberalen und die demokratischen Freiheitsrechte gekämpft haben, nur in Ansätzen gedacht.

Solche Ansätze waren in Europa allerdings relativ stärker als in den USA. Das Jahr 1848 kannte ja schon eine in Entstehung begriffene Bewegung zur Emanzipation der Arbeiter. Sie trat ein für die freie Entfaltung und Selbstverwirklichung nicht bloß einiger weniger, sondern aller, die Menschenantlitz tragen. Sie wollte Freiheit zur gleichberechtigten verantwortlichen Mitwirkung an der Gestaltung von Staat und Gemeinde nicht für einige, sondern für alle Menschen. Das Ethos der europäischen Arbeiterbewegung war zugleich das Ethos Abraham Lincolns. Zur Freiheit gehört die Solidarität gegenüber dem Nachbarn und Nächsten, gehört Brüderlichkeit, gehört Gerechtigkeit.

Europas Auswanderer haben in Amerika die Freiheit von staatlicher Gewaltherrschaft gefunden. Sie fanden in Amerika in einem Maße wie nirgends sonst die Freiheiten, die menschliche Würde ausmachen. Wir Europäer, insbesondere wir Deutschen, haben vor 35 Jahren in dem Kriegsgeklirr, in der Angst und der Not jene Worte nicht so deutlich gehört, mit denen Franklin Delano Roosevelt die Vier Freiheiten bezeichnet hat: die Freiheit der Rede, die Freiheit der Religion, die Freiheit von Not und die Freiheit von Furcht.

Wir haben inzwischen begriffen, daß diese Freiheiten nicht nur untereinander im Spannungsverhältnis stehen. Wir haben auch erkennen müssen, daß die Freiheiten des einzelnen Menschen gewiß vor der Gewalt des Staates, aber ebensosehr vor ökonomischer und gesellschaftlicher Macht geschützt werden müssen. Freiheitsrechte bleiben auf dem Papier, wenn nicht die gesellschaftlichen Bedingungen zu ihrer Ausübung vorhanden sind. Das gleiche Wahlrecht hat wenig Bedeutung für Menschen, die nicht lesen und nicht schreiben können. Demokratische Bürgerrechte besagen wenig für den, der keine wirkliche Chance hat, sie auszuüben.

Unsere liberalen und demokratischen Freiheiten sind überall auf der Welt bedroht von wirtschaftlicher und sozialer Benachteiligung oder Krise. Freiheit ist aber nicht nur von außen bedroht und nicht nur von denjenigen, die im Innern eine andere Gesellschaft oder einen anderen Staat wollen. Sie kann auch bedroht sein durch eigene Nachlässigkeit, Passivität, durch Mangel an Bereitschaft zur stetigen Verbesserung der gesellschaftlichen und staatlichen Ordnung. Sie ist bedroht, wenn wir aufhören, an der fortschreitenden Verwirklichung von Gerechtigkeit zu arbeiten. Wenn Freiheit erlebbar sein soll für die Millionen und aber Millionen von Menschen in unseren industriellen Massengesellschaften, dann darf der Staat nicht nur Ordnungsgarant sein, sondern dann muß er Sozialstaat sein und die Ungerechtigkeiten der Sozialordnung – sie entstehen immer neu – an ihrer Wurzel aufsuchen, ändern und bessern.

7.

In den Fragen der Weltwirtschaft, die Sie, Mr. Vice-President, berührt haben, stimmen wir mit den Vereinigten Staaten sehr weitgehend überein. Die Sorge um die Wiederherstellung und Bewahrung weltwirtschaftlicher Stabilität ist uns gemeinsam. Wir sorgen uns gemeinsam um die Freiheit des Welthandels.

Die ungewöhnlich tiefgehende synchrone Rezession der Weltwirtschaft haben wir inzwischen in gemeinsamem Handeln ganz gut in den Griff bekommen. Aber wir stehen vor der gemeinsamen Aufgabe, die Gesamtstruktur der Weltwirtschaft wieder dauerhaft funktionstüchtig zu machen – für die Entwicklungsländer, für die Ölländer, für die kommunistischen Staaten, die ihr wirtschaftliches Schicksal auch nicht mehr alleine bewältigen können, wie auch für uns, die Industriegesellschaften. Die deutsch-amerikanische, die europäisch-amerikanische Abstimmung muß sich hier in Zukunft besonders bewähren. Wir brauchen in diesem Sinne eine atlantische Stabilisierungspolitik für die Weltwirtschaft als Gesamt-System, weil Milliarden von Menschen in ihrem physischen Schicksal und in ihrer Chance, persönliche Freiheit zu verwirklichen, von der Funktionstüchtigkeit dieser Weltwirtschaft abhängen.

Wir brauchen dazu Führung. Wir brauchen dazu an Führung alles, was Amerika geben kann, Herr Vizepräsident. Churchill hat einmal gesagt: »The price of greatness is responsibility« – der Preis für Größe ist Verantwortung. Wir Deutschen sind nur eine Mittelmacht. Aber wir werden den unserem Gewicht entsprechenden Teil der Verantwortung zu tragen haben und wollen ihn auch tragen.

8.

Unsere gemeinsame Politik bleibt dem Frieden verpflichtet. Dem Ziel der Gerechtigkeit und Wohlfahrt im Inneren unserer Staaten entspricht unser gemeinsames äußeres Ziel, Frieden zu bewahren und Vertrauen zwischen den Völkern zu schaffen.

Wenn hier in Europa 30 Jahre lang ernste Konflikte vermieden worden sind, so gewiß ganz wesentlich dank der Verantwortung, die Amerika für Europa übernommen und immer wieder bekräftigt hat. Es bedarf uns Deutschen gegenüber dieser stetigen Bekräftigung nicht. Wir sind uns unseres Vertrauens in Sie und Ihrer Stetigkeit völlig sicher, Herr Vizepräsident.

Aber wir wissen auch, daß die Welt im Fluß ist, daß neue Kraftzentren entstehen, daß zur Sicherung freiheitlicher Ordnung deshalb Besinnung nötig ist auf die Konstanten und die Stärken der westlichen Gemeinschaft. Das bedeutet in erster Linie Ausbau Europas und Ausgestaltung des europäisch-amerikanischen Verhältnisses. Wir brauchen dazu:

1. die Stärkung des Zusammenhalts zwischen Amerika und Europa durch eine immer engere, stetige, nicht zu unterbrechende Abstimmung und Verknüpfung unserer Politik;

2. die stetige Verbesserung des Verteidigungsbeitrags der Europäer insgesamt zum gemeinsamen Bündnis;

3. die Erhaltung US-amerikanischer Truppenpräsenz in Europa als äußeren und für jedermann erlebbaren Ausdruck der Unteilbarkeit unserer gemeinsamen Sicherheitsanstrengungen;

4. die Kontinuität der Politik, die Präsident Ford »relaxation of tensions« genannt hat, nämlich der Politik des langfristigen Ausgleichs zwischen Ost und West;

5. die Wahrung der gemeinsamen ideellen und moralischen Grundlagen, die letztlich das Herzstück der transatlantischen Allianz darstellen.

9.

Abschließend möchte ich für viele, viele deutsche Landsleute – unabhängig von ihrem politischen Standort – sagen:

Wir sehen in Amerika auch 200 Jahre nach dem Ereignis, dessen heute gedacht wird, eine große außenpolitische Kraft, wir erkennen eine große innenpolitische Vitalität, wir sehen Beharrlichkeit, wir sehen Mut, wir sehen Initiative – Eigenschaften, die in dieser Breite der Entfaltung nur denkbar sind als Ergebnis der Prinzipien der Freiheit und der Chancengleichheit.

Und wenn wir das sagen dürfen und Sie es nicht für anmaßend halten: Amerika braucht – bei aller Selbstprüfung in jüngster Zeit, bei mancherlei Skepsis in seiner eigenen jüngeren Generation – nicht an sich zu zweifeln. Uns Deutschen erscheint Eure Vitalität, Eure Kreativität, Eure Produktivität ganz ungewöhnlich. Und wir Deutschen jedenfalls haben ein großes Vertrauen in Eure Fähigkeiten, auch und gerade in Eure Fähigkeit und in Euren Willen zur moralischen Verantwortung.

You spoke of the toughness in the character of western democratic man. Please, Mr. Vice-President, take with you and convey to your nation and to the American President our admiration, our high esteem, our best wishes and our confidence into your great nation which we feel deep in our heart – nehmen Sie mit hinüber und übermitteln Sie Ihrer Nation und Ihrem Präsidenten – was wir von ganzem Herzen fühlen – unsere Bewunderung und Wertschätzung, unsere besten Wünsche und unser Vertrauen in Ihre große Nation.

Verleihung der Ehrendoktorwürde der Universität Oxford

Ansprache,
gehalten am 11. Mai 1979 in Oxford

Mr. Chancellor, Mr. Vice-Chancellor,
meine Damen und Herren!

Mit der Verleihung der Würde eines Ehrendoktors haben
Sie mir eine große Freude bereitet, für die ich Ihnen meinen tiefempfundenen Dank aussprechen möchte. In
meiner Stellung ist es selbstverständlich, daß ich in der
Auszeichnung vor allem eine Anerkennung der Partnerschaft sehe, die sich zwischen Großbritannien und der
Bundesrepublik Deutschland entwickelt hat. Ich bemühe mich, meinen Teil zur Pflege und zum Ausbau dieser Partnerschaft des Friedens beizutragen. Um ihre Entstehung im Laufe der letzten Jahrzehnte haben sich aber
viele Politiker auf beiden Seiten des Kanals verdient gemacht.

Ein besonderer Ehrenplatz unter den britischen Archi-
tekten der deutsch-britischen Partnerschaft gebührt dem
Chancellor Ihrer Universität, Harold Macmillan. Harold
Macmillan gehört zu den Europäern der ersten Stunde,
und er hat daran mitgewirkt, die Voraussetzungen für das
Atlantische Bündnis und die Europäische Gemeinschaft
zu schaffen, denen unsere beiden Länder angehören.

Es gibt wenige Einrichtungen in Ihrem traditionsreichen Land, die die Ehrwürdigkeit Großbritanniens so eindrucksvoll verkörpern wie die Universität Oxford. Sie hat sich in der Welt eine einmalige Stellung erworben, und ihr geistiger und wissenschaftlicher Ruhm reicht um die Welt. Eine Chronistin Ihrer Stadt hat, wie ich finde, sehr treffend festgestellt: »Oxford is not just a city, but a civilization too.«

Wenn man als Besucher die prachtvollen, von der Patina der Jahrhunderte veredelten Bauten Ihrer Colleges betrachtet, wird einem bewußt, daß Großbritannien wohl das einzige Land ist, in dem man dem Geist Paläste errichtet hat. In anderen Ländern hat man nur der Macht Paläste gebaut. Der Stadt Oxford, die der viktorianische Poet Matthew Arnold mit der Zeile besang: »Whispering from her towers the last enchantments of the Middle Ages«, steht ihr Alter gut.

Im Schatten der flüsternden Türme hat sich auch eine liebenswerte Tradition der Exzentrizität entwickelt. Ein schönes Beispiel dieser Exzentrizität wäre es, wenn die mir zu Ohren gekommene Legende über die Gründung von Balliol College zutreffen sollte, wo Ihr Chancellor Harold Macmillan studiert hat. Wie ich höre, besagt sie, daß John Balliol im Jahre 1264 das College als Buße gründen mußte, weil er sich, angetrunken, rüde gegen den Bischof von Durham benommen hatte. Von einer heilsameren Wirkung des Alkohols habe ich noch nie gehört.

Oxford hat seine Rolle von jeher universal verstanden. Von Erasmus bis Einstein haben berühmte ausländische Gelehrte Oxford besucht. Das trifft natürlich auch auf Studenten zu, die seit Jahrhunderten aus aller Herren Ländern nach Oxford gepilgert sind. Jungen Deutschen haben in diesem Jahrhundert vor allem die Cecil-Rhodes-Scholarships ein Studium in Oxford ermöglicht. Zwei von ihnen verdienen ehrenvolles Gedenken. Die

Rhodes-Scholars Adam von Trott zu Solz und Albrecht
Graf Bernstorff wurden wegen Beteiligung am Widerstand gegen das Hitlerregime hingerichtet.

Weitere Deutsche haben auch auf Grund anderer Stiftungen in Oxford studiert. Mit besonderer Genugtuung
erfüllt es mich, daß Alfred Toepfer aus meiner Heimatstadt Hamburg durch die Stiftung der »Hanseatic
Scholarships« dafür gesorgt hat, daß sich jedes Jahr zwei
Undergraduates oder Graduates aus Oxford für ein zweijähriges Studium an der Hamburger Universität immatrikulieren lassen können. Da auf diesem Gebiet gar
nicht genug geschehen kann, freue ich mich, Ihnen heute
mitteilen zu können, daß die Bundesregierung zusätzliche Stipendien für Studenten der Universität Oxford zur
Vervollständigung ihrer deutschen Sprachkenntnisse
eingerichtet hat. Zwei Studenten Ihrer Universität sollen jedes Jahr acht Wochen lang Sprachkurse des Goethe-Instituts in der Bundesrepublik besuchen. Die Stipendien beginnen 1980.

Daß die älteste Universität einer so politischen Nation
wie der britischen auch ein enges Verhältnis zur Politik
hat, liegt auf der Hand. In keiner anderen Demokratie der
Welt erfreute sich eine Universität des Privilegs, zwei eigene Abgeordnete ins Parlament zu entsenden, wie das
Ihre Universität bis 1950 tat. Wahlberechtigt waren alle,
die in Oxford ein Degree erworben hatten. Tragfähigster
Pfeiler der Brücke zur Politik ist aber, soweit ich es von
außen zu erkennen vermag, die »Oxford Union«. Diese
hohe Schule mit solch prägender Kraft des Parlamentarismus gibt es in anderen Demokratien nicht.

Ich habe gehört, daß es in manchen Colleges verboten
sein soll, bei Tisch über Politik zu sprechen. Wer gegen
dieses Verbot verstößt, müsse zur Strafe – so wurde mir
berichtet – einen riesigen Humpen Bier in einem Zug

austrinken. Ich kann nur hoffen, daß die heutige Veranstaltung nicht unter dieser gestrengen College-Regel steht, denn sonst bestünde die Gefahr, daß ich Oxford volltrunken verlassen würde, da ich die Absicht habe, nun auch ein paar politische Worte zu sagen.

Die Tatsache, daß die deutsche Bundesregierung bereits eine Woche nach den Wahlen zum Unterhaus mit der britischen Regierung Konsultationen auf höchster Ebene führt, zeigt, daß die Gespräche zwischen beiden Regierungen zum selbstverständlichen politischen Alltag unserer Beziehungen gehören; und zwar unabhängig davon, ob Konservative, Labour, Christdemokraen, Sozialdemokraten oder Liberale die Regierung bilden.

Dieses deutsch-britische Gespräch wurde unmittelbar nach dem Zweiten Weltkrieg von britischer Seite aufgenommen. Viele Ihrer Landsleute haben sich mit großem Engagement, mit Verständnis und Einfühlungsvermögen am Aufbau der neuen deutschen Demokratie beteiligt.

Beispielhaft für diese Haltung werden für mich immer Victor Gollancz oder der leider im Februar dieses Jahres verstorbene britische Regionalkommissar für Hamburg, Sir Henry Vaughan Berry, bleiben. Er hat junge Politiker wie mich ermutigt, den Neuanfang zu wagen und beim Aufbau der Demokratie Hand anzulegen. Allen Briten, die uns unmittelbar nach den Schrecken der Nazizeit und des Krieges die helfende Hand der Freundschaft reichten, schulden wir Deutsche Dank.

Morgen, am 12. Mai, jährt sich zum 30. Male der Tag, an dem die Berliner Luftbrücke erfolgreich beendet werden konnte. Das Einstehen unserer britischen, amerikanischen und französischen Freunde für Berlin ist für uns ein Symbol des Zusammenhalts geworden. Auf diesem Zusammenhalt beruht auch das Atlantische Bündnis.

Der britische Beitrag zum Bündnis ist in der Tat beträchtlich:

- Großbritannien ist der einzige europäische Partner, der zugleich zur konventionellen, zur nuklear-taktischen und zur strategischen Ebene der Verteidigungsfähigkeit und Abschreckungskraft des Bündnisses beiträgt. Diese britischen Komponenten der NATO-Triade werden von der Bundesregierung anerkannt und begrüßt.
- Großbritannien hat im Rahmen vertraglicher Verpflichtungen ferner eine große Anzahl Soldaten in meinem Land zum Zwecke unserer gemeinsamen Verteidigung stationiert.

Die Strategie und die Sicherheit unseres Bündnisses gründen sich auf eine gemeinsame unteilbare Verteidigung, sie zielen zugleich auf einen Abbau der Spannungen. Der Kanzler der Universität von Oxford, Harold Macmillan, hat die Notwendigkeit früh erkannt, die Konfrontation des militärischen Machtpotentials in Mitteleuropa durch politische, vertrauensbildende Initiativen zu entschärfen. Man könnte ihn einen Pionier der Entspannung nennen. Inzwischen hat die Entspannungspolitik Früchte getragen, nicht zuletzt im Viermächte-Abkommen über Berlin, zu dessen Abschluß Großbritannien einen wertvollen Beitrag geleistet hat.

Jede Bundesregierung hat und wird ihren Beitrag leisten, gemeinsam mit unseren europäischen und atlantischen Freunden die Sicherheit und den Frieden in Europa und in der Welt zu festigen. Ich muß allerdings klarstellen, daß jeder deutschen Außenpolitik bindende Rahmenbedingungen gesetzt sind:

1. Die Teilung Deutschlands in zwei Staaten und die besondere Situation von Berlin;

2. das Recht auf Selbstbestimmung für die deutsche Nation;
3. unsere exponierte geopolitische Lage an der Nahtstelle zwischen Ost und West;
4. die geschichtliche und politische Notwendigkeit des europäischen Einigungsprozesses.

Diese Prämissen bestimmen die Grundlinien deutschen außenpolitischen Handelns, sie machen unsere Politik berechenbar, wie ich hoffe. Ziel unserer Politik ist es, auf einen Zustand des Friedens in Europa hinzuwirken, in dem auch das deutsche Volk eines Tages in Zukunft wieder unter ein und demselben Dach wird leben können.

Lassen Sie mich heute, wenige Wochen vor den ersten europäischen Volkswahlen, sagen: Europa ist für den europäischen Bürger mehr als die gemeinsame Agrarpolitik, so schwierig und kompliziert diese auch sein mag. Auch viele Ihrer kontinentalen Freunde sind der Agrarüberschüsse überdrüssig. Wir sind bereit, gemeinsam über mögliche Reformen zu sprechen. Wir wollen allerdings nicht, daß solche Gespräche die Grundlagen der Europäischen Gemeinschaft – also die Römischen Verträge – in Frage stellen.

Wir meinen, daß wir uns von den ärgerlichen Butterbergen vor allem nicht den Blick für die Vorteile verstellen lassen dürfen, die uns die Europäische Gemeinschaft gebracht hat und bringt:
– Für unsere Volkswirtschaften ist sie unverzichtbarer Markt;
– sie dient der Harmonisierung und Koordinierung in wichtigen Lebensbereichen der Mitgliedstaaten;
– ihre Attraktivität für den Beitritt weiterer Staaten ist erwiesen;
– sie sichert die Demokratie in Europa;

– für die Welt ist die Gemeinschaft ein wichtiger Stabilitätsfaktor. Man hört auf sie, und sie gewinnt mit der Zeit immer mehr Gewicht. Voraussetzung dafür ist, daß die Gemeinschaft weiterhin auch ihre Verantwortung in der Welt insbesondere gegenüber den Staaten der Dritten Welt wahrnimmt.

Die ersten Direktwahlen zum Europäischen Parlament können helfen, Europa bürgernäher zu gestalten.

Bürgernah bedeutet auch, unserer Jugend ihre Möglichkeiten und Ziele in Europa zu zeigen. Hier, glaube ich, stellt sich Briten und Deutschen eine gemeinsame Aufgabe.

Königin Elizabeth II. hat bei ihrem jüngsten Staatsbesuch in meinem Land zu Recht auf die Bedeutung der Jugend und des deutsch-britischen Jugendaustausches als eine der besten Investitionen unserer Länder hingewiesen. Ich kann dem nur zustimmen.

Ich habe, Mr. Chancellor, einleitend die Beziehungen zwischen unseren Völkern als eine Partnerschaft des Friedens bezeichnet, weil sie der Erhaltung des Friedens dient. Echte Friedfertigkeit kann nur aus geistigen Grundlagen entstehen. Den Humus, auf dem die Friedensliebe gedeiht, bereiten und pflegen Sie hier in Oxford. Nur das Streben nach Humanität ermöglicht eine Friedenspolitik, und umgekehrt erlaubt nur eine Friedenspolitik das Streben nach Humanität. Es besteht also eine Wechselwirkung zwischen Geist und Politik. An einem wichtigen Schnittpunkt dieser Wechselbeziehung steht die Universität Oxford.

Im New College gibt es, wie ich hörte, eine Gedenktafel für im Ersten Weltkrieg gefallene deutsche Studenten, von denen es heißt: »Coming from a foreign land they entered into the inheritance of this place.«

Da ich selbst aus diesem fremden Land stamme, haben

Sie es mir mit der Verleihung dieses Ehrendoktorgrads ermöglicht, »des Vermächtnisses dieses Orts« ein wenig teilhaftig zu werden – jenes großen und noblen Vermächtnisses von Oxford, das zum stolzesten Besitz nicht nur Großbritanniens, sondern auch Europas und der Welt gehört.

Hierfür möchte ich Ihnen von ganzem Herzen danken.

Europa-Preis für Staatskunst

Ansprache anläßlich der Entgegennahme
des Europa-Preises für Staatskunst der F.V.S.-Stiftung
am 22. Mai 1979 in Straßburg

Meine Herren Präsidenten,
Herr Bürgermeister, meine Damen und Herren!

Ihnen, Herr Präsident des französischen Senats, möchte ich zunächst danken für Ihre mich sehr berührenden Worte. Ich weiß, daß sie mehr sind als verbale Bekenntnisse zur deutsch-französischen Verständigung und zur europäischen Einigung. Sie sind Ausdruck Ihrer jahrzehntelangen geduldigen politischen Arbeit im Dienste dieser beiden Ziele. Wir, die wir heute hier zusammengekommen sind, und diejenigen Bürger, die wir vertreten, haben Grund, Ihnen, Herr Präsident Poher, für diese Arbeit sehr herzlich dankbar zu sein.

Ich danke dem Herrn Präsidenten der Europäischen Parlamentarischen Versammlung, Signor Colombo, daß er es übernommen hat, dieser Veranstaltung vorzusitzen.

Ich danke besonders dem Kuratorium der Stiftung F.V.S., daß Sie mich gemeinsam mit Herrn Premierminister Barre mit dem Europa-Preis für Staatskunst bedenken.

Ich freue mich, Herr Premierminister, lieber Raymond Barre, zusammen mit Ihnen heute in Straßburg zu sein und bei dieser Gelegenheit gemeinsam über unsere Arbeit nachzudenken und darüber zu sprechen, was sie für unsere beiden Länder und für die Europäische Gemeinschaft bedeuten mag.

Ich freue mich besonders, daß der Ort unserer Begegnung Straßburg ist, Stätte deutsch-französischer und allgemein-europäischer Begegnung und des Europäischen Parlaments.

Kaum irgendwo wird es deutlicher und spürbarer, was die historische Wende in den Beziehungen zwischen unseren beiden Ländern, die sich in den vergangenen 30 Jahren vollzogen hat, für unsere Bürger und für die Menschen in ganz Europa bedeutet, als hier in Straßburg. Hier in Straßburg spürt man, liest und hört man klarer als an manch anderem Orte, welchen Gewinn an Frieden, an Stabilität, an Wohlfahrt auch, an geistiger Bereicherung und politischer Kraft dieser Wandel bewirkt hat.

Rheintal
als europäische Kulturregion

Der französische Dichter Paul Valery hat in seinen »Regards sur le monde actuel« sehr treffende Worte über die wirtschaftliche, kulturelle und politische Bedeutung des Rheintals, der Städte im Rheintal gefunden.

Wir haben es aber noch selbst erlebt, daß diese fruchtbare Region lange genug, allzu lange und zu unser beider schwerem Nachteil, der Ort war, wo sie feindlich aufeinanderstießen.

Städtepartnerschaft

Lassen Sie mich an dieser Stelle eine Bemerkung über die wichtige Rolle der Städte und Gemeinden für die Förderung der Beziehungen zwischen unseren Völkern machen: Ohne die aktive und engagierte Beteiligung unserer Bürger in den Kommunen beiderseits des Rheins, ohne die deutsch-französischen und europäischen Städtepartnerschaften – zwischen Städten Deutschlands und Frankreichs bestehen über tausend solcher Partnerschaften – hätten die Schatten der Vergangenheit nicht so schnell durch eine bessere Gegenwart aufgehellt, hätte das gegenseitige Kennenlernen nicht so nachhaltig gefördert werden können.

Ich weiß, welch bedeutenden Anteil Präsident Alain Poher gerade an der Förderung solcher Partnerschaften genommen hat und nimmt.

Staatskunst

Wenn Herr Barre und ich heute einen Preis für Staatskunst erhalten, so wird damit ein sehr großes Wort gebraucht – ein hoher Anspruch formuliert! Ich glaube, Raymond Barre und ich hätten dieses große Wort nicht gebraucht.

Regierende müssen bisweilen Distanz zu sich selbst haben. Regierende müssen auch nachdenklich sein. Nur wer über die Ziele nachgedacht hat, nur wer die Ziele erkannt hat, nur der kann über die Wege nachdenken. Und nur, wer über die Wege nachgedacht hat, kann sie entwerfen und sie sodann erfolgreich beschreiten.

Es geht uns – in Frankreich, in Deutschland, in allen Ländern der Europäischen Gemeinschaft, in allen Staaten des Europarates – um eine lebendige demokratische, um eine freiheitliche Verfassung. In ihr erkennen wir die größtmögliche Chance der Entfaltung für den einzelnen. Es geht zugleich um beständige, nach innen und nach außen widerstandsfähige Formen, in denen die Menschen sich sicher fühlen können: »Ihr ganzes Leben lang frei von Furcht und frei von Not«, wie Churchill und Roosevelt es 1941 gesagt haben.

Freiheit, Nation, Europa

Wir wissen, daß Form und Gehalt erst zusammen das Kunstwerk ausmachen. Ebenso in der Politik. Die demokratische Form kann heute nur durch große nationale Anstrengungen, durch wirtschaftliche, kulturelle und politische Anstrengungen ausgefüllt werden. Wo die innere Kraft verkümmert, dort erstarrt und schrumpft und verfällt auf die Dauer auch die Form. Deshalb müssen die Staatsmänner die Kräfte entbinden, sie bündeln. Die Staatsmänner müssen den Völkern die Ziele zeigen, auf die hin die Kräfte zu richten sind. Dies gilt jedenfalls für unsere wirtschaftliche und politische Entwicklung.

Gerade auf diesen beiden Feldern haben wir jedoch erkannt, daß nationale Anstrengungen allein nicht ausreichen. Nur vereint, nur in Verbindung mit den anderen freiheitlichen Staaten der Welt, können die europäischen Nationen die Freiheit ihrer Bürger sichern. Insbesondere können wir auch nur gemeinsam mit anderen Staaten unsere Freiheit von ökonomischer Not bewahren.

Präsident Giscard d'Estaing hat vor einigen Tagen nicht weit von hier ein Bekenntnis zur europäischen Einigung abgelegt. »Entweder«, so sagte er, »wir setzen die Streitigkeiten und Kämpfe fort, in denen wir seit tausend Jahren so große Meister sind, und wir verzehren unsere Kräfte in Rivalitätskämpfen unter den höhnischen und bald verachtungsvollen Blicken der Supermächte – oder wir organisieren uns, um zusammenzuarbeiten und damit an der Spitze des menschlichen Fortschritts die Lebensart, die politischen und gesellschaftlichen Prinzipien sowie die Zivilisation und die Geistigkeit des Westens aufrechtzuerhalten.« Diese Worte meines Freundes möchte ich mir ganz zu eigen machen.

Unser Vorgänger als Träger dieses Preises, Edward Heath, wurde ausgezeichnet, weil er den Schritt zur notwendigen, wenn zuweilen auch schwierigen Mitgliedschaft Großbritanniens in der Gemeinschaft getan hat – starke Individuen, auch starke nationale Individualitäten sind immer schwierig.

Auch wir, so hat das Kuratorium befunden, hätten uns um Europa verdient gemacht. Ich habe dies nicht zu kommentieren. Aber soviel möchte ich doch sagen: Wir haben für unsere Arbeit große Vorbilder vor Augen gehabt.

Unsere Europapolitik

Vor wenigen Wochen betrauerten wir den Tod von Jean Monnet. Er war ein Vorbild für verantwortliche politische Zielsetzung, das heißt: er zeigte wirklichkeitsnahe, realisierbare und gleichzeitig zukunftsorientierte Wege zur Einigung Europas. Wenn Staatspräsident Giscard d'Estaing, wenn Sie, Herr Premierminister Barre, und wenn wir übrigen Kollegen in den anderen EG-Ländern in den hinter uns liegenden Monaten Anstrengungen um die Errichtung eines Europäischen Währungssystems unternommen haben, oder vorher schon Anstrengungen um das Zustandekommen der Direktwahlen, um die Erweiterung der Gemeinschaft, um die Entwicklung ihrer Außenbeziehungen unternommen haben, so haben wir das getan, um den Zusammenhalt der Gemeinschaft zu stärken und sie zu festigen.

Wir wollen ein wirtschaftlich gesundes Europa, ein politisch stabiles Europa, beseelt vom Miteinander seiner Nationen, erfüllt von deren geistiger Vielfalt.

Künftige Gestalt Europas

Es wird mit Recht viel nachgedacht, wie es in Europa weitergehen soll, und – auch das begrüße ich – zum Teil wird leidenschaftlich darüber gestritten. Ich finde es gut, daß man in dem jetzigen Europa-Wahlkampf von den wohlklingenden europäischen Sonntagsreden abkommt, die jedem gefielen, weil sie niemanden so recht verpflichteten.

Die bisherige zwanzigjährige Geschichte der Gemeinschaft hat uns gezeigt, daß es schwierig ist, eine Politik ein für allemal festzulegen. Zur Ausfüllung der Römischen Verträge ist pragmatisches Vorgehen nicht das schlechteste. Und was die Pragmatik betrifft, so halte ich es außerdem mit einer Definition des preußischen Philosophen Immanuel Kant, der solche Gesetzgebungen pragmatisch genannt hat, »die aus der Vorsorge für die allgemeine Wohlfahrt fließen«.

Wir wissen auch, daß zur geistigen und geschichtlichen Wirklichkeit Europas nicht nur die neun Staaten, demnächst zehn und zwölf Staaten der EG gehören, auch nicht nur die einundzwanzig Mitgliedstaaten des Europarates, sondern Byzanz oder Nowgorod zum Beispiel, Krakau oder Prag haben ebenso zu unserer geschichtlich gewachsenen gemeinsamen Zivilisation beigetragen. Und eines Tages muß unsere Vorstellung von Europa auch das geistige und künstlerische Leben unserer osteuropäischen Nachbarn wieder voll einbeziehen, wenn wir nicht verarmen wollen. Ein stärkeres Bewußtsein der kulturellen Gemeinsamkeit wird uns helfen, eine Friedensordnung für ganz Europa herzustellen.

Letztlich wird Europas Zukunft davon bestimmt werden, wie Europa die Aufgaben löst, die ihm gestellt sind. Sie heißen: Sicherung des Friedens, Sicherung unserer Lebensform der Freiheit, Wohlfahrt seiner Bürger.

Politik und Konsens

Wir Politiker sind darauf angewiesen, daß unsere Arbeit die Zustimmung derjenigen findet, die uns unser Amt übertragen haben. Das kann häufig bedeuten, daß wir uns diese Zustimmung mühsam, gegen zähe Widerstände unserer politischen Gegner – und manchmal auch unserer politischen Freunde – erringen müssen. Dieses Konsens- und Kompromißgebot demokratischer Verfassungen führt häufig zu Verlusten an Stringenz und Konsequenz politischen Handelns. Dieser Verlust ist ein Preis, den unsere demokratische und freiheitliche Verfassung uns abfordert.

Dies ist genauso zwischen den Staaten und innerhalb einer Staaten-Gemeinschaft, ebenso innerhalb einer Konföderation wie der EG. Wer den Ausgleich, wer den Kompromiß nicht will, der ist zur Kooperation nicht brauchbar. Wer nichts hergeben will, der ist zur Kooperation nicht brauchbar.

Wir Deutschen wollen den Kompromiß, wir wollen Solidarität – wir sind bereit, der Kooperation wegen nicht nur zu empfangen, sondern auch zu geben.

Wir Deutschen brauchen den europäischen Verbund noch nötiger als andere Völker Europas. Die Gründe dafür liegen *erstens* in unserer exponierten geopolitischen Situation im Herzen Europas; *zweitens* in unserer jüngeren Geschichte einschließlich Hitlers und seiner Verbrechen, die im deutschen Namen begangen worden sind; *drittens* in der Tatsache der Geteiltheit Deutschlands und in der besonderen Situation Berlins.

Wir Deutschen wollen Solidarität. Und wenn wir zum Beispiel mehr in die EG einzahlen, als wir empfangen, dann erinnern wir uns zugleich der großen Hilfen, die wir nach dem Kriege – materiell und ideell – für unseren Wiederaufbau von unseren ehemaligen Kriegsgegnern und von unseren Nachbarn empfangen haben.

Großzügige Hilfe kam aus den USA. Wichtige, ja, für Europa entscheidende Hilfe kam aus Frankreich. Wir

Deutschen konnten damals schwerlich um Versöhnung und Kooperation bitten. Aber beides ist uns durch Frankreich angeboten worden.

Wir werden weder Robert Schuman vergessen noch de Gaulles Vertrag mit Adenauer. Seitdem haben wir über dreißig gemeinsame deutsch-französische Kabinettssitzungen erlebt. Valéry Giscard d'Estaing hat an den allermeisten von ihnen teilgenommen, ebenso ich selbst und Carlo Schmid. Georges Pompidou und Willy Brandt haben gemeinsam dafür gesorgt, daß sich die EG dem Vereinigten Königreich öffnete. Und seit fünf Jahren setzen der heutige französische Präsident, ebenso der französische Premierminister und wir in Bonn diese Politik der Gemeinsamkeit fort und machen einen Schritt nach dem anderen.

Ich bin glücklich darüber, daß der Anlaß unseres heutigen Treffens den hohen Grad des Zusammenwirkens der französischen Republik und der Bundesrepublik Deutschland unterstreicht. Mir ist Frankreich als eine der großen europäischen Nationen, als politische, als geistige und kulturelle Macht stets gegenwärtig gewesen. Ihrem Land in direkter persönlicher Weise zu begegnen war mir jedoch nicht von Jugend auf mitgegeben, ich spreche leider auch nicht Ihre Sprache.

Aber Rousseau und Montesquieu, die großen Thesen von der Freiheit, der Gleichheit und der Brüderlichkeit, die französische Literatur und Kunst haben mich nachhaltig beeinflußt – wie Millionen von anderen Deutschen auch.

Die gemeinsame Arbeit mit dem französischen Staatspräsidenten, mit Ihnen, Herr Premierminister, und die Begegnungen mit zahlreichen Ihrer Landsleute haben mir geholfen, noch besser zu verstehen, was Frankreich für Europa bedeutet – und auch, was es für uns Deutsche bedeutet.

Was Sie, lieber Raymond Barre, kürzlich als den vielleicht wichtigsten Gewinn des engeren politischen Zusammenlebens in Europa bezeichnet haben, nämlich: daß sich die Menschen in unseren Ländern nähergekommen sind, daß sie sich, wie Sie es genannt haben, »gegenseitig gezähmt haben«, daß sie begonnen haben, gemeinsam über gemeinsame Probleme und deren Lösung nachzudenken, das gilt für Franzosen und Deutsche in besonders hohem Maße.

Es bleibt noch vieles zu tun. Denn neue Probleme werden auftreten. Und neue Mißverständnisse sind möglich – ebenso wie alte Mißverständnisse in neuen Formen wieder auftreten können. Es bleibt vieles noch zu tun.

Wenn wir heute morgen, Herr Premierminister, diesen Preis entgegennehmen, dann ist dies für mich Ausdruck des engen Zusammenwirkens von Deutschen und Franzosen in Europa. Es ist zugleich eine Bekräftigung des Auftrages, den Weg der Freundschaft fortzusetzen.

WELTWIRTSCHAFTLICHE VERFLECHTUNGEN UND VERPFLICHTUNGEN

Grundprinzipien internationaler Politik und Wirtschaft

Diskussionsbeitrag
am 28. April 1978 auf den Hamburger Wirtschaftstagen
der Friedrich-Ebert-Stiftung

Herr Vorsitzender, meine Damen und Herren!

Vielleicht darf ich vorweg eine Bemerkung machen, von der ich annehme, daß ich sie im Namen aller aussprechen darf: Den Sprecher des heutigen Morgens kenne ich seit 20 Jahren. Wir haben uns zu einem Zeitpunkt kennengelernt und die persönliche Bekanntschaft und später Freundschaft seither sorgfältig gepflegt, in dem weder er noch ich wissen konnten, daß wir jemals politische oder internationale Verantwortung tragen würden. Aber mich hat immer wieder fasziniert, wie er fähig ist, eine Zusammenschau von der Lage der Welt zu geben, ihrer inhärenten Trends, der Entscheidungsspielräume und der Alternativen, die uns zur Verfügung stehen. Bei alledem läßt er keine Unklarheit über unsere gemeinsamen Ziele.

Henry Kissinger redet gewiß auch von den eigenen Schwächen und von den eigenen Krisen, aber man kommt nicht in Gefahr, die eigenen Stärken und die Stärke der eigenen Kontinuität zu übersehen und zu vergessen.

Ich habe an vielen Punkten heute morgen Übereinstimmung empfunden, an weniger wichtigen und an sehr wichtigen. So z. B. hinsichtlich der Feststellung, daß die Neutronenwaffe nicht isoliert beurteilt werden darf, sondern in den großen Zusammenhang der strategischen Lagebeurteilung gehört. Dies war einer der weniger wichtigen Punkte, aber einer der Punkte voller Übereinstimmung.

Wichtiger schon war die Feststellung der steten Wiederkehr der Fragestellung der Europäer, ob wir der amerikanischen Verteidigungsmitwirkung sicher sein können und der sich immer erneut einstellenden Gewißheit: allerdings können wir dieser Mitwirkung sicher sein. Die Krise der NATO wird seit 20 Jahren in Schlagzeilen und auf Konferenzen beschworen. Aber wir konnten des amerikanischen Engagements in Europa immer sicher sein, unabhängig davon, wer Präsident war, ob ein Republikaner oder ein Demokrat; unabhängig davon, ob hier in Europa konservative oder Labour- oder sozialdemokratische oder Koalitionsregierungen den Trend bestimmt haben.

Ich stimme aber auch damit überein, daß diese Gewißheit, die wir ohne große Besorgnis in die Zukunft extrapolieren können, allein nicht genügt, um die internationale Politik und Wirtschaft zu handhaben. Vielmehr besteht die Substanz der Politik darin, auf der Grundlage solcher Gewißheit auf sich verändernde Lagen neue Antworten zu finden und unsererseits die Entwicklung so zu beeinflussen, daß die Veränderung morgen und übermorgen nicht zu unserem Nachteil geschieht. Dazu muß man Veränderungen rechtzeitig erkennen und muß man sie richtig erkennen.

Ich möchte dazu drei Bemerkungen machen.

Die *erste* Bemerkung bezieht sich auf das militärische Gleichgewicht, was für mich ein Schlüsselbegriff ist. Gleichgewicht kann man erzielen durch Schaffung von

Gegengewichten, durch Aufrüstung, wie das in der Zeitung lauten würde. Gleichgewicht kann man ebenso erzielen durch Rüstungsbeschränkung. Wahrscheinlich muß beides Hand in Hand gehen. Jedenfalls ist eine Balance der militärischen Möglichkeiten eine unerläßliche Voraussetzung für die Aufrechterhaltung des Friedens.

Diese Voraussetzung ist unerläßlich, aber sie reicht nicht aus. Hinzu kommen muß auf jeden Fall die Glaubwürdigkeit des Willens und der Fähigkeit, von den eigenen Möglichkeiten im Notfall oder dem Falle, daß man genötigt wird, auch Gebrauch zu machen. Ohne diesen Willen ist das Gleichgewicht nicht viel wert. Hinzu kommen muß aber ebenso die Glaubhaftigkeit des Willens und die Fähigkeit zum Ausgleich mit den Interessen anderer und die erkennbare Fähigkeit, eine kontinuierliche, eine stringente, kohärente Außenpolitik zu führen. Es muß die Fähigkeit gegeben sein, Krisen mit Entschlossenheit zu bewältigen, ohne dabei zu provozieren. Dies alles muß vorhanden sein, und es muß erkennbar sein, um in dieser immer kleiner werdenden und immer komplizierter werdenden Welt zu bestehen.

Ich möchte eine *zweite* Bemerkung machen, und zwar zum Nord-Süd-Problem, von dem Henry Kissinger gesprochen hat. Wir haben es hier auf den ersten Blick mit vier verschiedenen Gruppen von Staaten zu tun: mit den industriellen entwickelten Staaten des Westens, zweitens mit den Staatshandelsländern des COMECON, drittens mit den Ölüberschußländern und dann mit einer Gruppe von 110, 120 Entwicklungsländern, die als Gruppe in Wirklichkeit differenzierter gesehen werden müßte, als es gemeinhin in der öffentlichen Debatte der Welt geschieht. Wir haben uns angewöhnt, in ziemlich grober Differenzierung von den am wenigsten entwickelten Entwicklungsländern, von den rohstofffreichen und von denjenigen Entwicklungsländern zu reden, die am stärksten durch die Ölpreisverfünffachung betroffen sind.

Ich unterstreiche sehr, daß die COMECON-Länder bei der Bewältigung der Probleme der großen Gruppe der 120 Entwicklungsländer der Welt fast überhaupt keinen Beitrag leisten, abgesehen von Unteroffizieren, Generalen, Flugzeugen und Panzern, die sie ihnen neben Ideologie und Überschriften zur Verfügung stellen. Dies ist das Gegenteil von sozialistischer Solidarität, von der dort dauernd geredet wird. Ganz sicherlich wären diese sogenannten sozialistischen Staaten, die COMECON-Staaten, in der Lage, etwas mehr zu tun, als sie heute tun, und ganz sicherlich müssen sie dazu unter politischen und moralischen Druck gesetzt werden.

Es ist eine widersinnige Entwicklung, daß wir, die westlichen Industrieländer, die wir unseren Steuerzahlern, unseren Volkswirtschaften, unseren Einkommensbeziehern reale Opfer zugunsten der Entwicklungsländer zumuten, daß wir uns gefallen lassen, gleichzeitig an den Konferenztischen als kapitalistische Ausbeuter beschimpfen zu lassen und zuzusehen, wie die anderen dort die Meinungsmärkte und die militärischen Mittel unter ihre Kontrolle bringen. Henry Kissinger hat recht: das liegt z. T. natürlich auch an der eigenen Unentschlossenheit, unserer eigenen Zielunklarheit. Es liegt auch an einem gewissen Maß von Opportunismus auf der Seite der westlichen Industriestaaten.

Wir müssen dem besser ins Auge sehen. Der Opportunismus grassiert meistens auf Konferenzen vom Typus: hier sitzen die Entwicklungsländer, und dort sitzen die angeklagten industriellen entwickelten Länder. Sie lassen sich willig anklagen und versprechen etwas, was sie anschließend zu Hause bei ihren Parlamenten nur zur

Hälfte oder gar nicht durchsetzen können. Infolgedessen geraten sie bei der nächsten Konferenz erneut und tiefer in den Angeklagtenzustand.

Wir haben in der Tat etwas zu versprechen, wir haben auch etwas zu halten, wenn wir die Welt in Ordnung halten wollen. Aber wir müssen verlangen, daß das anerkannt wird. Solidarität kann auch für uns keine Einbahnstraße sein, sie bedarf des Verkehrs in beiden Richtungen. Wenn wir was zu geben haben, können wir auch etwas verlangen.

Dies war einer der wichtigsten Punkte, die in dem Vortrag von Dr. Kissinger genannt wurden und der zugleich im dringenden Interesse der Entwicklungsländer selbst liegt: wir haben zu verlangen, daß Investitionen garantiert werden. Dies liegt ebenso auch im Interesse der Entwicklungsländer, denn sonst erhalten sie in Zukunft keine privaten Investitionen mehr, und ohne private Investitionen sind sie verloren. Denn niemals können wir aus den Staatshaushalten so viel an nötigen Investitionen in Entwicklungsländern beitragen, daß dadurch allein die industrielle oder für viele Länder zunächst einmal bescheidener die agrarische Entwicklung in Gang kommt oder im Gange gehalten wird. Ohne unsere Kapitalmärkte, ohne den Transfer von privatem Investitionskapital ist die Entfaltung nicht möglich. Wir können in unseren demokratisch organisierten Gesellschaften den Steuerzahlern durch Parlamentsbeschluß nicht die Opfer auferlegen, die notwendig wären, um nur den gegenwärtigen Kapitalfluß aus der industriellen Welt in die Entwicklungswelt aufrechtzuerhalten. Es liegt im Interesse der Entwicklungsländer, dafür zu sorgen, daß niemand fürchten muß, er werde morgen enteignet oder nationalisiert.

Nationalisierung an sich wäre in manchen Fällen

nicht so schlimm, wenn nicht anschließend Mißwirtschaft eintreten würde. Beamte können ja sehr vieles, aber eines können sie eben nicht: Unternehmungen leiten.

Investitionsgarantie ist also ein Punkt, an dem wir Solidarität als Zweibahnverkehr im eigenen Interesse der Empfänger unserer finanziellen Opfer zu verlangen haben. Ich sage Opfer, denn jede Art von Entwicklungshilfe bedeutet jedenfalls zunächst einmal Einbußen an Realeinkommen. Ob es dann später Returns gibt und in welcher Höhe, bleibt abzuwarten.

Es sind Opfer an Masseneinkommen, was leider nicht von all denen laut gesagt wird, die öffentlich mehr Entwicklungshilfe verlangen. Sie sagen auch nicht immer, *wer* opfern soll. Es ist modern, Entwicklungshilfe zu verlangen und so zu tun, als ob es nur an dem schlechten Willen der Parlamente läge, die dafür ihre Mehrheiten nicht zur Verfügung stellen. Es ist aber gar nicht so einfach, in einer Demokratie Opfer durchzusetzen. Im Gegenteil, es ist fast das Schwerste in einer Demokratie, allen, die der eigenen Gesellschaft angehören, Opfer aufzuerlegen.

Übrigens gehört zum Zweibahnverkehr auch, daß die Entwicklungsländer nicht auf der einen Seite verständnisvoll mit uns reden, wenn es darum geht, daß und wie wir ihnen dieses und jenes Projekt finanzieren, und uns dann andererseits auf den Tagungen der Vereinten Nationen und anderswo in fast der gleichen Tonart zu schelten, wie sie bei einer anderen Staatengruppe habituell ist. Ich bin nicht der Meinung, daß wir westlichen Staaten es lange hinnehmen dürfen, uns bei internationalen Treffen so behandeln zu lassen: denn wir sind es doch, die – wenn auch verschämt – ihrem eigenen demokratischen Wählervolk Opfer auferlegen, um denen, die uns schelten, wirtschaftlich weiter zu helfen.

Wir müssen den Entwicklungsländern helfen. Wir müssen Opfer aufbringen. Das liegt in der dringenden Notwendigkeit der friedlichen Entwicklung der Welt.

Und es sind nicht nur Opfer an Realeinkommen, die wir zu bringen haben, sondern es sind auch Opfer an eigener industrieller Produktionsstruktur, die unvermeidlich sind. Aber wir können dafür auch etwas verlangen.

Dies hier ist z. B. eine Schiffbaustadt; hier hat man vor Jahrzehnten begonnen, sich über japanische Schiffbaukonkurrenz aufzuregen. Japan ist inzwischen gar nicht mehr der entscheidende, im Mittelpunkt stehende Wettbewerber, mit dem wir es zu tun haben. Inzwischen gibt es Entwicklungsländer, die Schiffe noch viel billiger bauen können als die Japaner. Wir haben ihnen die Technologie geliefert, wahrscheinlich doch nicht in der Illusion, daß sie daraus ein Museum machen für europäische Technologie. Wir haben doch wissen müssen, daß sie Technologie und Investition mit relativ niedrig bezahlter Arbeitskraft kombinieren würden. Nun ist deren eigene Schiffbau-Produktion angelaufen, und ihre Produkte sind auf den Weltmärkten billiger als unsere, sie werden auch billiger bleiben. Das gilt nicht nur für den Schiffbau; es gilt für alle Massenstähle, und es gilt inzwischen längst für vielerlei Textilien, für Kameras, und es wird demnächst für weitere Produkte gelten.

Diejenigen, die mit Recht mehr Hilfe für Entwicklungsländer verlangen, müssen wissen, das heißt gleichzeitig: wesentliche Umstrukturierung unserer eigenen Industrien; denn die Investitionen in der Dritten Welt, soweit sie zur Industrieproduktion führen, ergeben auf den Weltmärkten billigere Angebote, als wir selbst sie ermöglichen können.

Nach der Bemerkung, die ich vorhin habe einfließen lassen über das, was die Beamten können und was sie nicht können, und ich meine beides nicht ironisch, wird sich niemand vorstellen, daß die notwendige Umstrukturierung der industriellen Kapazitäten des industriellen Westens von Beamten geleitet werden könnte. Die Notwendigkeit von Umstrukturierungen müssen von den Unternehmensführungen erkannt werden, zu denen nach meinem Verständnis die Arbeitnehmer, die Betriebsräte und die Gewerkschaften genauso gehören wie die Banken. Dort hat das Erkennen der Märkte zu liegen und das Suchen nach neuen Produktionen, wie Henry Kissinger gesagt hat. Manches von den notwendigen Umstrukturierungsprozessen und Umstrukturierungsinvestitionen führt sicherlich zunächst sogar zu eher mehr Arbeitslosigkeit. Jedenfalls sieht das gegenwärtig so aus; es mag sich später wieder ändern.

Es gab bei Henry Kissinger einen Hinweis auf die Notwendigkeit der Ausdehnung öffentlicher Dienste. Ich sage dazu in Klammern: öffentlicher *und privater* Dienste. Wenn wir in Zukunft mehr Dienstleistungen brauchen, so muß das nicht unbedingt immer der Staat sein, der sie zu organisieren und anzubieten hat. Hier liegt ein großes Feld für mittelständische Initiative und Ausweitung.

Meine *dritte* Bemerkung gilt der Rolle Amerikas in der Welt. Die Amerikaner haben eine Führungsfunktion für den westlichen Teil der Welt und, wie man sieht, auch für die 120 Entwicklungsländer und, wie man spürt, sogar für die Ölüberschußländer. Sie haben eine Führungsfunktion uns gegenüber, ob es uns gefällt oder nicht, ob es den Amerikanern gefällt oder nicht. Dies ist unvermeidlich so, und das bleibt für eine lange Zeit so. Es ergibt sich aus den Relationen der Größenverhältnisse, aus der geographischen Situation und aus vielerlei anderen Faktoren.

Das Problem ist zum ersten, daß diese Führungsrolle ausgeübt werden muß, ohne daß sie allzu laut und allzu deutlich ausposaunt wird. Das ist sehr schwer; ich habe darin einige Erfahrungen: immer wenn einer meint, er wisse, was richtig ist, und er sagt es den anderen, dann wird er gleich beschuldigt, er wolle dominieren oder doch einen Feldwebel spielen. Trotzdem ist es unvermeidlich. Man kann die Bescheidenheit nicht so weit treiben, daß man zwar glaubt, man wisse, was richtig ist, sagt es aber lieber nicht.

Jedenfalls dürfen die Vereinigten Staaten von Amerika diese Bescheidenheit nicht so weit treiben. Nun ist es nicht so, daß die USA allein alles wissen. Es gibt auch in Europa eine ganze Menge Intelligenz und Erfahrung, sie beschränkt sich nicht auf Paris und London und Bonn. Es gibt sie auch in anderen Plätzen Europas. Dieses dauernde give and take zwischen Europa und Amerika – und dazu gehören auch Japan, Australien und viele Staaten der Welt, ist notwendig. Das akzeptieren die Amerikaner auch.

Wir haben in Wirklichkeit schon längst die Führungsrolle der Amerikaner auf militärischem und auf strategischem Gebiet akzeptiert. Wir haben sie bisher nicht so sehr auf dem ökonomisch-strategischen Gebiet akzeptiert. Nein, die Amerikaner selber haben ihre Führungsrolle auf dem ökonomischen Gebiet weder akzeptiert noch schon verstanden, was ja die Voraussetzung wäre dafür, sie zu akzeptieren. Hier liegt eine der Schwächen in der gegenwärtigen Phase der Weltentwicklung, daß weder die öffentliche Meinung in den Vereinigten Staaten noch deren politische Führungsschicht – das hat mit der gegenwärtigen Administration nichts zu tun und mit der vorangegangenen auch nicht –, daß zu wenige Amerikaner bisher die unvermeidliche ökonomische Führungsrolle Amerikas verstanden haben.

Wenn diese Führungsrolle verstanden und die Verantwortlichkeit auf dem ökonomischen Gebiet erkannt würde, wäre die Zögerlichkeit der amerikanischen Ölpolitik seit 1974 unverständlich. Sie wird inzwischen gegenüber dem Rest der Welt unverantwortlich, und zwar wegen der Auswirkungen auf allen möglichen Feldern, insbesondere wegen der Auswirkung im währungspolitischen Bereich; dies letztere könnte, wenn es so weiterginge wie in den letzten zwei, drei Jahren, die gegenwärtige Strukturkrise der Weltwirtschaft verewigen. Es geht nicht an, daß das bei weitem wichtigste, kräftigste, vom Wirtschaftsvolumen her entscheidende Land der Welt Zahlungsbilanzdefizite in der Größenordnung von 35 oder 40 Milliarden Dollar pro Jahr macht, die von einigen anderen, insgesamt sehr viel kleineren westlichen Zentralbanken nicht voll aufgefangen werden können und infolgedessen zu einer dauernden Veränderung der Wechselkurse der Welt führen. Das mag für die D-Mark und für den Schweizer Franken und für den belgischen Franc oder für Sterling oder für manche andere Währung der Welt schon schwierig genug, wenn auch immer noch erträglich sein. Aber es ist unerträglich, wenn sich die Hauptreservewährung der Welt, die zugleich Haupttransaktionswährung der Welt ist, in dauernder Bewegung befindet.

Ich stimme Henry Kissinger zu, es wäre wünschenswert, daß wir von den floating rates des Dollars wieder herunterkommen. Aber bei Aufrechterhaltung solcher Zahlungsbilanzdefizite, wie sie im Laufe der letzten zwei, drei Jahre in Amerika entstanden sind und wie sie vorhersehbar für 1978 und noch für 1979 kaum wesentlich verändert werden können, bleibt das, was Sie gesagt haben und was ich unterstützen möchte, fürs erste ein Wunschtraum.

Zusammengefaßt: Die Führungsrolle der Amerikaner wird von uns Deutschen anerkannt. Wir Deutschen wissen sehr gut, daß wir uns for better or for worse dieser Führung anvertrauen müssen. Wir wollen uns ihr auch anvertrauen, wir haben uns ihr seit der Luftbrücke für Berlin anvertraut. Alle haben sich daran erinnert, als wir jüngst den hier in Deutschland hochgeliebten und hochverehrten General Lucius Clay zu Grabe getragen haben. Jeder hat noch einmal daran gedacht, wie das gewesen ist im Laufe dieser 30 Jahre. Kein Zweifel: Wir wollen die Führungsrolle Amerikas anerkennen, wir haben uns ihr 30 Jahre lang immer anvertraut. Das wird auch so bleiben.

Aber dies bedeutet eben auch, in der heutigen Welt viel mehr als vor 20 oder 30 Jahren, Führungsverantwortlichkeit auf dem ökonomischen Felde. Dies ist der Punkt, wo wir an die öffentliche Meinung Amerikas, an die politischen und wirtschaftlichen Führungsschichten, d. h. insbesondere an den Kongreß und vor allem den Senat, appellieren müssen. Und das geschieht nicht mit Leitartikeln in deutschen Zeitungen. Da muß man hinfahren und reden und diskutieren und appellieren, daß die Führungsrolle Amerikas z. B. bei der Energiegesetzgebung auf dem Capitol hill erkannt und bewußt wahrgenommen wird.

Im übrigen bin ich darin gar nicht sehr skeptisch und gar nicht sehr pessimistisch. Der Meinungsbildungsprozeß in Amerika vollzieht sich immer etwas anders als bei uns. Da hört man zunächst viele verschiedene Geräusche, man wird nicht ganz draus schlau. Das war immer so in den ganzen 30 Jahren. Die Geräusche widersprechen sich. Man glaubt, nicht klar zu erkennen, wohin die Meinungsbildung geht. Dann fällt aber eben doch plötzlich eine Entscheidung in diesem für Europäer schwer verständlichen decision making process, und dann erwarten die Führenden, die Amerikaner, allerdings, daß die Europäer und die Japaner und andere schnell darauf eingehen und sich der getroffenen Entscheidung anvertrauen; aber ganz so schnell können die anderen das dann meist nicht.

Diese Schwierigkeit wird auch in Zukunft bleiben. Wir beeinflussen aber ja den decision making process in Washington, D.C., oder sonstwo in Amerika nun inzwischen von Tokio, von London aus, von Bonn aus, von Paris aus stärker, als das früher noch der Fall gewesen ist. Es ist dies alles keine wirklich bis in den Grund hineinreichende Schwierigkeit. Grundlegend ist – darauf gründet jedenfalls mein Vertrauen in die Führungsfähigkeit der Vereinigten Staaten von Amerika – die ungebrochene Vitalität der USA, die ungebrochene Kraft der amerikanischen Nation.

Ich sage das hier vielleicht in etwas zu einfachen und zu sehr improvisierten Worten, als daß dies schon protokollfähig wäre. Mir macht es manchmal Sorge, wie aus Familienstreitigkeiten, von denen Henry Kissinger sprach, die zwangsläufig in jeder Familie vorkommen, hier nun mit Fleiß weltstrategische Divergenzen herausdestilliert werden und wie viele Leute mit Fleiß und Freude, mit Ironie und mit selbstkasteiender Selbstbefriedigung daraus Gefahren konstruieren, die die Welt verändern könnten. Ich sehe solche Gefahren nicht.

Ich muß Ihnen sagen, ich sehe dafür einen Beweis in der Art und Weise, wie unser Gast aus Amerika heute morgen zu uns gesprochen hat und wie seine Rede von uns aufgenommen worden ist – daß er in Englisch sprach, wurde hier ja gar nicht bemerkt, sondern jeder hat ja englisch oder vielmehr amerikanisch mitgedacht. Das ist ein unerhörter Beweis dafür, wie nahe wir uns doch ge-

genseitig in unseren Denkstrukturen sind. Es gibt überhaupt keinen Grund zu fürchten – wenn man so etwas
wieder einmal miterlebt wie heute morgen –, daß sich
Deutsche und Amerikaner auseinanderleben könnten!

Verantwortung und Sicherheit bei der Nutzung der Kernenergie

Ansprache
zur Eröffnung der Europäischen Nuklearkonferenz
am 7. Mai 1979 in Hamburg

Meine sehr geehrten Damen und Herren!

Ich beabsichtige zunächst, einige Bemerkungen zu machen zur energiepolitischen Lage im allgemeinen, sodann zur Sicherheit nuklearer Energieerzeugung und schließlich, drittens, zu den damit verbundenen psychologisch-politischen Problemen.

Energiepolitische Weltlage

Ich rufe in Erinnerung, daß die Weltbevölkerung unaufhörlich wächst. Als ich 1925 in dieser Stadt zur Schule kam, lernten wir, daß auf der Welt zwei Milliarden Menschen lebten. Gegen Ende dieses Jahrhunderts, 75 Jahre später, werden es fast sechs Milliarden Menschen sein, dreimal soviel. Die Industrialisierung, insbesondere in der Dritten Welt, nimmt notwendigerweise und Gott sei Dank zu; damit aber steigt der Energiebedarf der Welt.

Wir versuchen in unserem Lande, durch Sparsamkeit dahin zu kommen, daß ein Prozent wirtschaftliches Wachstum verbunden ist mit weniger als einem Prozent zusätzlichen Energieverbrauchs. In den Entwicklungsländern, die überwiegend noch dabei sind, ihre erste industrielle Generation aufzubauen, ist ein solches günstiges Verhältnis – ein Prozent Wachstum des GNP zu weniger als einem Prozent Wachstum des Energieverbrauchs – nicht zu erreichen. In den Entwicklungsländern steigt der Energieverbrauch vorhersehbarerweise rascher als das Sozialprodukt.

Unser deutsches Schicksal als exportorientierte Nation ist auf das engste mit dem Gesamtschicksal der Weltwirtschaft verbunden. Es liegt in unserem eigenen Interesse, aber es entspricht ebenso auch unserer Verpflichtung für die weniger wohlhabenden Länder, nach besten Kräften dafür zu sorgen, daß eine Energieknappheit nicht das weitere Wachstum der Wirtschaft behindert oder gar verhindert.

Die wichtigsten Energieträger – Öl, Kohle, Erdgas – sind endlich. Die Ölkrise von 1973, ebenso der teilweise Ausfall, der weitgehende Ausfall eines sehr großen Ölförderlandes vor einigen Monaten hat uns drastisch vor Augen geführt, wie sehr sich unser gegenwärtig wichtigster Energieträger verknappen kann. Das Öl ist auch für die Bundesrepublik leider noch der wichtigste Energieträger, 52 Prozent der Energieerzeugung beruhen darauf.

Die Volkswirtschaft der allermeisten Staaten der Welt und die Weltwirtschaft als Ganze haben den 1973 ausgelösten Ölschock bisher nur sehr mühsam und nur sehr unvollkommen überwunden oder verkraftet. Arbeitslosigkeit und Hunger sind noch keineswegs wieder auf den Stand vor dem Ölschock reduziert worden. Obsolet gewordene oder zerbrochene vormalige Wirtschaftsstrukturen aus den Jahren vor 1973 sind keineswegs schon zur Mehrzahl durch neue Strukturen ersetzt worden. Dies gilt insbesondere für die Zahlungsbilanzen und für die Währungen der allermeisten Staaten. Es gibt Entwicklungsländer, große bedeutende Entwicklungsländer, die 1972 nur ein Zehntel ihrer eigenen Exporterlöse benötigten, um das von ihnen gebrauchte Öl zu bezahlen. Heute müssen sie über ein Drittel und noch mehr ihrer Exporterlöse aufwenden, um das importierte Öl zu bezahlen. Die Differenz zwischen einem Zehntel und einem Drittel oder mehr steht heute in jenen Entwicklungsländern nicht mehr zur Verfügung für den Ausbau der Landwirtschaft, für den Aufbau einer modernen Industrie.

Fachleute haben errechnet, daß sich der Weltenergiebedarf bis zum Jahre 2000 – das ist nicht mehr lange hin, das sind gerade noch 20 Jahre und sechs Monate – von sechseinhalb Milliarden Tonnen Öleinheiten auf 13 Milliarden Tonnen Öleinheiten verdoppeln wird. Solche Berechnungen werden, wie wir alle wissen, von Zeit zu Zeit revidiert; man darf sie nur als Größenordnungen nehmen. Aber eines ist mir gewiß: Wenn es zukünftig zu weltweiten Verteilungskämpfen um abnehmende Energievorräte kommen sollte, dann würde dies zu einer abermaligen Benachteiligung der ärmeren und der Entwicklungsländer führen, zwangsläufig. Ein weltweiter Verteilungskampf um Energie kann auch zur Konfrontation unter großen Staaten führen, oder, mit anderen Worten, ich meine deutlich zu erkennen, daß eine ausreichende Energieversorgung zu einem essentiellen Element der Friedenserhaltung in der Welt geworden ist – eine Erkenntnis, die sich in wenigen Jahren überall durchsetzen wird.

Deutsche Energiepolitik

Die Konjunktur in diesem Staat hat sich wieder erholt – das ist erfreulich –, aber dieser Vorgang hat auch Folgen für den Energieeinsatz. 1978 lag der Energieverbrauch in unserem Lande erstmals wieder über dem Niveau von 1973. Vor 1973 hatten wir zwei Jahrzehnte lang eine Ölschwemme bei fast durchgehend guter Konjunktur, wenn ich hier einmal absehe von der deutschen Rezession nach 1966. Jetzt, in den allerletzten zwei, drei Jahren nach dem Ölschock, hatten wir zwar ausreichende Energie, aber wenn man genau hinguckt, war sie deswegen ausreichend, weil die Konjunktur schlecht war, weil der Energieverbrauch ein reduzierter Energieverbrauch war. Gegenwärtig ist das Öl auf dem Weltmarkt so knapp, wie viele es in ihren Prognosen erst für die Mitte der achtziger Jahre vorhergesagt hatten.

Unsere deutsche Energiepolitik ist gekennzeichnet durch Langfristigkeit und Stetigkeit. Dieser Staat hat 1973, vor dem Ausbruch des Ölschocks, als erstes Land ein nationales Energieprogramm aufgestellt, das seitdem zweimal ergänzt worden ist. Die Prioritäten dieses Programms haben unveränderte Gültigkeit, und ich will die wichtigsten Elemente in Erinnerung rufen.

Wir wollen unsere Energiesituation verbessern erstens durch Einsparung von Energie. Wir haben durch neue Techniken, durch gesetzliche Maßnahmen, durch wirtschaftliche Anreize im Rahmen eines umfangreichen Energiesparprogramms in vielfältiger Richtung Schritte unternommen, ein ganzes Bündel von Maßnahmen ins Werk gesetzt, das sich im internationalen Vergleich sehr wohl sehen lassen kann. Um ein einziges Beispiel aus diesem Bündel herauszugreifen: Wir fördern gegenwärtig privates Energiesparen in Wohnungen mit rund viereinhalb Milliarden DM aus öffentlichen Mitteln, lösen damit insgesamt eine vier- bis fünfmal so große Investition zur zukünftigen Energieersparnis durch private Haushalte aus. Die bisherigen Wirkungen aller dieser Maßnahmen sind zwangsläufig begrenzt geblieben. Wir werden darum zusätzliche Schritte zum Zwecke der Energieeinsparung ergreifen müssen, wobei für unsere Industrie die damit ins Haus stehende Kostensteigerung natürlich im Verhältnis gesehen werden muß zu den Kostenstrukturen unserer industriellen Konkurrenten auf den Weltmärkten.

Zweites Element unseres seit Sommer 73 – ich wiederhole: vor dem Ölschock – bestehenden nationalen Energieprogramms ist die *vor*rangige Nutzung der heimischen Energiequelle Steinkohle. Ich muß dazu für unsere ausländischen Gäste bemerken, daß unsere heimische Steinkohle außerordentlich tief in der Erde liegt und daß sie deshalb sehr viel teurer ist als im Schnitt die Steinkohle, wie sie in den Vereinigten Staaten von Amerika oder in Australien und anderen Teilen der Welt gefördert wird. Gleichwohl nehmen wir bewußt und absichtlich die hohen volkswirtschaftlichen Kosten eines vorrangigen Einsatzes der deutschen Steinkohle in Kauf. Die direkten Subventionen aller Art für die deutsche Steinkohlenförderung belaufen sich gegenwärtig per annum auf etwa sechs Milliarden DM, mit steigender Tendenz. Dieser Teil unseres Programms hat beispielsweise zur Reduzierung des Ölanteils bei unserer Stromerzeugung geführt; der Ölanteil an der deutschen Stromerzeugung liegt gegenwärtig bei acht Prozent, hat damit zu einem Gewinn an Versorgungssicherheit bei der Stromversorgung geführt. Die Bundesregierung legt Wert darauf, bei der Schaffung neuer Stromerzeugungskapazitäten anzuregen, daß die zweifellos bestehenden – Herr Bürgermeister Klose hat eben davon gesprochen – Umweltbelastungen auch bei der Verbrennung von Kohle durch den Bau umweltfreundlicher Kohlekraftwerke reduziert – was erneut das Kostenniveau nach oben treibt – sowie außerdem neue Techniken umweltfreundlicherer und effektiverer Energiegewinnung aus Kohle entwickelt werden. Ich spreche von den Arbeiten an der Kohlevergasung, an der Kohleverflüssigung.

Ein dritter Schwerpunkt unseres nationalen Energieprogramms ist die Entwicklung nicht-nuklearer alterna-
tiver Energie. Mir scheint, daß die Nutzung unerschöpf-
licher Energiequellen ein entscheidend wichtiger Teil
der langfristigen Zukunftsaufgaben ist; ich spreche vor
allem von solarer Energie, von geo-thermaler Energie –
Herr Klose hat eben außerdem den Wasserstoff ins Auge
gefaßt. Uns allen ist klar, daß dies alles noch Jahrzehnte
in der Zukunft liegt und daß dazwischen ein Zeitraum
liegen wird, den es auf jeden Fall zu überbrücken gilt.
Zumal wir noch gar nicht sicher sein können, daß jene
praktisch unerschöpflichen Energien später in wirtschaftlich brauchbarer Weise zur Verfügung stehen werden. Wir möchten alle technisch sinnvollen nicht-nu-
klearen Alternativenergien wissenschaftlich entfalten,
auch wenn sie gegenwärtig noch keineswegs als wirtschaftlich machbar erscheinen. Wir geben dafür ungeheure Summen aus, Steuergelder. Wir möchten auch in
diesem Bereich unserer Verantwortung gegenüber der
Dritten Welt gerecht werden, indem wir uns um die
Entwicklung solcher Energietechniken bemühen, welche unter anderen, günstigeren klimatischen Voraussetzungen früher oder eher wirtschaftlich nutzbar sind als
in unseren sehr kühlen und wolkenbedeckten Breiten.

Option Kernenergie offenhalten

Viertes Element im energiepolitischen Konzept der Bundesregierung ist der begrenzte Ausbau der Kernenergie.
Ich bin der Überzeugung, daß die nukleare Energie als
Option erhalten bleiben muß. Im Jahre 1978 wurden in
34 Staaten der Welt rund zweihundert Kernkraftwerke
betrieben mit einer Leistung von 110 000 Megawatt; weitere rund 350 Kernkraftwerke waren im letzten Jahr im
Bau oder sie waren in Auftrag gegeben – mit einer Leistung von 330 000 Megawatt.

Wenn man das Land betrachtet, das den größten Energieverbrauch aufweist, die Vereinigten Staaten von Amerika: Als Ersatz für alle dort heute bereits in Kernkraftwerken erzeugte Energie – wenn man die alle ersetzen wollte – wäre es notwendig, zusätzlich 90 Millionen Tonnen Öl pro Jahr einzusetzen, abgesehen von den Investitionen, die notwendig wären, um dies zu ermöglichen.

Dies alles macht deutlich, daß kein Industrieland, weder im Westen noch im Osten, es sich für die nächsten Jahrzehnte leisten kann – auch unser Land nicht –, einen zusätzlichen Energieträger, der auch nur einige Bedeutung hat, von der Nutzung auszuschließen.

Ich spreche damit von der Kernenergie, die in der Weltwirtschaft eine bereits unverzichtbare quantitative Rolle spielt, wenn auch eine bisher nur ergänzende, komplementäre Rolle in der Energieversorgung. Ich denke, daß die Kernenergie auf absehbare Zeit – für den Rest dieses Jahrhunderts jedenfalls – diese Rolle spielen muß, schon um den Bedarf der Entwicklungsländer an Energieressourcen zu günstigen wirtschaftlichen Bedingungen decken zu können.

Gleichwohl müssen nach dem Unfall in Three Miles Island in Harrisburg Politiker, Wissenschaftler, Ingenieure, Ökonomen, Unternehmer die mit der Nutzung der Kernenergie verbundenen Probleme erneut und vertiefend überdenken. Und ich wage hier einen Satz, von dem ich weiß, daß er mißverstanden werden kann: Zumal dieser Unfall so relativ glimpflich und ohne Menschenopfer abgegangen ist, ist es vielleicht ein Glücksfall, daß er stattgefunden hat, weil er zu einer Vertiefung in der Analyse aller damit verbundenen Probleme zwingt, und zwar die ganze Welt.

Es wäre töricht zu leugnen, daß der Unfall in Harrisburg der Glaubwürdigkeit derjenigen, welche Kernenergie für erforderlich und für vertretbar halten, erheblichen Schaden zugefügt hat. Dies gilt besonders auch für Wissenschaftler und Ingenieure, die ihre Prognosen, die ihre Risikokalkulationen heute nicht nur von anderer Seite kritisiert sehen und sich dieser Kritik stellen müssen, sondern die ihre Prognosen und Risikoberechnungen heute auch einer selbstkritischen Revision unterwerfen müssen.

Ich will auf die notwenigen Konsequenzen, die aus Harrisburg zu ziehen sind, noch zurückkommen, aber hier einfügen, daß diese Konsequenzen in keinem Staat leichtfüßig oder leichtfertig gezogen werden sollten, sondern daß sie vielmehr gründlich vorbereitet sein müssen, am besten international, das heißt: gemeinsam.

Die Kerntechnologie hat nicht nur Bedeutung für die unmittelbare Deckung des Energiebedarfs. Sie ist zugleich die Grundlage einer modernen Industrie mit einer großen Zahl zukunftsorientierter Arbeitsplätze, und sie ist zugleich ein wichtiges Element im technischen Fortschritt der Industrie insgesamt. Industrieländer mit hohem Lohnniveau, zum Beispiel dieses Land, mit hohem Niveau an Sozialleistungen, werden sich aber im weltwirtschaftlichen Strukturwandel nur dann behaupten können, wenn sie den technischen und ökonomischen Fortschritt fortsetzen. Übrigens wären sie anders, jedenfalls wenn es sich um demokratisch regierte Staaten handelt, auch gar nicht zur Steigerung ihrer Entwicklungshilfe imstande. Auch die Bundesrepublik Deutschland kann ihre Position in dieser Gruppe der besonders leistungsfähigen Industriestaaten nur halten, wenn wir die Kerntechnologie vervollkommnen.

Übrigens scheint mir auch die Befürchtung einleuchtend, daß eine spätere nochmalige Umkehr unmöglich gemacht würde, wenn wir es heute zuließen, daß die Kernenergie-Industrie »vorübergehend« stillgelegt würde. Eine nochmalige zweite Umkehr wäre nicht mehr möglich. Die anscheinend vorübergehende Vorläufigkeit eines solchen Schrittes wäre höchstwahrscheinlich eine Selbsttäuschung. Die qualifizierten Arbeitnehmer, die Techniker, die Ingenieure, die Forscher würden andere Arbeiten aufnehmen müssen. Und es wäre sehr wahrscheinlich, daß wir die Optionen einer friedlichen Nutzung der Kernenergie für die Zukunft damit verlören.

Auch aus diesem Grunde, aber nicht nur aus diesem Grunde, hat bisher keiner der größeren Industriestaaten der Welt, weder im Westen noch im Osten, einen solchen Stillegungsbeschluß gefaßt.

Mein Land hat sich, zuletzt durch einen Bundestagsbeschluß vom 14. Dezember 1978, für einen begrenzten Ausbau der Kernenergie entschieden. Ausdrücklich vom Parlament formulierte Bedingung ist allerdings, daß der sichere Betrieb der Kernkraftwerke und daß die sichere nukleare Entsorgung gewährleistet sind. Dies führt dann zu der Frage: Was ist Sicherheit? Welche Sicherheiten müssen verlangt werden?

Die Sicherheitsanforderungen sind notwendigerweise sehr vielfältiger Art. Kategorisch oder generell gesprochen beziehen sie sich zum einen auf Gefahren, die zerstörerischen menschlichen Willensakten entspringen könnten. Ich spreche von Krieg oder von Terrorismus als Beispiel.

Zum zweiten beziehen sich die Sicherheitsanforderungen auf Gefahren der Proliferation von spaltbarem Material und damit des möglichen Mißbrauchs zu militärischen Zwecken.

Die Sicherheitsanforderungen beziehen sich drittens auf inhärente Gefährdungen im Rahmen der technischen oder chemischen Prozesse des normalen Betriebes nuklearer Einrichtungen.

Kernenergie und Proliferationsgefahr

Die Frage nach dem Zusammenhang zwischen einer verstärkten weltweiten Nutzung der Kernenergie für friedliche Zwecke und der Gefahr der Ausbreitung von Kernwaffen hat bisher in der internationalen Diskussion im Vordergrund gestanden, und sie wird auch in Zukunft eine entscheidend wichtige Rolle behalten. Ich möchte bemerken, daß der Weg zu Kernwaffen in der Vergangenheit der letzten knapp 40 Jahre in aller Regel keineswegs über die wirtschaftliche, friedliche Nutzung der Kernenergie geöffnet worden ist. Dies jedenfalls gilt für alle heute bekannten Kernwaffenstaaten der Welt. Sie sind zu ihren Kernwaffen keineswegs auf dem Wege über die friedliche Nutzung nuklearer Energie gelangt.

Zwischen diesen Kernwaffenstaaten und den allermeisten Nichtkernwaffenstaaten der Welt steht zur Verhinderung der Erweiterung des Kreises der Kernwaffenstaaten der Nonproliferationsvertrag und die Wiener IAEO. Aber offenkundig brauchen wir gegen die zusätzlichen Gefahren der Proliferation, die sich aus der heutigen breiten wirtschaftlichen Nutzung der Kernenergie und die sich insbesondere durch Brennstoff-Kreislauf-Anlagen ergeben könnten, zusätzliche Vorsorge.

Ich füge hier in Parenthese ein: Die deutsche Position in diesem Felde ist klar. Wir haben schon früh und sodann völkerrechtlich verbindlich im Nonproliferation Treaty auf den Besitz von Kernwaffen zweifelsfrei verzichtet. Wir sind kein Kernwaffenstaat. Wir wollen kein Kernwaffenstaat werden.

Die Grundlage unserer Politik der friedlichen Nutzung der Kernenergie befindet sich in dem gleichen Vertrage,

im Artikel IV des Nicht-Verbreitungs-Vertrages, in dem
den Nichtkernwaffenstaaten völkerrechtlich die friedliche Nutzung der Kernenergie garantiert ist; der Artikel
IV wird bisweilen im Ausland vergessen.

Wir sind der Überzeugung, daß eine noch weitere Verbreitung nuklearer Waffen nur dann effektiv verhindert
werden kann, wenn es eine grundsätzliche Bereitschaft
der technisch hochentwickelten Staaten zur Kooperation mit den Staaten der Dritten Welt und zum Technologietransfer, auch hinsichtlich der friedlichen Nutzung
der nuklearen Techniken, in diesen Staaten gibt. Ich
meine das sehr ernst.

Ich wiederhole den Gedanken in anderen Worten: Nur
wenn die hochindustrialisierten Staaten für Zwecke der
friedlichen Nutzung der Kernenergie zur Kooperation
und zum Technologietransfer gegenüber Entwicklungsländern bereit sind, nur dann steht zu erwarten, daß die
Entwicklungsländer nicht auf eigene Faust unter In-
kaufnahme von Proliferationsgefährdungen Kerntechnologie entwickeln. Nur bei einem solchen Verhalten der
entwickelten Staaten kann die Kooperation der Entwicklungsländer bei der Herstellung tatsächlicher Sicherheit
vor Proliferation erwartet werden. Auch dies wird auf der
Welt nicht durchgängig verstanden.

Präsident Carter hat in seiner eben verlesenen telegra-
fischen Botschaft mit Recht auf das International Fuel
Cycle Evaluation Program – INFCE genannt – abgeho-
ben. Wir haben es gemeinsam auf dem Weltwirtschafts-
gipfel in London im Frühjahr 1977 aus der Taufe gehoben
und sind froh darüber, daß sich inzwischen mehr als 50
Staaten der Welt daran beteiligen.

Ich möchte meiner Zufriedenheit darüber Ausdruck
geben, daß durch dieses INFCE-Programm ein konstruk-
tiver internationaler Dialog über die Fragen einer Erhö-

hung der Sicherheit vor Proliferation bei weiterer Ausbreitung friedlicher Nutzung der Kernenergie in Gang
gekommen ist. Es ist gut, war aber auch notwendig, daß
in diesem internationalen Diskussionsprozeß wichtige
Entwicklungsländer einbezogen worden sind oder sich
einbezogen haben.

Sicherheit als internationales Problem
Ich will hier bemerken, daß wir keineswegs am Anfang
der internationalen, der intergouvernementalen Zusammenarbeit bei der friedlichen Nutzung der Kernenergie stehen. Die Europäische Atomgemeinschaft
EURATOM, vor mehr als 20 Jahren parallel zur Europäischen Gemeinschaft gegründet, die Energieagentur der
OECD, die internationale nukleare Energieorganisation
IAEO in Wien, eine große Zahl bilateraler oder multilate-
raler Projekte und Konferenzen haben schon seit langen
Jahren einen intensiven internationalen Erfahrungsaus-
tausch, ebenso auch bindende Verträge bewirkt. Diese
multilaterale Kooperation bedarf des weiteren Ausbaus,
um alle Möglichkeiten zu nutzen, um die technischen
Risiken der Kernenergie, soweit es menschenmöglich
ist, auszuschließen.

Deshalb halte ich es für notwendig, und deshalb tritt
die Bundesregierung dafür ein, über die augenblicklich
im Rahmen von INFCE laufenden Bewertungen des
Brennstoffkreislaufs hinaus – und die befinden sich ja
schon in ihrem abschließenden Stadium –, über INFCE
hinaus eine internationale, von den Regierungen der
Staaten herbeigeführte Konferenz zur Reaktorsicherheit
abzuhalten. Zweifellos müssen daran auch die osteuropäischen Staaten beteiligt werden, die, weil sie sehr viele
Kernkraftwerke betreiben, Erfahrungen haben und Gefährdungen kennen.

Was wir nach meinem Eindruck brauchen, sind international gemeinsame technische Sicherheitsstandards für Kernkraftwerke und auch gemeinsame Ausbildungs- und Bedienungsregelungen. Ich bin mir bewußt, daß dies ein ebenso ehrgeiziges Ziel ist wie die weltweite Fortentwicklung der Gewährleistung der Non-Proliferation, die Gewährleistung der Nichtverbreitung von atomaren Waffen.

Der Dialog der Wissenschaft wie der Regierungen über die Kernenergie muß weltweit geführt werden. Wenn auch für die Regierungen die Energieversorgung ihrer Wirtschaft, ihrer Staaten sich zunächst als eine nationale Aufgabe darstellt, so sollte doch kein Land danach streben, sie allein unter nationalen Gesichtspunkten zu lösen. Beim Ausbau seiner Energieproduktion insgesamt trägt jedes Land Verantwortung für seine Nachbarstaaten und gegenüber der Völkergemeinschaft insgesamt. Keineswegs darf es geschehen, daß die internationale Konkurrenz um Wirtschaftswachstum und Exportchancen dazu führt, daß die technisch möglichen, die vom Risiko her gebotenen Sicherheitsstandards und Umweltauflagen nicht berücksichtigt werden.

Sicherheit als nationales Problem

Wir haben hier in Deutschland die Iran-Krise nicht als ein Signal für die Notwendigkeit eines verstärkten Ausbaus der Kernenergie verstanden. Wir haben aus jenem Anlaß und der drastischen Verringerung der Ölförderung dort keine überstürzten Beschlüsse gefaßt, obgleich die Besorgnisse, die der Anlaß ausgelöst hat, nicht gering sind. Ebensowenig werden uns die Ereignisse von Harrisburg von einem nüchternen Umgang mit den Problemen, aber auch den Möglichkeiten der friedlichen Nutzung der Kernenergie abhalten.

Meine Regierung nimmt die aus dem Unfall in Pennsylvania resultierenden Besorgnisse sehr ernst. Die dortigen Geschehnisse haben das Risiko der Kernenergie für Millionen von Menschen erlebbar, vorstellbar gemacht. Die Fehler, möglicherweise die unzureichenden Konstruktionen, die diesen Unfall ermöglicht hatten, haben viele von uns sehr nachdenklich gestimmt. Auch diejenigen, die überzeugt sind, daß die Nutzung der Kernenergie für die nächsten Jahrzehnte unverzichtbar ist.

Menschliche Unzulänglichkeiten, menschliche Fehleinschätzungen müssen in die Bewertung des Risikos technischer Entwicklung einbezogen werden. Niemand kann und darf sich darauf verlassen, daß jeder Mensch in jeder Lage zu 100 Prozent das Richtige tut. Das tun wir alle nicht in unserem privaten und beruflichen Leben. Wieso kann es in einer solchen Fabrik vorausgesetzt werden? Wir mußten erkennen, daß entgegen den Erwartungen der Experten und der Techniker, entgegen den Erwartungen der Behörden in jenem Land, daß die Sicherheitssysteme des Reaktors von Three Miles Island nicht so ausgereift waren, um einen zunächst fast normalen Störfall sofort voll befriedigend zu beherrschen. Das ist mein vorläufiger Eindruck von der Sache.

Verständlicherweise werden nun in der öffentlichen Diskussion die Auswirkungen eines atomaren Unfalls von vielen Laien mit den furchtbaren Zerstörungen von Hiroshima und Nagasaki in Verbindung gebracht. Außerdem fließt das Unbehagen vieler Menschen an der Undurchsichtigkeit der modernen Industriegesellschaft, welcher sich viele Menschen ausgeliefert fühlen, mit in die Kritik ein. Manche der vorgetragenen Argumente gegen die Kerntechnik meinen eher die ganze moderne Industriegesellschaft, die auf vielerlei Weise zu mehr tiefgründigen philosophischen Fragen Anlaß gibt als nur gerade zu dieser einen Technologie.

Dieses Unbehagen, gespeist etwa durch das Entsetzen und die Trauer über die Conterganschäden, etwa über die Unfallfolgen von Seveso, der hier und da ins Wanken geratene Glaube an den technischen Fortschritt schlechthin, die Unzufriedenheit in einer übertechnisierten, oft als zunehmend unpersönlich empfundenen Welt, alles dies wird in der gefühlsmäßigen Ablehnung der Kerntechnik manifestiert. Man kann, wenn man so will, die Proteste um Brokdorf auch als ein Symbol des Pessimismus gegenüber der wirtschaftlichen und technischen Entwicklung der modernen Welt auffassen.

Nun ist das Gebot der Stunde allerdings nicht Zivilisationspessimismus, nicht der Verzicht auf neue Technik, sondern die Forderung nach besserer Technik. Nach einer Technik, die sicher ist und zugleich unseren wirtschaftlichen und sozialen Wohlstand festigen hilft. Kein Rückzug, kein Retirieren aus dem Wohlstand kann unsere Probleme und die der anderen lösen. Es kommt darauf an, Lösungen zu finden, die z. B. den strengen Geboten unseres Grundgesetzes, nämlich gleichermaßen der Unantastbarkeit der Würde der Person und gleichermaßen der Freiheit der Entfaltung der Person entsprechen.

Bei allem menschlichen Erkenntnisdrang, dem wir nicht Einhalt gebieten können, muß allerdings auch die Frage gestellt werden, wieweit oder wo oder welche neue Möglichkeiten, durch welche die Welt verändert werden könnte, nicht erschlossen werden dürfen, weil sie unsere Welt oder weil sie uns selbst bedrohen.

Auch in einem Lande, dessen Forschung frei ist, dessen Wirtschaftsordnung auf Freiheit beruht, auch in einem solchen Lande darf der Forscher, darf der Konstrukteur, darf der Chemiker, darf der Ingenieur, der Investor seinen Mitmenschen solche Erfindungen oder Anlagen nicht zumuten, von denen Gefahren ausgehen, die mit einem

vernünftigen Maß an Sicherheitsvorkehrungen nicht
eliminiert werden können. Wenn ich noch einmal auf
unser Grundgesetz rekurrieren darf: Die sozialstaatliche
Verpflichtung im Artikel 20 unseres Grundgesetzes gilt
auch hier.

Wir alle müssen also noch besser lernen, daß nicht alles, was technisch machbar ist, deshalb schon den Menschen nützlich ist und deshalb schon gemacht werden
soll. Ich glaube, daß uns allen im Umgang mit neuen
Entwicklungen, seien sie technischer, chemischer, phy-
sikalischer, biochemischer oder genetischer Art – daß
uns allen in Zukunft noch größere moralische, sittliche
Verpflichtungen erwachsen. Und sicherlich müssen sich
einschneidende Veränderungen, die durch Forschung
und Technik entstehen könnten, wegen ihrer Folgen für
uns alle mehr als bisher breiter öffentlicher Auseinandersetzung stellen.

Die Bundesregierung fühlt sich nach dem Unfall von
Harrisburg in ihrer seit Jahren vertretenen Haltung be-
stärkt, der Sicherheit von Leben und Gesundheit bei der
Zulassung kerntechnischer Anlagen Vorrang zu geben
vor Wirtschaftlichkeit. Auch um den Preis langer und
penibler Genehmigungsverfahren, die nicht immer ganz
einleuchten wollen, und auch um den Preis hohen finanziellen Aufwandes in der Zwischenzeit.

Die Bundesregierung hat früh ein umfangreiches For-
schungsprogramm auf dem Gebiete der Reaktorsicherheit initiiert. Dieses Programm sieht in seinem im vorigen Jahr nochmals drastisch vergrößerten Umfang eine
Finanzierung der Sicherheitsforschung in der Größenordnung von einer Milliarde D-Mark bis 1982 für Reaktorsicherheit vor.

Ich denke, daß die weitere friedliche Nutzung der
Kernenergie in großtechnischem Maßstab nur verant-

wortet werden kann, nachdem die Sicherheit der Kernkraftwerke kritisch überprüft und – wenn notwendig –
befriedigend verbessert worden ist.

Wir haben deshalb am 4. April, nach Harrisburg, eine
kritische Bestandsaufnahme der für die deutschen Kernkraftwerke geltenden Sicherheitsvorkehrungen beschlossen. Ein Kabinettsausschuß wird sich in der nächsten Woche mit der Umsetzung dieser beschlossenen
Überprüfung in konkrete Maßnahmen beschäftigen.

Daneben allerdings – und das muß ich nun auch sagen,
wenngleich ich es nur andeuten kann –, daneben allerdings werden auch die Sicherheits- und Umweltrisiken
anderer Energieträger zu untersuchen sein. Risiken, für
die es bisher in der öffentlichen Meinung, insbesondere
bei Kernenergiegegnern, so gut wie überhaupt keine Sen-
sibilität und Wahrnehmungsbereitschaft gibt. Mich
macht es sehr nachdenklich, daß zwei skandinavische
Länder ganz offiziell an die Bundesregierung herangetre-
ten sind, um sich über zunehmende Schäden durch
Schwefeldioxydemissionen aus westeuropäischen, zen-
tral- und osteuropäischen Kraftwerken, die fossile
Brennstoffe verbrennen, zu beklagen. Und vielleicht
noch beunruhigender sind die heute von der Wissenschaft diskutierten möglicherweise katastrophalen
Auswirkungen der Kohlendioxydanreicherung der Erd-
atmosphäre als Folge vermehrter Verbrennungsvorgänge
von fossilen Energieträgern: Erdgas, Öl, Kohle, Braunkohle. Ich bin ein Laie auf dem Gebiet, aber ich halte es
für denkbar, daß uns schon in wenigen Jahren dieses Problem der CO_2-Anreicherung der Atmosphäre und die
damit verbundenen Erwartungen auf klimatische Veränderungen, Temperaturveränderung insbesondere, und
die Frage nach den richtigen Konsequenzen aus solchen
Erkenntnissen weltweit genauso erregt und wir diese

Frage vielleicht genauso emotional diskutieren wie gegenwärtig die Frage nach den richtigen Konsequenzen aus Harrisburg.

Entsorgung

Die Bundesregierung hat am 14. März ihre Haltung öffentlich dargelegt und erneut betont, daß die Entsorgung eine Aufgabe von gesamtstaatlichem Interesse ist. Die Bundesregierung hält eine nationale Lösung für notwendig und hat schon früh – und, wie ich meine, international beispielgebend – das Konzept des integrierten Entsorgungszentrums entwickelt, bei dem einerseits der Industrie und andererseits dem Staate verschiedene Aufgaben zugewiesen sind.

Die Bundesregierung ist bereit, über diesen Komplex im Lichte der Erkenntnisse z. B. des Gorleben-Symposions zu sprechen. An der grundsätzlichen Zielsetzung und Aufgabenstellung des nuklearen Entsorgungszentrums wird sich für uns nichts ändern. Möglicherweise wird es aber Änderungen an wichtigen Elementen oder Details geben.

Die Diskussion der Sicherung der nuklearen Entsorgung, meine Damen und Herren, hat verschiedene Aspekte. Sie hat erstens einen energiepolitischen Aspekt, weil der Betrieb der bisher vorhandenen Kernkraftwerke und darüber hinaus ein Teil der Energieversorgung unserer Volkswirtschaft vom Fortschritt in der Entsorgung abhängig ist. Vielleicht darf ich hier in Klammern einfügen, daß, wenn ich es richtig weiß, die Stromversorgung dieser Stadt Hamburg gegenwärtig zu zwei Fünfteln aus Kernkraftwerken geleistet wird.

Sie hat zweitens einen internationalen Sicherheitsaspekt, weil der Bau und Betrieb von Anlagen des Brennstoffkreislaufs – und da sind ja verschiedene Modelle denkbar und durchdacht und durchforscht und technisch machbar – sowohl Fragen der Proliferation auf dem Felde der Kernwaffentechnologie – die sind ja jetzt gerade Gegenstand der Bewertung durch die INFCE-Studien – als auch Fragen der Betriebssicherheit in Gegenwart und Zukunft aufwirft, die den Fragen der Reaktorsicherheit verwandt sind.

Drittens hat die Frage der Entsorgung auch einen wirtschaftspolitischen Aspekt, weil nur die Sicherung ausreichender Entsorgung letztlich die Existenzfähigkeit unserer kerntechnischen Industrie mit ihrem hohen Technologiepotential sichern kann.

Akzeptanz und Demokratie

Und viertens hat die Entsorgung erneut einen sehr wichtigen demokratischen Aspekt – und ich sage das sehr pointiert –, weil sich bei Bewältigung der öffentlichen Auseinandersetzung um das nukleare Entsorgungszentrum die Befähigung einer demokratischen Gesellschaft, eines demokratischen Staates zur Lösung von Konflikten zu bewähren hat. Nur wenn er sich bewährt, wird sich der demokratische Staat das Vertrauen und die Glaubwürdigkeit bei der Masse der Bürger bewahren können. Ich halte diesen demokratischen Aspekt – Sie können ihn auch staatsphilosophisch nennen – für ganz genauso bedeutsam wie die anderen Fragen, von denen ich vorhin geredet habe.

Ich möchte zu diesem demokratischen Aspekt oder, wie es auch gesagt wird, zu dem Dialog mit den Bürgern ein Wort hinzufügen: In unserer auf Mitwirkung angelegten Demokratie kann auf die Dauer die friedliche Nutzung der Kernenergie nicht ohne breite Zustimmung der öffentlichen Meinung erfolgen.

Die Kompliziertheit oder die Komplexität der Themata, der friedlichen Nutzung der Kernenergie, auch die Komplexität der gerichtlichen, der staatlichen, der politischen Entscheidungsprozesse darüber muß ihre Entsprechung finden in dem angestrebten öffentlichen Diskussionsprozeß, der die Entwicklung begleitet oder zum Teil ihr vorherzugehen hat.

Das kann zu sehr vorsichtigen Vorgehensweisen führen, die jedenfalls deutlich langsamer sind, als es technisch möglich wäre. Langsamer auch, als die Fachwelt es für nötig hält, die für diese Art des Prozesses – das sage ich an Ihre Adresse, meine Damen und Herren, und sage es sehr deutlich – keineswegs immer ein ausreichendes Verständnis aufgebracht hat. Die wissenschaftliche Fachwelt und die Industrie stehen hinsichtlich einer geduldigen Information, alle vernünftigen Einwände und Fragen ernst nehmenden Information in einer Bringschuld. Und es wäre gut, wenn sie darüber hinaus auch die unvernünftigen Einwände ernsthaft beantwortet.

Die Geschwindigkeit des Ausbaus der Kernenergie kann sich keineswegs allein an den technischen Möglichkeiten orientieren, sondern sie muß die demokratischen Entscheidungsprozesse und deren Erfordernisse zum Maßstab haben, auch wenn deren Erfordernisse manchem oft als recht mühsam und als recht zeitraubend erscheinen.

Nun kann niemand den Politikern Entscheidungen und die Verantwortung für Entscheidungen abnehmen. Aber Ingenieure und Wissenschaftler sind eingebunden in die moralische Verantwortung für Entscheidungen, die ja auf der Basis ihrer, der wissenschaftlichen, der technischen, der fachlichen Aussagen und Prognosen getroffen werden.

Wissenschaftler, Ingenieure, Politiker, Unternehmen, sie sind alle verpflichtet, eine umfassende und offene Information der Bürger zu leisten. Ich bin der Überzeugung, daß wir in der Tat diese öffentliche Diskussion, diesen Dialog mit den Bürgerinnen und Bürgern – daß wir diese öffentliche Erörterung qualitativ und quantitativ verbessern müssen. Nur wer Sorgen und Ängste ernst nimmt, kann Vertrauen zurückgewinnen.

Wir brauchen also ein offenes Gespräch, in dem jedes sachliche und ehrliche Argument eine faire Chance hat – was natürlich für alle Richtungen gilt. Wir bauchen – und dies sage ich mit besonderem Nachdruck – eine allgemein verständliche Sprache und eine für den Nicht-Fachmann nachvollziehbare Gedankenführung. Das fällt Ihnen, meine Damen und Herren, besonders schwer, und deswegen unterstreiche ich es ihnen gegenüber mit besonderem Nachdruck. Sie müssen aufpassen, daß Sie diese Art der Arbeit nicht billigen Popularisierern überlassen, bei denen sich dann alle möglichen Vorurteile einschleichen. Und ich unterstreiche nochmals: Das ist Ihre Bringschuld, auch die Bringschuld der Industrie natürlich.

Ein Gespräch brauchen wir, in dem die Respektierung auch von Meinungen selbstverständlich ist, die man nicht teilt, in dem die bewußte Einbeziehung der Kritiker der friedlichen Nutzung der Kernenergie in den Diskussionsprozeß selbstverständlich ist. Ich denke, daß das Gorleben-Symposion dafür ein richtunggebendes Exempel sein könnte. Ein Gespräch, das zugleich die hohe Bedeutung der Energiepolitik und der Auswirkungen der Energiepolitik auf die wirtschaftliche und auf die gesellschaftliche Gesamtentwicklung der Menschen deutlich zu machen hat.

Sicherlich, auch durch eine noch so intensive Diskussion oder Kommunikation sind Konflikte nicht zu vermeiden. Weder Konflikte um die zukünftige Entwicklung unserer Industriegesellschaft noch um die Sicherheit von einzelnen Anlagen oder Fabriken. Worauf es ankommt, ist, zu einer rationalen Form der Austragung der Konflikte zu gelangen.

Für die Zukunft der Kernenergie, an der Sie, meine Damen und Herren, arbeiten, sind größtmögliche Sicherheit der Anlagen und die Glaubwürdigkeit derjenigen entscheidend, die dafür die Verantwortung tragen. Mit markigen Reden, sei es in internationalen Konferenzen, sei es in Parlamenten, sei es in Wahlkämpfen, sei es von der einen Seite oder von der anderen, sei es von den Befürwortern oder den Gegnern, mit Unverständnis gegenüber Zweifeln, die sich selbstverständlich politisch niederschlagen, die selbstverständlich politische Verhaltensweisen prägen, ist nichts gewonnen, wohl aber kann damit vieles verloren werden.

Konferenzen wie diese hier sollen Antworten geben auf Fragestellungen zur Nutzung der Kernenergie, insbesondere, so verstehe ich Ihr Programm, was die Sicherheit betrifft.

Ich hoffe, daß dieser Kongreß zugleich die Bereitschaft seiner Teilnehmer zur Auseinandersetzung mit den geistigen, mit den psychologischen, mit den gesellschaftlichen Problemen schlechthin und mit den politischen Problemen, die die neuen Techniken ausgelöst haben, demonstriert.

Jedenfalls bietet dieser Kongreß, meine Damen und Herren, Ihnen die Chance, für dieses beides einen Beitrag zu leisten, sowohl für die technischen Aspekte der Sicherheit als auch für die demokratischen Aspekte der Akzeptanz oder der Akzeptabilität. Ich wünsche Ihnen allen darin guten Erfolg.

HUMANITÄT
UND FORSCHUNG

Verantwortung der Forschung für die Zukunft der Gesellschaft

Ansprache
auf der Festveranstaltung anläßlich der Jahresversammlung
der Deutschen Forschungsgemeinschaft
am 28. Juni 1977
im Auditorium Maximum der Universität Hamburg

Meine sehr verehrten Damen und Herren,
sehr verehrter Herr Professor Maier-Leibnitz!

1.

Ich möchte Ihnen zunächst herzlichen Dank für die Einladung sagen, weil sie mir eine Gelegenheit gibt, die ich gerne wahrnehme, für die Leistungen zu danken, die Wissenschaft und Forschung im Hochschulbereich wie auch in anderen Bereichen für uns alle erbringen. Danken möchte ich vor allem auch für die Art und Weise, wie dies in der Deutschen Forschungsgemeinschaft geschieht, die ja keine »Notgemeinschaft« mehr ist, wie sie es früher einmal war. Daß Bund und Länder sowie einige Personen aus der Wirtschaft Ihnen in diesem Jahr eine Summe von beinahe 700 Millionen D-Mark zur Verfügung stellen, das beweist ja, daß man sehr viel Vertrauen in Sie setzt. Wenn es die Deutsche Forschungsgemeinschaft nicht gäbe, müßte sie schleunigst erfunden werden.

Sie haben ein von vielen als demokratisch vorbildlich akzeptiertes Modell der Selbstorganisation der Wissenschaft entwickelt. Ich würde von mir aus sagen: ein beinahe vorbildliches Modell. »Beinahe« ist eine Einschränkung, die ich deswegen mache, weil ich den Eindruck habe – aber das ist der Eindruck eines Außenstehenden, der nicht ganz zutreffend sein mag –, daß die jüngeren Mitarbeiter bei Ihnen relativ schwach repräsentiert sind.

Ihre selbstgewählten Entscheidungsgremien und Gutachterausschüsse funktionieren bemerkenswert glatt und unbürokratisch. Von außen sieht es jedenfalls so aus (die Insider möchten hier vielleicht eine Einschränkung anbringen, was ich aber nicht weiß). Für mich ist das – obwohl viele eigentlich das Gegenteil annehmen – ein Zeichen dafür, daß sehr viele vernünftige Dinge in unserer Zeit auch ohne allzuviel Staat geschehen können.

Ich habe mich schon vor zwei Jahren anläßlich der Jahresversammlung der Max-Planck-Gesellschaft zum Verhältnis zwischen Staat und Forschung geäußert, und ich beabsichtige hier keine Wiederholungen. Ich habe mich im gleichen Jahr auch zu den Universitätsproblemen geäußert, soweit ein Mitglied der Bundesregierung dazu zu sprechen vermag, und will auch dies heute hier nicht wiederholen. Immerhin möchte ich allerdings einige Hinweise auf staatliche Finanzierungsleistungen anfügen.

Ich habe aus der Statistik entnommen, daß sich die Zahl des wissenschaftlichen Personals an unseren Hochschulen von 1960 bis heute von 18 000 auf 80 000 Personen entwickelt hat. Ich weiß, daß Sie an vielen Orten der Meinung sind, Sie müßten mehr Planstellen haben, und daß Sie auch Besorgnisse wegen des Planstellenkegels haben. Aber dies sollten Sie sich einmal vor Augen führen: innerhalb von nicht ganz zwei Jahrzehnten ein Anstieg von 18 000 auf 80 000 Personen! Ich könnte entsprechende Zahlen – will Sie aber damit verschonen – über den wachsenden Anteil der Forschung am Bruttosozialprodukt nennen, damit Sie die Entwicklung der Forschungsausgaben im Verlauf dieser beiden Jahrzehnte in der Perspektive sehen. Hinweisen will ich aber auf die Finanzausstattung der Deutschen Forschungsgemeinschaft; sie betrug im Jahre 1967 rund 160 Millionen DM. Sie war 1970 immerhin auf 290 Millionen DM angewachsen und ist dann sehr schnell auf 600 Millionen DM im Jahre 1976 und auf beinahe 700 Millionen DM im Jahre 1977 angestiegen. Gerade in den allerletzten Jahren ist eine deutliche Aufwärtsentwicklung zu verzeichnen.

Erlauben Sie mir in diesem Zusammenhang als Angehöriger einer Gesetzgebungs- und Regierungskoalition ein politisches Wort: Ihre wachsende Finanzausstattung zeigt eindeutig, daß diese Koalition Ihrer Arbeit in steigendem Maße Bedeutung zugemessen hat. Man kann auch beim Staat das Geld immer nur einmal ausgeben, und was z. B. der Deutschen Forschungsgemeinschaft zufließt, kann nicht der Sozialpolitik, der Verkehrspolitik oder anderen Feldern, die wir auch für wichtig halten, zufließen. Hier sind Prioritäten erkennbar. Natürlich stecken auch Erwartungen dahinter.

Andererseits hat natürlich ein Angehöriger der Bundesregierung vom Grundgesetz her nur eine relativ begrenzte Kompetenz, in Ihren Angelegenheiten mitzureden. Wir dürfen zwar für Finanzierung sorgen, aber damit hat es sich beinahe auch schon. Der Bundestag darf ein Rahmengesetz machen, das ist wahr, und das ist auch gar nicht so schlecht geworden, aber im übrigen herrschen die Bundesländer, die Landtage und die Länderregierungen. Ein Angehöriger der Konferenz der Kultusminister hat selbige vor wenigen Minuten in überaus höflicher Weise apostrophiert. Ich will keinen schlimmeren Ausdruck gebrauchen, als der Herr Senator und Professor ihn verwendet hat. Wenn ich mich richtig erinnere, dann hat er von der Schwerfälligkeit der Kultusministerkonferenz gesprochen. Mir kommt sie manchmal vor wie der polnische Reichstag aus vergangenen Jahrhunderten, wo bekanntlich Beschlüsse nur zustande kamen, wenn alle sich einig waren und niemand das Liberum veto zum Zuge brachte.

Es liegt auch ein bißchen an dieser Schwerfälligkeit, die sich aus der Kompetenzverteilung, die das Grundgesetz gewollt hat, ergibt, daß nicht alle Erwartungen, die die Gesellschaft in Sie als Verantwortliche im Hochschulbereich schlechthin setzt, erfüllt werden können. Das liegt weniger an Ihnen, sondern mehr an der Kultusbürokratie insgesamt.

Die Erwartungen, die unsere Mitbürger in Ihre Forschungstätigkeit setzen, sind von sehr viel weniger Skepsis begleitet als die Erwartungen in bezug auf die Hochschule schlechthin. Forschung hat ihre Faszination nicht verloren. Das gilt nicht nur für die, die an der Forschung aktiv beteiligt sind; Forschung ist ein faszinierendes Phänomen für die allermeisten Zeitgenossen, und zum Teil erwarten diese von den Forschern und den Forschungsergebnissen mehr, als sie zu leisten vermögen.

Auf der anderen Seite glaube ich, daß Sie Großes leisten. Ich bin überzeugt, daß die Forschung auch in den nächsten Generationen Großes leisten wird. Wir alle – Sie muß man nicht darum bitten, weil Sie das ohnehin tun – sollten jene ermutigen, die sich etwa bei solchen Wettbewerben wie »Jugend forscht« schon in sehr jungen Stadien ihrer Entwicklung hervortun. Sicherlich sind dies nicht alles künftige Amerigo Vespuccis oder Werner von Brauns, aber sicherlich ist dort eine ganze Menge ausgesprochener Begabungen zu erkennen, die man ermutigen muß, den Weg des Forschers auch beruflich einzuschlagen.

2.

Der Hauptgrund der Erwartungen der Gesellschaft an die Forschung liegt wohl darin, daß die Menschen spüren – wenn auch nicht unbedingt im Bewußtsein klar formuliert –, daß in einer Welt sehr schnell sich verändernder – vornehmlich wirtschaftlicher, aber auch politischer – Rahmenbedingungen gerade wir Deutschen unsere auf sehr hohen Wohlstand gegründete politische und soziale Stabilität, auf die wir mit Recht auch ein bißchen stolz sind – meist äußern wir den Stolz nicht im eigenen Lande, sondern im Gespräch außerhalb –, nur erhalten können, wenn wir unsere wichtigsten Ressourcen dafür mobilisieren, nämlich

- die Leistungsfähigkeit unserer Facharbeiter; deswegen das große Schwergewicht, daß meine Regierung auf bessere Berufsausbildung legt;
- die Leistungsfähigkeit unserer Ingenieure und Unternehmensleiter;
- und – last not least – die Leistungsfähigkeit unserer Wissenschaftler und Forscher.

Die Menschen spüren unbewußt, daß wir den Ast nicht absägen dürfen, auf dem wir sitzen, obwohl es ganz offensichtlich eine ganze Menge Leute gibt, die fleißig sägen; das ist zu erkennen.

Lassen Sie mich ein Beispiel nennen. Unsere Exporte ganzer Industriewerke und großer technischer Anlagen etwa zur friedlichen Nutzung der Kernenergie zeigen tendenziell, wohin in künftigen Jahrzehnten die Reise unserer Volkswirtschaft geht. Sicherlich werden wir nicht *nur* Blaupausen exportieren und aus ihren Erlösen allein unseren künftigen Lebensstandard bestreiten können – das würde nicht ausreichen, unser 60-Millionen-Volk zu beschäftigen, und müßte Gewerkschaften und Betriebsräten und den von ihnen vertretenen Frauen und Männern in den Fabriken schwer mißfallen –, aber unsere Stärke muß die Herstellung hochspezialisierter, technisch sehr anspruchsvoller Güter und Anlagen sein – mit der Nase anderen immer ein bißchen vorweg. In einem Land, das kein Öl und kein Erdgas hat und auch sonst mit Ausnahme von Braunkohle und Steinkohle an Bodenschätzen sehr arm ist, wird das so sein müssen.

Der zweite Grund dafür, daß viele Menschen sich Großes von der Forschung versprechen – wenngleich sie es so vielleicht nicht formulieren würden –, liegt darin, daß sie in den letzten Jahren zunehmend verstanden haben, daß wir die natürlichen Ressourcen der Welt und auch unseres Landes, die im Laufe von Jahrmillionen entstanden sind, nicht in wenigen Jahrzehnten völlig verbrauchen dürfen. Die Menschen haben verstanden, daß wir zunehmend möglicher Gefährdung durch den Verbrauch der vorhandenen Energiequellen und Rohstoffe ausgesetzt sind. Möglicherweise gibt es schon bald einen weltweiten Verteilungskampf um das Öl. Ich will das nicht hoffen, aber niemand kann es ausschließen.

Deshalb erwarten viele Menschen von der Forschung energiesparende Produktionsweisen und Produkte, die Nutzbarmachung regenerativer Energiequellen, zum Beispiel von Sonnen- und Windenergie, vielleicht sogar von Gezeitenenergien, nicht zu vergessen die energiepolitischen Optionen, von denen wir zwar schon reden, die aber technisch und wirtschaftlich noch nicht real gegeben sind, wie Fusion, Kohlevergasung und Kohleverflüssigung usw.

Drittens erwartet die Gesellschaft von Ihnen, daß Sie einen wesentlichen Beitrag dazu leisten, daß die industrielle Revolution nicht ihre Enkelkinder frißt. Die Industrialisierung ist ein sehr schnell fortschreitender, sich vielfach noch beschleunigender Prozeß, der nicht

nur Energie- und Rohstoffprobleme verursacht, sondern
auch Umweltgefährdung mit sich bringt oder – wie man
heute sagt – die Gefahr der Einbuße an Lebensqualität.
Die Menschen erwarten von Ihnen, den Forschern, daß
Sie dem entgegenarbeiten, das heißt entgegenforschen.

3.

Manche von Ihnen werden jetzt das Gefühl haben, daß
ich nur von lauter Zweckforschung rede, während doch
die Krone der Forschung die zweckfreie und die Grundlagenforschung sei. Einem solchen Mißverständnis
möchte ich vorbeugen. Die Bundesregierung ist keineswegs nur an solcher Forschung interessiert, die Hardware
für die industrielle Innovation produziert. So ist das
nicht. Wir wollen nicht einseitig auf den unmittelbaren
Nutzen abstellen. Die Grundlagenforschung muß auch
in Zukunft den Humusboden bilden und zugleich für ein
ausreichendes Potential an qualifiziertem Nachwuchs
sorgen.

Aus all diesen Gründen gibt es in den staatlichen Instanzen – in den Parlamenten und Regierungen der Länder und des Bundes – wenig Zweifel darüber, daß die
staatliche Förderung der Grundlagenforschung eine
Notwendigkeit ist, wobei es keiner besonderen Lobby
bedarf, um auf diesem Felde gegenüber dem Staate den
Freiraum zu sichern, den das Grundgesetz in Artikel 5
Absatz 3 der Wissenschaft und der Forschung zugemessen hat.

Andererseits muß der Staat natürlich die Verwendung
von Steuergeldern, die er seinen Bürgern abnimmt, auch
verantworten. Ein gewisses Maß an Mitsprache des Staates ist unvermeidbar. Ich habe aber das Gefühl, daß diejenigen, die in der Forschungsgemeinschaft verantwortlich mitarbeiten, sich im Grunde über zu weitgehende

staatliche Einwirkung oder Einmischung nicht beschweren können und das auch nicht wollen.

Ich gehe davon aus, daß sich jegliche Forschung ihrer gesellschaftlichen Bedingtheit bewußt sein muß. Das Dilemma ist in jedem Falle, diese richtig einzuschätzen. Forschung ist eben nicht nur sozial organisierte Erkenntnissuche, sondern sie ist auch sozial, gesellschaftlich finanziert, und sie sollte deshalb auch sozial verpflichtet sein.

Niemand kann die Grenzen der Forschung – zum Beispiel der Gen-Manipulation – generell und abstrakt festlegen. Im konkreten Einzelfall fällt das etwas leichter. Wenn ich es recht sehe, gibt es bisher keine unangefochtenen allgemeinen Kriterien; und Robert Oppenheimers Frage nach dem Ethos der Forschung und der Forscher wird eine aktuelle Frage auch für kommende Generationen bleiben.

Ich selbst glaube, daß Wissenschaft und Forschung die Würde des Menschen als Aufgabe und daß sie das Gebot, die Würde des Menschen nicht zu verletzen, als absolute Grenze jeder Forschungstätigkeit erkennen sollten.

4.

Nun sind zwar wissenschaftlicher und technischer Fortschritt und der sich darauf gründende wachsende Wohlstand notwendige Voraussetzungen für menschenwürdiges Leben, aber sicherlich keineswegs allein schon hinreichende Voraussetzungen für die Bewahrung der Würde des Menschen. Dies ist eine Erkenntnis, die – wie ich denke – sich auch auf die Forschungsziele auswirken muß, die Sie sich setzen oder die wir uns gemeinsam setzen.

Ich bin zum Beispiel nicht sicher, ob der künftige Mangel an bestimmten Rohstoffen oder eine defizitäre Patentbilanz der Bundesrepublik Deutschland für den Bestand und für die Zukunft unserer Gesellschaft wirklich gravierender sind als zum Beispiel der weitverbreitete Mangel an Geschichtsbewußtsein oder als die weitverbreitete Unfähigkeit, miteinander vernünftig – das heißt partnerschaftlich – umzugehen. Wir wissen vieles nicht, was wir eigentlich um der Verständigung und des Zusammenhalts der Menschen, der Völker und Staaten willen wissen müßten.

Wie ist der Mensch eigentlich so geworden, wie er heute ist? Man muß dies eigentlich wissen, wenn man verhindern will, daß wir in eine seelenlose »technetronic society« hineinrutschen – wie das einmal jemand genannt hat, der im Augenblick eine große Rolle in der Regierung eines uns befreundeten großen Staates spielt. Mir geht es entscheidend – und das darf ich für mich persönlich sagen – um Zusammenschau, um Gesamtinterpretation des Menschen und seiner Entfaltung, um kontinuierliche Zusammenschau.

Lassen Sie mich ein Beispiel für das geben, was ich meine: Die beifällige Kommentierung seitens einzelner Studenten und ihrer Blättchen – angeblich von links – der Morde an Buback, Wurster und Göbel erinnert mich an Vorgänge, die ich selber zwar nicht bewußt miterlebt, aber sehr bewußt aus der Geschichte in mich aufgenommen habe: an die Morde nach dem Ersten Weltkrieg an Rathenau, an Erzberger, an Rosa Luxemburg und Karl Liebknecht und an den beifälligen Hohn auf die Ermordeten – damals scheinbar von rechts kommend. Wenn es ein Problem an den deutschen Universitäten gibt, das mich tiefinnerlich bewegt, dann ist es dies, daß so etwas jetzt wieder vorkommen konnte – fünfzig Jahre danach. Da frage ich mich, was wir alle, was jeder einzelne von uns steuernd, helfend beitragen kann, damit nicht alle die schrecklichen Fehler der jüngsten deutschen Geschichte wiederholt werden.

Den Menschen verstehen lernen ist außerordentlich wichtig und bedeutet eben nicht, Wissen zu polarisieren und gegeneinander auszuspielen, sondern muß bedeuten: Zusammenhänge und Abhängigkeiten erkennen.

Ich wünschte mir, wir wären längst – was leider keineswegs schon erreicht ist – völlig von einer Geschichtsinterpretation weg, die Geschichte bloß als Abfolge von Kriegen und Herrschern begreift, die die Geschichte der Ökonomie, der Literatur, des Rechts oder der Kunst in lauter Sonderkästchen tut, die alle für sich erforscht und betrachtet werden. Ich wünschte mir wirklich in jedem einzelnen von uns eine Synthese von allgemeiner Bildung, was den Menschen angeht, Wissen, Einsicht und Erkenntnis vom Prozeß der Entfaltung des Menschen auf der einen Seite und spezieller fachlicher Leistung auf der anderen; Zusammendenken von beidem. Deswegen muß man noch kein »Generalist« werden. Wir brauchen dazu mehr interdisziplinäre Arbeit, wir müssen den Gesamtbereich von Kultur und Geisteswissenschaft in diesem Sinne durchdringen, einschließlich der Kommunikations- und Sprachwissenschaften, der Politik- oder Ideologieforschung, der Verhaltensforschung und selbstverständlich des Gesamtbereichs Arbeitsleben.

Mir scheint, daß unsere Zeitgenossen einen latenten Hunger nach einem geschichtlich zu fundierenden, gesamtheitlichen Begreifen dessen haben, was der Mensch ist und wie er so geworden ist. Die Faszination, die etwa vom Römisch-Germanischen Museum in Köln ausgeht, das von Hunderttausenden besucht wird, die Faszination, die vor einigen Jahren von der Caspar-David-Friedrich-Ausstellung in Hamburg ausgegangen ist, der bis dahin den meisten Besuchern dieser Ausstellung sicherlich keine feste Größe war, oder die Faszination, die heute von der Staufer-Ausstellung auf die Hunderttausende ausgeht, die sie besuchen, sind für mich Zeichen für das Bedürfnis der Menschen, zu begreifen, wie wir eigentlich so geworden sind, wie wir sind.

Ich sehe diese Zeichen mit Befriedigung; ich bin darüber eigentlich glücklich, und sicher gerate ich mit solchen Bemerkungen bei Ihnen nicht in den Verdacht der Technologie-Feindlichkeit. Aber Industriegesellschaften und insbesondere auch ihre Politiker sind allzuleicht geneigt, alles Heil vom technischen Fortschritt zu erwarten. So wichtig technischer Fortschritt ist: Das Humanum darf dabei nicht verlorengehen. Es kann aber verlorengehen, wenn sich jeder in seinem eigenen Bereich einzäunt und meint, wenn er nur in seinem Bereich das Nötige leiste, brauche er sich um das Ganze weiter nicht zu kümmern. Wir haben viel Arbeit zu leisten, um die Kontinuität des Humanums zu sichern gegen die destruktiven Kräfte, die im Menschen *auch* angelegt sind.

5.

In diesem Zusammenhang ein Thema, das mir ebenfalls besonders am Herzen liegt:

Ich sehe Schwierigkeiten für manchen Wissenschaftler und Forscher, sich richtig darauf einzustellen, daß der »Mann auf der Straße« – allgemeiner: die Gesellschaft, in der er lebt, die ihn finanziert – wirklich auch sein Gesprächspartner sein muß.

Wir müssen uns in Zukunft noch intensiver darum bemühen, gesellschaftliche Bedürfnisse rechtzeitig
– zu erkennen,
– zu formulieren; schon dazu bedarf es der klärenden Hilfestellung der Wissenschaftler,
– sie, wo nötig, in wissenschaftliche Fragestellungen umzusetzen und

– ihnen dann auch konkrete Forschungsprogramme zu widmen.

Dies darf nicht immer erst dann geschehen, wenn es irgendwo brennt. Denn wenn die Wissenschaft sich solcher Aufgabe versagt oder sie nicht erkennt, dann treten andere an ihre Stelle, darunter auch die Demagogen, bisweilen auch im wissenschaftlichen Gewande. Von wissenschaftlich erscheinenden Demagogen haben wir im Laufe der letzten zehn Jahre eine ganze Menge erlebt, nicht nur in Deutschland.

Fast jeder Wissenschaftler ist bereit, mit seinen Geldgebern zu reden; er ist auch gerne bereit, mit seinen Fachkollegen zu reden; aber etwas weniger groß ist schon die Bereitschaft – auch die Gelegenheit dazu wird nicht häufig genug gesucht –, mit Kollegen aus anderen Fachbereichen zu sprechen. Und leider sehr viel geringer ist die Bereitschaft, und leider sehr viel weniger Gelegenheiten werden gesucht, eine weitere Öffentlichkeit über das zu informieren, was man tut, unter welchen Bedingungen, Hoffnungen und Schwierigkeiten man es tut.

Ich will es so sagen: In einer demokratischen Gesellschaft ist Durchsichtigkeit, ist Transparenz von Wissenschaft und Forschung eine Bringschuld! Nicht Holschuld für 60 Millionen Bürger, sondern Bringschuld der Wissenschaftler und Forscher selbst!

Es gibt die große Gefahr – und das erleben wir täglich ja auch in der Politik, in der Diplomatie und in der staatlichen Verwaltung –, daß man sich in esoterischer Weise von der Gemeinsprache abschließt und sich einer nur noch wenigen verständlichen Fachsprache bedient, die geradezu zu einer Geheimsprache wird, ohne daß dies unbedingt beabsichtigt ist. Was dabei herauskommt, ist ein Verlust an gegenseitiger Berührung, an Kommunikation – um es modern auszudrücken –, und das ist für eine

185

demokratische Gesellschaft und ihre Entwicklung gefährlich.

Es hat keinen Sinn, Forschung vor dem drängenden
Zugriff anderer – vermeintlich Unverständiger – abrie-
geln zu wollen. Früher sind Elfenbeintürme bewundert
worden, in der Demokratie werden sie eher mit Miß-
trauen betrachtet; jedenfalls sind sie unzeitgemäß.

Damit sage ich nichts – auch nichts zwischen den Zei-
len – gegen die notwendige Individualität des Forschens
und des Forschers. Forschen kann man nicht »verdrit-
teln«.

6.

Was mir am Herzen liegt, möchte ich an Hand der gegenwärtigen Kernenergiedebatte exemplifizieren.

Wir wissen alle: Die Menschen wollen weiteren Fortschritt, auch in ihrem Wohlstand. Aber ihre unbefangene
Fortschrittsgläubigkeit ist vielfach vorbei. Manche Menschen wollen auch einfach bloß mehr Strom, aber keine
Kraftwerke, oder sie wollen ein Auto fahren, aber die
Straße soll nicht an ihrem Haus vorbeiführen. Das ist
zunächst in sich widersprüchlich, aber ganz menschlich.

Die Sturmangriffe auf Kernkraftwerke setzen Signale –
wobei wir die Rolle extremistischer und gewalttätiger
Gruppen dabei gewiß nicht übersehen dürfen. Die meisten hier werden – ähnlich wie ich – wohl glauben, daß
Kernenergie auf die Dauer unerläßlich ist. Aber man
kann in einer demokratischen Gesellschaft Projekte solcher Dimension nicht einfach an der Gesellschaft vorbei
verwirklichen. Als Lehre daraus ergibt sich die Verpflichtung, daß man rechtzeitig Augen und Ohren für
Probleme öffnen muß, die die Menschen bedrängen oder
sie – wenn nicht heute, so doch morgen – bedrängen
könnten.

Das bedeutet auch, daß die wissenschaftliche Öffentlichkeit über Pläne, Fortgang und Ergebnisse der eigenen Forschung unterrichtet werden muß. Dies ist wichtige Voraussetzung für die immer wieder geforderte, aber bisher nicht allzu häufig verwirklichte Multidisziplinarität der Forschung; ist Voraussetzung auch dafür, daß die staatlichen Anstrengungen im Bereich von Information und Dokumentation wirklich den erwarteten Nutzen bringen; ist Voraussetzung – und darauf kommt es mir besonders an – dafür, daß die allgemeine Öffentlichkeit in einer ihr verständlichen Sprache Sinn und Nutzen solcher Arbeit verstehen kann.

Wenn es um Krebsforschung geht, ist leicht zu verstehen, daß dies für die Allgemeinheit sinnvoll und nützlich ist. In anderen Bereichen ist das für die öffentliche Meinung schon schwieriger zu verstehen. Bitte, glauben Sie nicht – ein Fehler, den Politiker häufig machen –, man könne solche Bedürfnisse durch »Öffentlichkeitsarbeit« mit besonderen Fonds dafür befriedigen, obwohl das auch sein muß. Und bitte: überlassen Sie Information und Interpretation nicht nur den Wissenschafts-Journalisten, so gut deren Publikationen in vielen Fällen sind, sondern, bitte, tun Sie es auch selbst, und seien Sie sich dafür nicht zu schade!

Wir Politiker müssen das übrigens auch. Ich habe schon einige Male gesagt, aber es schadet nichts, wenn ich es wiederhole: ein Politiker, der staatliche Verantwortung trägt, z. B. in der Bundesregierung, braucht vier Fünftel seiner Zeit, um seine Absichten und Entscheidungen zu erläutern und durchsichtig zu machen, dann braucht er vielleicht 10 oder 15 Prozent seiner Zeit, um das, was entschieden ist, in die Wirklichkeit umzusetzen, zum Verwalten, und dann bleiben, wenn ich richtig gerechnet habe, fünf Prozent, um wirklich nachzudenken und Entscheidungen zu treffen. Haben Sie Mitleid mit Politikern, meine Damen und Herren! Denn bei Ihnen ist das Verhältnis des Zeitaufwandes gewiß viel besser. Sie beschweren sich zwar auch über den großen Zeitaufwand für Administration und über die vielerlei Komitees, Kommissionen und Ausschüsse, in denen Sie Zeit vertun. Ich hoffe, es wird im Laufe der Zeit ein bißchen besser. Aber was ich bei Ihnen verstärkt sehen möchte, ist das Erläutern, Vertreten und Durchsichtigmachen, das Erfüllen der Bringschuld gegenüber der Gesellschaft.

In einer demokratischen Gesellschaft sind Sie auf die Dauer darauf angewiesen, daß die Gesellschaft mit Ihnen übereinstimmt. Anderenfalls könnten Sie nicht soviel Geld ausgeben, um so zu leben und zu arbeiten, wie sie es tun. Sie sind darauf angewiesen, daß die Gesellschaft damit einverstanden ist. Deswegen müssen Sie der Gesellschaft durchsichtig machen, warum Ihre Vorhaben notwendig sind und daß auch etwas dabei herauskommt, und ihr auch einsichtig machen, warum manchmal nichts dabei herauskommt.

7.

Neben der Entwicklung der Finanzen wird es ganz wesentlich an Ihrer Fähigkeit, andere zu überzeugen, liegen, daß die personelle Kontinuität der Forschung nicht irgendwann gefährdet wird – ich will nicht gleich »unterbrochen« sagen. Es war sicher ein großer Erfolg, daß die Stellenzahl für das wissenschaftliche Personal an Deutschlands Hochschulen und Universitäten sich so entwickelt hat, wie ich das zu Beginn aufgezeigt habe. Ganz gewiß wird dieses Tempo so nicht weitergehen können. Wenn Sie vom *Heisenberg-Programm* trotz finanzieller Enge Wesentliches verwirklichen wollen, dann sind Sie darauf angewiesen, andere zu überzeugen, und zwar nicht nur die staatlichen Funktionäre, sondern die öffentliche Meinung.

In dem Zusammenhang möchte ich mir gerne die Fußnote erlauben, daß überlegt werden sollte, wie den arbeitsrechtlichen Sorgen Tausender junger Wissenschaftler in Ihren eigenen Projekten begegnet werden kann, ohne dabei die erwünschte Elastizität und Variabilität der Projektforschung aufzugeben.

Was die *Hochschulsituation* angeht, möchte ich die Hoffnung ausdrücken, daß beim Lehrangebot mit dem gleichen Einsatz an Kraft und Zeit operiert wird, wie er teilweise in einigen Fakultäten und Fachbereichen von einigen Personen für gewinnbringende Gutachtertätigkeit mobilisiert wird.

Wir haben es in allen Teilbereichen unseres Bildungswesens, auch auf dem Arbeitsmarkt, mit einer »Wanderdüne« zu tun, die sich durch die gesamte Gesellschaft bewegt. Die Zahl der Geburten hat in den fünfziger Jahren ständig zugenommen, ihr Höhepunkt lag im Jahre 1964, von da an ging es wieder abwärts. Noch weiß man nicht, wie sich die Sterbeüberschüsse nach 1977 entwickeln werden; Prognosen sind da nicht ganz einfach. Sicher ist, daß die »Wanderdüne« zunächst einmal das Bildungssystem vor besondere Anforderungen stellt. Die Kinder, die 1964 geboren wurden, haben inzwischen die vier Grundschuljahre hinter sich und nähern sich langsam dem Schulabschluß. Da die Wanderdüne aber nicht nur aus dem einen Berg vom Jahre 1964 besteht, sondern schon in den fünfziger Jahren begonnen hatte, gibt es jetzt in den Grundschulklassen schon weniger Schüler; es gibt Städte, die schließen sogar schon Schulen – auch hier in Hamburg, wie ich gerade in der Zeitung gelesen habe. Das Schwergewicht liegt zur Zeit an der Nahtstelle zwischen Hauptschule und dem dualen System von Berufsschule und gewerblicher Ausbildung. Noch etwas später wird diese Wanderdüne dann voll die Hochschulen treffen. Man kann absehen, wann das wieder abklingt, und wenn man will, kann man sogar schon berechnen, wann die Wanderdüne das deutsche Rentenversicherungssystem trifft.

Das alles macht mir schwere Sorgen. Es macht mir schwere Sorgen, daß wir es nicht nur wegen der beiden Weltkriege mit einem sehr anomalen Bevölkerungs-Aufbau zu tun haben, sondern daß zusätzlich dynamische Prozesse mit hineinspielen, die viele unserer gesellschaftlichen und staatlichen Institutionen bis an den Rand ihrer Leistungsfähigkeit fordern und sie sogar überfordern würden, falls wir diese Instrumente nicht an diesen sich sehr verändernden Bedarf anpaßten.

Auch die Universitäten müssen sich anpassen. Ich denke, daß in den Jahren des »Studentenberges« sich keiner dieser zusätzlichen Last entziehen darf, die noch stärker als in den letzten Jahren auf Sie zukommen wird, was Ihnen sicherlich noch mehr Nerven abverlangen wird. Dabei bitte ich nicht zu vergessen, daß die Mehrzahl der jungen Leute studiert, um später damit beruflich etwas anfangen zu können; vielleicht noch nicht im ersten Semester, aber im Laufe des Studiums spüren sie das immer stärker. Die Masse der jungen Leute will ja doch etwas Konstruktives mit dem Leben anfangen. Ich ermahne mich selber gleich mit, wenn ich in diesem Zusammenhang um Geduld für diese Jugend bitte.

Jugend muß unbequem sein. Wo sie das nicht ist, ist irgend etwas faul. Auf der anderen Seite möchte ich aber den vorhin ausgesprochenen Gedanken wiederholen: Dort, wo junge Menschen die Würde des Menschen mißachten, wird von uns in der Politik und von Ihnen in der Wissenschaft erwartet, daß wir den klaren und beken-

nenden Widerstand entgegensetzen und daß wir uns
nicht einfach bloß abwenden, wenn der Mord verherr-
licht wird.

8.

Wir Politiker haben auf unserem Felde dafür einzuste-
hen, daß das Humanum Wesenskern unserer Gesellschaft bleibt. Wir können das ganz gewiß nicht alleine
leisten. Wir müssen einander helfen. Ich gebe zu, daß
bisher kaum ein politisches System auf die Dauer diese
Frage vollständig gelöst hat – nicht die westlichen Demokratien und schon gar nicht, wie wir alle wissen, die
Zwangssysteme, die es in unserer engeren und weiteren
Nachbarschaft auch gibt, oder die Militärdiktaturen. Das
ist unser aller Aufgabe.

Den jungen Menschen an den Universitäten müssen
wir auch helfen zu begreifen – was gar nicht so einfach
ist, nachdem es viele Organisationen gibt, die das Gegenteil verkünden –, daß die im Grundgesetz garantierte
Freiheit der Wahl der Berufsausbildung und des Berufs,
daß ein Studium an einer Hochschule, daß eine Staats-
oder Diplomprüfung in keiner Weise eine Garantie für
eine entsprechende Anstellung und Bezahlung darstellen
kann und auch nicht darstellen darf. Sie eröffnet nur die
Chance, ist aber keine Garantie. Das letztere ist ein
schlimmes Mißverständnis, das sich in den Zeiten des
gesellschaftlichen Aufbaues nach dem Kriege breitge-
macht hat, in einigen Disziplinen schlimmer gefördert
als in anderen. Ich finde, Sie haben es nötig, dies den jungen Menschen zu sagen.

Lassen Sie mich ein Beispiel herausgreifen, womit ich
nicht meine, daß sich diese Disziplin größerer Fehler
schuldig gemacht hätte als andere: Wenn ich ordent-
licher Professor der Soziologie wäre, dann hätte ich

meinen Studentinnen und Studenten zu sagen, daß der Bedarf an hauptberuflichen Soziologen in der Bundesrepublik pro Jahr nicht so groß ist, wie im Augenblick Studenten Soziologie als Hauptfach studieren. Das ist aber nur ein Beispiel für viele. Manches an Spannungen entsteht, weil hier nicht ehrlich geredet wird, weil man nur auf seinem Felde forscht und die gesellschaftlichen Bezüge, die Abhängigkeiten, in denen man selbst steht, nicht mit in den Blick faßt und auch nicht darüber spricht. Darüber muß aber gesprochen werden.

Die Bundesregierung, die ja leider auf dem Gebiet der Bildungspolitik nicht viel zu entscheiden hat – der Bundestag auch nicht –, setzt sich lautstark und immer wieder für den Abbau des Numerus clausus an unseren Hochschulen ein. Bundesminister Rohde und ich werden das am kommenden Freitag im Gespräch mit den Ministerpräsidenten erneut tun, auch deshalb, weil wir meinen, daß etwas anderes nach dem Grundgesetz nicht erlaubt ist. Das Urteil, das das Bundesverfassungsgericht Anfang des Jahres dazu gefällt hat, hat ja sehr deutlich zum Ausdruck gebracht, daß bisher das Notwendige im Rahmen des Möglichen noch wirklich nicht ganz geschehen sei, daß trotz steigender Nachfrage sogar Kapazitäten stillgelegt werden. Ich richte deswegen keinen Vorwurf an Hochschullehrer, sondern mehr gegen die Kultusverwaltungen insgesamt und die von ihnen im Laufe der letzten 25 Jahre erzeugte Bürokratie.

Ich habe mit großer Freude Briefe von Fakultäten, von einzelnen Hochschullehrern bekommen, die sich dagegen wehren, daß der Numerus clausus nun auch auf ihr Fach ausgedehnt werden soll, und die darlegen, weshalb das gar nicht notwendig sei, und die sich dazu bekennen, für einige Jahre eine Überlastquote – wie das Professor Biallas vorhin genannt hat – auf sich zu nehmen. Das muß man auch wollen. Es kann doch bei dieser Dynamik, in die unsere Gesellschaft gestellt ist, nicht alles an Ihnen vorbeigehen, meine Damen und Herren.

Weder konnte die Weltwirtschaftsrezession vollständig an Ihrer Finanzierung vorbeigehen – die Forderung nach »konjunkturunabhängiger Stetigkeit der Finanzierung« hört sich schön an; ähnlich gebildet war das ja ausgedrückt; ich habe es mehrfach gelesen, nicht nur bei Ihnen, sondern auch bei der Max-Planck-Gesellschaft und anderswo –, noch können die Sprünge in der Demographie unseres Volkes an Ihnen vorbeigehen. Wer soll es denn eigentlich tragen, wenn jeder sagt: »Das ist zwar schrecklich bedauerlich, aber ich will damit nichts zu tun haben. Ich verlange eine kontinuierliche Entwicklung.« Tragen sollen es nur die anderen?

Ich will mit diesen etwas harten Formulierungen an Sie appellieren, daß Sie bitte sehen mögen, daß sich hier niemand absentieren kann von dem Schicksal, das wir gemeinsam zu meistern haben.

Ich fände es zum Beispiel gut, wenn die Diskussion, die wir über das Hochschulrahmengesetz lange genug geführt haben, bis schließlich ein Kompromiß aller großen politischen Kräfte in unserem Lande zustande gebracht wurde, nun endlich mal aufhören würde. Nun muß man auch mal ernst machen mit der Studienreform und mit der Verkürzung der Studiendauer. Daß in unserem Lande im Durchschnitt 13 Semester lang studiert wird, ist gegenüber dem Lohnsteuerzahler, der das finanziert, ein Skandal!

Ich wäre dankbar, wenn Sie dazu beitragen würden, daß wir kürzere Studiengänge und in manchen Fällen auch stärker auf die Praxis bezogene Studiengänge bekämen. Die Verweildauer an Deutschlands Hochschulen steigt immer noch an. Es ist schwer zu begreifen, daß die schwerfällige Kultusministerkonferenz meint, dies sei letztlich nicht zu ändern. Es ist schwer zu begreifen, daß sich Universitätsgremien für nicht zuständig halten.

Wenn das noch lange so weitergeht, wird es eines Tages den Politikern nicht mehr möglich sein, mit der Finanzierung Schritt zu halten. Irgendwann wird in der Gesellschaft der Widerstand dagegen so stark werden, daß Kräfte kommen und sagen: »Nein, das paßt uns nicht.«

Sie können auf der einen Seite – wie ich denke, mit gutem Grund und aus gewachsener und erfahrener Überzeugung – nur dann für Selbstbestimmung und Autonomie eintreten, wenn Sie andererseits das, was an Problemen innerhalb Ihrer Reichweite zu lösen ist, auch tatsächlich selber lösen; hier liegt ja einer der Gründe, weswegen es vor zehn Jahren zur Studentenrevolte gekommen ist. Das gilt aber eben zum Beispiel auch für das Problem der viel zu langen Studiendauer.

Auf der andern Seite verstehe ich aber auch nicht – ich sage das sicherheitshalber, damit ich nicht den Eindruck gewollter oder, was noch schlimmer wäre, unbewußter Einseitigkeit mache –, daß staatliche Bürokratien es nicht schaffen, wenn es wegen der demographischen Wanderdüne, die sich durch die Jahre wälzt, hier und da zusätzlicher Lehrer bedarf und wenn diese sogar auf dem Arbeitsmarkt zur Verfügung stehen, auch tatsächlich zusätzliche Lehrer einzustellen – sei es durch Teilzeitbeschäftigung, sei es durch Anstellungsverträge auf Zeit, sei es auch durch Überdenken der in Generationen gewachsenen Gehaltsstruktur.

9.

Zusammenfassend möchte ich Sie bitten: machen Sie überall öffentlich einsehbar und deutlich, wo Schwachstellen sind, wo Sie Hoffnungen oder auch Sorgen haben. Machen Sie deutlich, wo Verantwortlichkeiten liegen. Dies ist in unserem technischen Zeitalter nicht einfach. Es wird immer schwieriger, nicht nur für Sie in der Forschung, sondern für jeden von uns, das, was wir tun, für die Mehrheit der Menschen durchsichtig zu machen. Aber von der Durchsichtigkeit für eine ausreichende Zahl von Menschen in unserer Gesellschaft hängt die Kontinuität der Demokratie ab. Wenn uns die Durchsichtigkeit nicht mehr gelingt, werden wir die Demokratie auf die Dauer nicht erhalten. Wenn uns nicht gelingt, unser Tun durchsichtig zu machen, dann, fürchte ich, wird es nicht mehr beim bloß leichtfertigen Zukunftspessimismus bleiben, den ich überall sprießen sehe. Dann könnte sich ergeben, daß die Zukunft schlechthin schwarzgemalt wird, zum Teil dann auch von Leuten, die nicht nur sich selber ernst nehmen, sondern die dann auch von uns selbst ernst genommen werden müßten.

Ich bin dagegen, daß wir uns entmutigen lassen. Ich halte auch nicht dafür, daß man diejenigen, die uns schwarze Zukunftsvisionen im Gewande wissenschaftlicher Forschungsergebnisse präsentieren, allein agieren lassen darf. Ich denke, wir haben alle die Pflicht, dafür zu sorgen, daß die Menschen unserer Zeit und die nach uns Kommenden begreifen, daß wir durchaus die Chance und die Fähigkeit haben, die Zukunft in unsere Hände zu nehmen, und daß wir nicht Prozessen ausgeliefert sind, die nicht mehr zu steuern wären.

Ich gestehe, daß ich aus diesem Grunde zum Beispiel dem Festvortrag, den Professor Seibold nach mir halten wird, mit persönlicher Neugier entgegensehe. Ich möchte auch einmal verstehen, was da auf dem Meeresboden wirklich los ist; denn ich habe das Gefühl, daß dort internationale Prozesse im Gange sind, die einem mit Fleiß verborgen werden, während internationale Bürokratien große Verhandlungen über die Rechtsgestaltung der hier erhofften zukünftigen Möglichkeiten führen.

Die Decke vom Verborgenen zu ziehen, soviel wie möglich aus dem Bereich des Geheimnisvollen in den Bereich des Durchschaubaren zu bringen, ist nicht nur eine demokratische Aufgabe, sondern man könnte ähnlich vielleicht auch den Sinn der Forschung formulieren. Aber ich bin kein Philosoph und habe jedenfalls nicht lange genug über diese Formulierung nachgedacht.

Wir brauchen die Neugier auf die Zukunft. Pessimismus im Hinblick auf die Zukunft können wir nicht gebrauchen. Dadurch könnte das Humanum unserer Gesellschaft zerstört werden. Wir brauchen die Neugier auf die Zukunft; und das heißt: wir brauchen die Forschung, wir brauchen Sie. Aber da Sie auch die anderen brauchen, nehmen Sie bitte auch die ein oder zwei Anregungen ernst, die ich mir erlaubt habe, Ihnen anzubieten. Herzlichen Dank.

Ansprache vor der
Deutschen Physikalischen Gesellschaft

Gehalten am 28. September 1979 in Ulm

Verehrte Frau Professor Zschokke,
verehrter Herr Präsident!

Ich bedanke mich sehr herzlich für die Einladung, die mir
Gelegenheit gibt, vor der ältesten Physikervereinigung
der Welt zu sprechen und zugleich in einer der jüngsten
Universitäten unseres Landes.

Die Tatsache, daß Sie ihre 43. Physikertagung gemeinsam mit Ihren Gästen aus Österreich und aus der
Schweiz in einer jungen Universität, aber zugleich in einer altehrwürdigen Stadt abhalten, deute ich so, daß die
Physik oder, sagen wir allgemeiner, daß die Wissenschaften insgesamt bei allem Traditionsbewußtsein und Tra-
ditionsstolz zeitnahe und unserer Zukunft offen sein sollen. Wissenschaft will, wie die Kunst und der Geist,
grenzüberschreitend sein. Sie müssen es auch sein.

In anderer Beziehung gibt es allerdings Grenzen für die
Wissenschaft. Wenn ich zum Beispiel an die finanziellen
Ausgaben denke, die Bund und Länder und Gemeinden
im letzten Jahre für die Wissenschaft aufgebracht haben.
25 Milliarden DM in der Bundesrepublik Deutschland
sind nun allerdings eine gewaltige Summe, die nicht be-
liebig ausgedehnt werden kann. Es kann keinen Zweifel

geben, daß solche Summen nicht nur uneigennützig zur Verfügung gestellt werden. Die Steuerzahler, die das finanzieren müssen, und deren Delegierte in den Parlamenten, die es beschließen und verantworten müssen, wissen, daß die Existenz, daß der Bestand moderner Industriegesellschaften auf Gedeihen und Verderben, nicht ausschließlich, aber auch vom technischen Wissen, von technischem Können, abhängig sind, dessen Basis die naturwissenschaftliche Forschung ist.

Nun ist die Physik unter den Naturwissenschaften vielleicht das älteste und erfolgreichste Beispiel für wissenschaftlich orientierte Neugierde, für das Bestreben, die Wirklichkeit erklärend zu erforschen.

Physik hat wie kaum eine andere Wissenschaft dieses Jahrhundert geprägt. Sie hat große technische Leistungen, zum Beispiel die Landung des Menschen auf dem Mond, ebenso ermöglicht wie die furchtbarsten Gefährdungen der Menschheit, zum Beispiel durch die nuklearen Waffen. Andererseits wäre ohne Wissenschaft und Technik die Wohlstandsmehrung der letzten Jahrzehnte unmöglich gewesen. Wenn sich in diesem Land das Volkseinkommen in ganz kurzen Zeitabschnitten, die in der Geschichte, in der Wirtschaftsgeschichte überhaupt keine Parallele finden, mehr als verdoppelt, das Einkommen per capita so gewaltig ansteigt, die Arbeitszeit abnimmt, die körperliche Belastung an den meisten Arbeitsplätzen sich schnell verringert, wenn Auto und Fernsehen und Urlaubsreisen selbstverständlich geworden sind für viele Millionen Menschen, dann sind das alles Beispiele dafür, daß die Wohlstandsmehrung der letzten Jahrzehnte ohne Wissenschaft und ihre Anwendung in der Technik nicht möglich gewesen wäre.

Mit anderen Worten: Die Wissenschaft hat der Menschheit in vielem unendlich geholfen. Aber sie steht gleichwohl nicht außerhalb der Kritik, sie muß sich Fragen gefallen lassen. Und sie hat sich selbst Fragen über ihre eigenen Ziele und ihre eigenen Wirkungen vorzulegen, ebenso über ihre unbeabsichtigten Nebenwirkungen, die sie zunächst nicht final im Blick gehabt hat.

Wissenschaft und Politik

Ich will hier ein paar Worte sagen über das Verhältnis von Politik und Wissenschaft, vielleicht ein paar Beispiele dazu geben, den einen oder anderen Exkurs anstellen, um abzuschließen mit einem Gedanken über die Grenzen der wissenschaftlichen Forschung.

Mir scheint, daß die Wege von Wissenschaft und Politik sich spätestens dann kreuzen, sich dann begegnen, wenn Wissenschaft anwendbar wird. Solange Wissenschaft ausschließlich der Suche nach Wahrheit dient, solange geht sie zumeist nur denjenigen an, der selbst nach Wahrheit sucht. Das ändert sich in dem Augenblick, wo Wissenschaft nicht nur auf Orientierungswissen gerichtet ist, sondern zu Verfügungswissen wird.

Grob und sicherlich angreifbar kann man zurückblickend zusammenfassen, daß am Anfang der Entwicklung die Verbindung wissenschaftlichen Wissens und handwerklichen Könnens in der Renaissance steht, vielleicht sogar noch ein bißchen früher, als zum Beispiel die ersten Belagerungsmaschinen entwickelt wurden. Man entdeckte, daß mit dem Archimedes der gelehrten akademischen Tradition zum Beispiel gesunkene Schiffe zu heben waren. Und man lernte, daß mit dem technischen Können in den Werkstätten physikalische Sätze experimentell bewiesen werden konnten.

Die Beispiele ließen sich fortführen, aber Sie wissen das besser als ich, die Sie die Geschichte Ihrer Wissenschaft kennen. Eine Entwicklung insgesamt, die uns zu dem werden ließ, was wir heute sind, eine von der Technik geprägte Kultur, die ihren Lebensstandard den Resultaten wissenschaftlicher Forschung verdankt. Man kann auch sagen: die Identität von homo sapiens und homo faber ist Ursprung und Motor unserer modernen Welt.

Andererseits führen Wissenschaft und Technik in unserer modernen Industriegesellschaft zur dauernden Beunruhigung, zu immer neuer Beunruhigung. Herr Professor Welker hat über die Aufregung gesprochen, die die Pläne zur Errichtung der ersten Eisenbahnen mit sich brachten. Es war nicht die einzige Aufregung von Zeitgenossen, die mit einer neuen wissenschaftlich-technischen Entwicklung konfrontiert wurden. Solche Aufregungen gibt es immer wieder, und manche Aufregungen sind sogar gerechtfertigt. Die Aufregung zum Beispiel über die nukleare Bombe ist gerechtfertigt. Die Aufregung über manipulative Möglichkeiten, die die Wissenschaft der Genetik eröffnet, ist gerechtfertigt.

Kein Kulturpessimismus

Andererseits gehört zum guten Ton bestimmter Menschen und Gruppen, meistens solcher, die sich selber für Intellektuelle halten, die Annehmlichkeiten dessen zu genießen, was Wissenschaftler und Techniker ermöglicht haben, aber zugleich nicht nur sich zu mokieren über das Teufelswerk der Technik, sondern bisweilen auch zu philosophieren über den bevorstehenden Untergang der Zivilisation schlechthin und sich selbst einer solchen Endzeitapokalypse innerlich auszuliefern.

An den Bedenken, die manche Menschen gegen moderne Wissenschafts- und Technikergebnisse vortragen, ist sehr viel Bedenkenswertes. Ich habe zwei Beispiele gegeben. Aber ich muß in Klammern hinzufügen: derjenige soll über seine innere Logik ebenso nachdenken und über die Konsequenzen, die er herbeiführt, der im Auto über Land fährt, um am entfernten Ort an einer Demonstration gegen moderne Technik teilzunehmen.

Ich habe immer viel gegeben auf Karl Popper, bei dem ich jüngst den Satz gefunden habe: »Ich habe in meinem langen Leben nicht nur Rückschritte, sondern auch weithin spürbare Fortschritte gesehen.« Dem möchte ich zustimmen.

Ich gehöre nicht zu denen, die irgendein Endzeitsyndrom bedrückt, und ich möchte niemanden in dem heute zum Teil als Mode sich ausbreitenden Kultur- und Technikpessimismus bestärken. Ich glaube, diese Mode ist in zehn Jahren sowieso vorbei.

Aber man muß sich diesen Pessimismus etwas näher ansehen, dem wir begegnen. Mir scheint, der Glaube an den Fortschritt wurde bei vielen nicht deswegen erschüttert, weil Fortschritt nicht mehr stattfände, sondern weil die naive Erwartung, daß technischer Fortschritt automatisch und sozusagen notwendig eine wachsende Humanisierung der Gesellschaft bedeute, enttäuscht wurde. Ich habe von denen geredet, die mit dem Auto über Land fahren, aber das sind oft diejenigen, die vor der eigenen Haustür keine Autostraße haben wollen. Andere wollen sich elektrisch rasieren oder wollen ihre Hörsäle mit Leuchtröhren beleuchten und mit Strom kochen und heizen, wenden sich aber mit letzter, meist irrational begründeter Entschiedenheit gegen die Kernenergie, aus der längst ein Teil ihres elektrischen Stromes stammt.

Ich will keinem vertrauensseligen Fortschrittsglauben das Wort reden, aber ich wehre mich gegen die häufig nur auf Verneinung angelegte Skepsis gegenüber jedem Fortschritt. In dieser Skepsis vermute ich ein vielfältiges, breites, insgesamt voluminöses Orientierungsdefizit. Wenn wir uns alle betrachten, die wir im Leben miteinander zu tun haben, die Hochschullehrer und die Studenten oder die Ärzte und die Patienten oder die Wähler und die Politiker, insgesamt weiß man sehr viel. Der Physiker weiß vieles, der Techniker, der Facharbeiter weiß vieles, jeder weiß vieles auf seinem eigenen Feld. Aber von dem Feld des Nachbarn wissen wir relativ wenig. Woran es fehlt, ist ein handlungsleitendes Wissen, ein handlungsleitender Überblick. Mit anderen Worten: in unserer Gesellschaft wird an einzelnen Orten, in einzelnen Hirnen einzelner Personen mehr gewußt und mehr gekonnt, als wir insgesamt als Gemeinschaft in begründete Lebensformen transformieren können. Und das ist wahrscheinlich der Hauptgrund der Angst vor einer scheinbar übermächtig gewordenen Technik, Angst gegenüber etwas Unbestimmbarem, das man nicht zu überschauen oder zu durchschauen vermag. Hier liegt die Hauptursache, denke ich, zum Beispiel auch für die Angst gegenüber der Nutzung oder dem Ausbau der Kernenergie.

Wenn das so ist, dann kommt es darauf an, daß derjenige, der über Wissen verfügt, sich selbst ein besonderes Maß an Verantwortung auferlegen muß. Und aus der Verantwortung erfolgt praktisches Handeln. Verantwortung findet zwar im Gewissen statt, aber sie muß sich in Handeln umsetzen. Noch mal Karl Popper: »Da sich der Wissenschaftler nun einmal unentwirrbar in die Anwendung einer Wissenschaft verstrickt hat, sollte er seine besondere Verpflichtung darin sehen, die ungewollten Folgen seiner Tätigkeit soweit wie möglich vorauszusehen.«

Es ist übrigens immer das schwerste, die ungewollten, die Nebenwirkungen vorauszusehen. Das gilt für die Kindererziehung genausogut wie für die Medizin, wie für die Naturwissenschaft.

Es gilt ebenso natürlich für meinen Beruf, den des Politikers.

Und noch schwieriger: die ungewollten Folgen vorauszusehen, wenn man sich geirrt und etwas Falsches gemacht hat.

Medienwirkungsforschung

Vielleicht darf ich einen Bereich als Beispiel nennen, in dem die technische Entwicklung stürmisch vorangeht, in dem aber die geistige Verarbeitung nicht mitgekommen ist, wo die gesellschaftlichen Fragestellungen, die der Fortschritt auslöst, nicht ausreichend erforscht und durchdacht, die Antworten nicht ausreichend vorhergesehen werden. Ich spreche von der Entwicklung der elektronischen Kommunikationsmöglichkeiten. Da gibt es moderne Kabeltechniken, die ich nicht mehr verstehe. Ich habe zur Not noch verstanden, was ein Koaxialkabel ist. Aber was ein Lichtfaserkabel ist und dann noch Breitband, das verlangt ein bißchen viel von dem Gehirn eines Ökonomen oder eines Politikers. Aber verstanden habe ich, daß diese modernen Kabeltechniken, daß der Einsatz von Satelliten, daß die Kombination revolutionierender Techniken miteinander eine phantastische Erweiterung der Telekommunikationsmöglichkeiten eröffnet hat. Es klingt harmlos, ist aber in Wirklichkeit möglicherweise für die geistige Kultur Europas eine lebensgefährliche Tatsache, daß der störungsfreie Empfang von 30 oder 40 Fernsehprogrammen keine ferne Utopie mehr ist. Wenn wir nicht aufpassen, ist es in fünf Jahren soweit. Ganz neue Formen elektronischer Kommunikation sind technisch machbar geworden, und so, wie ich unsere Techniker kenne, werden sie dann auch gemacht.

Die technischen Probleme erscheinen gelöst. Aber ich sage noch einmal, auf die wirtschaftlichen, wichtiger noch, auf die sozialen, noch wichtiger, auf die demokratischen Probleme, die mit dieser Entwicklung zusammenhängen, ist bisher zuwenig Gedankenarbeit verwandt worden. Ich habe das Wort »demokratische Probleme« betont. Einige werden sich an den Zivilisationspessimisten Oswald Spengler erinnern, an seine Vorstellungen von dem heraufdämmernden Zeitalter der Cäsaren. Eine Fernsehüberflutung des industriellen Massenpublikums kann zu einem solchen Effekt führen, weil niemand mehr sorgfältig liest, sondern sich nur noch berieseln läßt und es dann drauf ankommt, wer am Fernsehen den sympathischsten Eindruck macht.

Aber ich gehe hier noch einen Schritt weiter und sage: die mit dieser Entwicklung vorhersehbar ausgelösten seelischen und geistigen Folgen für unsere Kultur, zum Beispiel für die Familie, sind noch nicht durchdacht. Die möglichen Nebenwirkungen sind nicht zu Ende gedacht. Das liegt wohl daran, daß die Wissenschaft sich diesen Fragestellungen bisher noch nicht zugewandt hat. Da sagen Naturwissenschaftler: Ja, was geht uns das an? Da sagen vielleicht Geisteswissenschaftler: Woher sollen wir wissen, was ein Lichtfaserkabel ist, sogar noch Breitband, woher sollen wir wissen, was das für Wirkungen hat?

Oder es sagen die Politiker: Wenn schon die Wissenschaftler das nicht wissen, woher sollen wir es wissen?

Wir machen das immer ganz geschickt, wir schaffen uns Fachleute an. Die nennen sich in diesem Falle neuerdings Medienpolitiker, die tagen unter sich wie Physikalische Gesellschaften unter sich tagen. Wieviel von ihrem Wissen wirklich in die Gehirne der Menschen außerhalb des jeweiligen Fachbereichs hinübertransponiert werden kann, ist sehr fraglich. Die allgemeine Erkenntnis, die von solchen geschlosseneren Kreisen auf die Gesamtgesellschaft ausgeht, ist unzureichend.

In diesem Falle ist jedenfalls die Medienwirkungsforschung unzureichend. Soweit sie stattfindet, ist sie unkoordiniert und unsystematisch. Sie arbeitet mit sehr beschränkten Fragestellungen, zunächst von den Fliegenbeinzählern, von der Meinungsforschung ausgehend.

Aber es gibt auch Meinungsforscher, die die Gefahren schon sehen. Ich darf mich auf Frau Noelle-Neumann berufen, die vor Jahren geschrieben hat: »Mit großem Leichtsinn bleibt die Wirkung der Massenmedien auf die Bevölkerung bisher noch weitgehend unerforscht, obgleich nächst der Berufsarbeit Tag für Tag für nichts soviel Zeit aufgewandt wird, wie für die Aufnahme von Massenkommunikation . . .« Und nun kommt etwas ganz Erschreckendes: ». . . gegenwärtig durchschnittlich viereinhalb Stunden pro Tag.« Viereinhalb Stunden pro Tag wendet im Durchschnitt der Mensch auf für den Konsum dieser Angebote, die die Massenkommunikationsmittel ihm frei Haus liefern. Aber ich muß das Zitat noch zu Ende führen: »Es gibt sicher im heutigen Wissenschaftsbetrieb wenige Gebiete von großer öffentlicher Tragweite, die so weiß und so unerforscht daliegen wie die Massenkommunikation.«

Mir wird angesichts der neuesten technischen Möglichkeiten der Telekommunikation dieses Defizit sehr stark bewußt. Die Politiker werden auch unter Druck gesetzt, wir sollen schnell Entscheidungen treffen, Satelliten hier, Verkabelung dort. Aber ich kann den technischen Fortschritt, der möglich ist und der vielleicht sogar Geld spart, nicht isoliert betrachten. Notwendig ist, die Entwicklung der technischen Möglichkeiten in Beziehung zu setzen zu der Entwicklung des Menschen, der Gesellschaft, der Umwelt, und das heißt für dieses eine erwähnte Beispiel – ich hätte andere Beispiele nehmen können als ausgerechnet Telekommunikation, um darzutun, daß die Wirkungen und die unerwünschten und nichtgesehenen Nebenwirkungen lange bedacht werden müssen, ehe man etwas macht –, daß wir eine tiefergreifende Medienwirkungsforschung brauchen. Die politisch Handelnden brauchen die Einsicht, daß sie sich bei ihren Entscheidungen mit den verschiedenen Seiten, mit den verschiedenen Konsequenzen, mit den verschiedenen Auswirkungen dieser Medienentwicklung konfrontieren müssen, weil sie sonst mitschuldig werden, daß auf einem bestimmten Gebiet der technische Fortschritt der Kultur über den Kopf wächst.

Ich beschränke mich auf dieses Beispiel und sage: Die Komplexität aller wirtschaftlichen, sozialen, politischen, geistigen, seelischen Veränderungen, die durch eine Entwicklung der Technik hervorgerufen werden oder hervorgerufen werden könnten, muß selbst zu einem Thema der Wissenschaft werden. Und insofern brauchen wir nicht weniger oder langsameren Fortschritt, sondern mehr Fortschritt. Wenn ich sage »mehr Fortschritt«, dann setzt dieses Diktum allerdings einen erweiterten Forschungsbegriffsinhalt voraus. Eine Begrenzung des Fortschrittsbegriffes bloß auf den Technikbereich kann sogar nach rückwärts führen. Statt dessen brauchen wir eine bessere interdisziplinäre Zusammenarbeit, einen kontinuierlichen Austausch zwischen Wissenschaft und Ingenieuren und Unternehmen einerseits, zwischen öffentlicher Meinung und Politik andererseits. Eines der größten Probleme, vor denen Sie, meine Damen und Herren Wissenschaftler, stehen, ist, daß Sie in aller Regel nicht ausreichend ausgebildet sind, auch den Ehrgeiz nicht besitzen, sich selber fähig zu machen, um das, was Sie wissen und begriffen haben, der allgemeinen Öffentlichkeit mitzuteilen.

In einer demokratischen Gesellschaft bedarf aber die

Gesellschaft dieses Ihres Ehrgeizes. Denn die Gesellschaft bedarf der Diskussion nicht nur über die Aufgaben der Forschung, sondern zum Beispiel auch über das, was die Forschung ermöglicht hat, was sie machbar gemacht hat. Ebenso darüber, wo denn die Grenzen gezogen werden müssen zwischen dem, was vielleicht machbar, aber gesellschaftlich unerwünscht ist. Wir brauchen diese Grenzziehungen in vielen Fragen sehr viel konkreter als bisher, denn wir haben doch verstanden: nicht in der Technik, auch nicht in der Chemie oder in der Biochemie, nicht in der Medizin, nicht in der Genetik, nirgendwo kann alles, was machbar ist, deswegen, weil es machbar ist, auch schon erlaubt sein.

Die Gesamtgesellschaft bedarf der Fähigkeit – dazu müssen die Wissenschaftler Entscheidendes beitragen – zu durchdringen, sowohl die Chancen neuer Entwicklungen als auch die Gefährdungen abzuschätzen, die neue Entwicklungen mit sich bringen.

Bringschuld der Wissenschaft

Wenn nun Ihre Physikalische Gesellschaft, meine Damen und Herren, sich auch als Bindeglied versteht zwischen den Physikern in den Hochschulen und den Physikern in der Industrie, wenn Ihre Aktivitäten, wie z. B. die heutige Tagung, der Darstellung der Physik in der Öffentlichkeit dienen, dann scheinen mir dies Ansätze in der richtigen Richtung zu sein, für die ich zu danken habe. Ich möchte zugleich Sie und Ihre traditionsreiche Gesellschaft ermutigen, in solchen Anstrengungen nicht nachzulassen, insbesondere nicht nachzulassen in der Anstrengung, in einer breiten Öffentlichkeit Verständnis nicht nur für Ihre Arbeit, für Ihre Bedürfnisse, für Ihre Stellenplanprobleme zu wecken – das ist auch legitim und vielleicht sogar notwendig –, sondern ebenso Verständnis zu erwecken für die Art von geistigen, kulturellen, zivilisatorischen Bedürfnissen, von denen ich vorhin sprach und die, wenn sie unbesetzt und unbefriedigt blieben, à la longue vielleicht sehr viel gefährlicher sein können als die Kernkraftwerke oder als die Atombomben, die ihrerseits in Wirklichkeit millionenfach gefährlicher sind als ein Kernkraftwerk.

Da mag dann eine Gedächtnisausstellung zum 100. Geburtstag von Einstein, von Laue, Hahn und Meitner, wie sie in Berlin stattfand, gut geeignet sein; aber Sie müssen noch sehr viel mehr auf diesem Felde tun. Ich denke an das Wort von der Bringschuld, das ich, vor vier oder fünf Jahren vor der Deutschen Forschungsgemeinschaft an die Wissenschaftler gerichtet, aussprach und seither viele Male wiederholt habe. Ich komme noch darauf zurück, aber Sie müssen sich dessen bewußt sein: es ist wirklich Ihre Bringschuld. Der Bürger kann bei Ihnen Wissen und Erkenntnis nicht abholen, dem fehlt dafür das Instrumentarium.

Sie müssen ihm Wissen und Erkenntnisse so servieren, daß er Sie verstehen kann. Sie haben es zu bringen, nicht er hat es abzuholen. Sie müssen es nicht nur dem Bürger bringen, Sie müssen es zum Beispiel auch dem Politiker bringen, dem fehlt nämlich auch das Instrumentarium, denn der ist auch nur ein normaler Mensch.

Immer höhere
Aufwendungen des Staates für die Wissenschaft

Ich habe von Planstellen gesprochen, das bringt mich auf Ihre Probleme, von denen in der Rede von Herrn Professor Welker auch gesprochen wurde. Sie haben ja durchaus Erfolg mit Ihren Bemühungen, zum Beispiel was das Herausnehmen des Physikstudiums aus dem Numerus clausus angeht.

Im Lauf der letzten zwei Jahrzehnte hat sich das wissenschaftliche Personal unserer Hochschulen verfünffacht. Es gibt nicht viele Bereiche unserer Gesellschaft, wo das Personal sich in gleicher Zeit verfünffacht hat. Solange das beim wissenschaftlichen Personal des Staates geschieht, schreit niemand. Stellen Sie sich mal vor, es würde bei der Post oder bei der Bahn geschehen!

Im Haushaltsplan dieses Jahres sind beim Bund insgesamt 11,2 Milliarden DM für Wissenschaft, Forschung und Entwicklung vorgesehen. Die Gesellschaft läßt sich also ihre Wissenschaft durchaus etwas kosten.

Wenn man alles zusammennimmt, denke ich, daß unsere Förderung der Wissenschaften in Deutschland in ihren Proportionen durchaus mit der Förderung der Wissenschaft in den Vereinigten Staaten von Amerika vergleichbar ist. Und mich als Politiker, der ich den allzutiefen Einblick in ein solches Gebiet nicht haben kann, hat es doch mit einer gewissen Genugtuung erfüllt, als ich vor ein paar Tagen die Herald Tribune in die Hand bekam, eine der Zeitungen, die ich jeden Morgen zu lesen pflege. Sie sehen, ich leide auch unter Medienüberflutung.

Aber es ist für meinen Beruf unausweichlich notwendig, jeden Morgen 10 oder 12 Zeitungen zu lesen. Und da fand ich in der Herald Tribune unter der Überschrift »German Science: A Comeback«, daß die DESY-Ergebnisse überzeugend die Entschlossenheit der Bundesrepublik symbolisierten, »to return to the scientific peaks that it occupied before World War II«. Ich glaube, das ist nicht ganz falsch gesehen, und es ist durchaus ein Grund zur inneren Genugtuung, auf die man sich ja nicht zurückziehen und auf ihr ausruhen soll. Andererseits scheint mir zutreffend, daß die Zahl der von deutschen Forschern und Erfindern angemeldeten Patente zurückbleibt gegenüber den Aufwendungen, wenn man es historisch rückblickend vergleicht.

Vielleicht darf ich den Deutungsversuchen von Herrn Professor Welker noch eine Bemerkung beifügen. Das Schicksal Albert Einsteins signalisiert nicht nur, daß die nationalsozialistische Diktatur mit den Juden einen großen Teil der in Deutschland forschenden Menschen ermordet oder wie in Einsteins Fall vertrieben hat, sondern auch, daß es ja gerade sehr oft die Juden waren oder sind, die eine schwer zu begründende, aber doch sehr deutlich erkennbare Befähigung zu wissenschaftlichem Denken entfalten können.

Und so hat das Verbrechen in der Hitlerzeit unsägliches menschliches Leiden gebracht über jüdische und andere Millionen von deutschen und europäischen Mitbürgern, aber zugleich hat es unsere eigene Kultur geistiger Schöpfungskräfte beraubt, die unersetzbar bleiben.

Ich meine, daß unsere Wissenschaft heute insgesamt wieder einen guten Ruf, in manchen Bereichen sogar einen ausgezeichneten Ruf genießt, auch wenn gegenwärtig nur vergleichsweise selten ein Nobelpreis nach Deutschland geht. Ein deutliches Indiz für den guten Ruf ist die Tatsache, daß heute niemand mehr in unserem Land von sogenannter Wissenschaftlerflucht redet. Im Gegenteil, wenn ich es richtig verstehe, drängen heute manche zurück, die damals nach draußen gegangen sind.

Blick nach draußen

Es bleibt die Aufgabe unserer Wissenschaft, unserer Technik, beizutragen zur Verbesserung des Lebens und des Lebensstandards in den Ländern der Dritten Welt, der ganzen Welt. Was wir heute als Energiekrise bezeichnen, ist vielleicht nur ein anderes Wort für die Tatsache, daß die Wissenschaftler und die Ökonomen und die Politiker der ganzen Welt zu wenig zukunftsorientiert gedacht haben, was die Energie angeht. Denn an potentiellen Primärenergien mangelt es ja nicht. Wir haben vorhin gehört, Energieerzeugung sei ein ganz falsches Wort, es handele sich nur um Transformation. Sonnenenergie ist praktisch unbegrenzt da. Woran es fehlt, ist die rechtzeitige Entwicklung vernünftiger Techniken, um sie zeitgerecht – entsprechend den zeitlich vorhersehbaren Größenordnungen des zukünftigen Bedarfs – nutzen zu können. Wir brauchen insbesondere neue Techniken, die nicht nur die Ausbeutung ohnehin knapper Ressourcen fortsetzen, sondern die Ausbeutung der knappen Ressourcen möglichst frühzeitig, möglichst weitgehend überflüssig machen und die dabei doch mit möglichst wenig unerwünschten Folgen und mit einem möglichst geringen Bereich unübersehbarer Nebenwirkungen verknüpft sind.

Solche Techniken sind nicht möglich ohne Ihre Pionierarbeit als Naturwissenschaftler. Sie werden hier gebraucht, und Sie müssen wissen, genau wie wir Politiker das wissen, daß Energieverschwendung durch uns, genauer gesagt Ölverschwendung durch uns, denen es in einer reichen Industriegesellschaft gutgeht, mit einem der höchsten Pro-Kopf-Einkommen der ganzen Welt, mit einem der höchsten Lebensstandards in der ganzen Welt – das gilt auch für Österreich, gilt ebenso für die Schweiz –, daß Energieverschwendung durch uns Reiche für andere, zumal in Entwicklungsländern, zusätzliche Armut und Not bedeuten kann. Wir müssen durch unsere eigene Energiepolitik langfristig dazu beitragen, daß in den anderen Staaten der Welt der Bedarf an Energie sichergestellt werden kann. Es gibt dafür natürlich Schätzungen; aber damit steht es wie mit den ökonomischen Professoren und ihren Jahresgutachten, die schätzen jedes Jahr im November, wie das nächste Jahr ablaufen wird. Im nächsten November wundert man sich dann, daß man vor 12 Monaten die Prognosen so ernst genommen hatte. So ist das auch mit Energieverbrauchsprognosen oder mit Energiebedarfsprognosen.

Trotzdem sind sie dringend nötig. Trotzdem muß man immer versuchen, sich Rechenschaft abzulegen wenigstens von den Größenordnungen, die erforderlich werden. Und dann stößt man sehr bald auf ein Problem, das mich immer nachdenklicher stimmt, nämlich das explosive Wachstum der Zahl der Menschen, die auf der Erde leben. Ich habe in meiner Schulzeit gelernt, es wären 2 Milliarden Menschen, die damals auf der Erde lebten. Gegenwärtig sind es 4 Milliarden, also doppelt soviel, oder viereinhalb; am Ende des Jahrhunderts werden es dreimal soviel sein, 6 oder sechseinhalb Milliarden Menschen, und dann scheint es noch schneller weiterzugehen! Die Frage stellt sich, ob es so weitergehen darf!

Wie viele Menschen können wir voraussichtlich, zum Beispiel mit Energie, aber nicht nur mit Energie, in menschenwürdiger Weise versorgen? Wo liegen die Grenzen für solche Versorgung? Und welche Risiken wären für die Menschheit mit welchen Maßnahmen verbunden, und welche Risiken wären verbunden mit welchen Unterlassungen? Und wenn man die Risiken glaubt abgeschätzt zu haben, wie kann man Einfluß nehmen, wie darf man Einfluß nehmen, und was sind die unvermeidlichen Nebenwirkungen solcher Einflußnahme? Und wie sollen sich Staaten mit abnehmender Bevölkerung verhalten?

Ich habe soeben versucht, anhand der beiden Beispiele Telekommunikation und Energie im Verhältnis zum Bevölkerungswachstum der Welt darzutun, daß die Begrenzungen der Gegenstände, denen sich die Forschung zuzuwenden hat, ausgedehnt werden müssen. Am

Schluß will ich aber auch ein Wort zu den Schranken sagen.

Grenzen der Forschung

Die Möglichkeiten der Biologie, der Medizin, der Chemie, der Physik, der Wissenschaft und Technik sind sehr groß. Sie erweitern sich ständig. Aber wir haben der Anwendung dieser Wissenschaften auch deutlich Schranken zu setzen. Wir wollen die wissenschaftlichen Möglichkeiten nützen, aber wir dürfen die Existenz und das Wesen des Menschen, die Würde des Menschen, die an der Spitze unserer Wertordnung steht, die mit Recht im Artikel 1 unseres Grundgesetzes steht, wir dürfen sie nicht vernachlässigen oder gar verletzen! Wir dürfen auch nicht uns falsche Alternativen, plakative Alternativen aufschwätzen lassen. Steinzeit oder Atomzeit ist eine von diesen unsinnigen Scheinalternativen. Politische Entscheidungen dürfen sich weder auf romantische Phantasien vom einfachen Leben, ich trete hier dem von mir in der Nazizeit sehr geliebten Ernst Wiechert nicht zu nahe, noch auf science fiction stützen! Was wir brauchen, ist vielmehr eine vernunftmäßige, besonnene, vernunftkontrollierte, sittlich gegründete Entfaltung all der Fähigkeiten, auf denen unsere Gesellschaft beruht, geistig und sozial abgesicherte Forschung und Technik, die den Auftrag erfüllen kann, unser Leben menschlicher zu machen.

Es ist ein großes Verdienst der Physiker, als erste im Zusammenhang mit dem Bau der Atombombe auf Grenzen der gerechtfertigten Anwendung wissenschaftlicher Forschung hingewiesen zu haben. Max Born hat gesagt: »Der Naturforscher trägt als Glied des technischen Systems, in dem er lebt, auch einen Teil der Verantwortung für den vernünftigen Gebrauch seiner Ergebnisse.« Einstein hat sich skeptischer geäußert. Nach dem Kriege, 1946, hat er gesagt: »Moralische Autorität ist für die Erhaltung des Friedens kaum das geeignete Mittel.« Moralische Autorität reicht nach meinem Urteil in der Tat für eine erfolgreiche Friedenspolitik *allein* nicht aus. Wenn es so gemeint gewesen wäre, stimme ich Einstein zu. Aber Autorität ohne moralische Gegründetheit kann sehr schnell degenerieren, gefährlich degenerieren, kann sogar auch degenerieren zur technischen Herrschaft von Instrumenten über Menschen. Unter solcher Herrschaft gäbe es dann nur Knechte.

Deswegen stimme ich noch mal Max Born zu, der sagte: »Die ethischen Grenzen unseres Weltbildes sind genauso sorgfältig zu untersuchen wie die physikalischen Grenzen unseres Weltbildes.« Daran haben die Wissenschaftler mitzuwirken. Sie, meine Damen und Herren, tun dies, Sie versuchen, einen Teil ihrer Bringschuld zu leisten.

Grundlagenforschung

Vielleicht haben einige nun den Eindruck, ich wollte nur der Zweckforschung oder den gesellschaftlichen Zwekken und Verantwortungen der Wissenschaft das Wort reden. Um Mißverständnisse zu vermeiden: Ich weiß, daß die freie, die Grundlagenforschung die Krone der Forschung ist. Es ist Ihnen klar und für uns selbstverständlich, daß Bundestag und Bundesregierung die Grundlagenforschung weiterhin fördern. Es bedarf keiner besonderen Lobby, um ihr den Freiraum gegenüber den Instanzen des Staates zu sichern, den schon das Grundgesetz im Artikel 5, Absatz 3, der Wissenschaft und der Forschung zugemessen und garantiert hat. Und dies nicht etwa nur, weil die Grundlagenforschung auch zukünftig der Nährboden sein wird für alle Forschung und zugleich für unse-

ren qualifizierten Nachwuchs. Sondern die Grundlagenforschung – Teilchenphysik, Materienphysik, Astrophy-
sik als Beispiele – findet notwendigerweise deswegen
statt, weil die nichtfinale Forschung, die nichtzweckge-
bundene Forschung wie keine andere das dem Menschen
eingeborene Bedürfnis nach Erkenntnis der Wahrheit erfüllt; das eingeborene Bedürfnis, Wahrheit zu suchen,
Erkenntnisse zu sammeln, zu erkennen, was die Welt im
Innersten zusammenhält. Eine Kultur, die sich ihres
Wertes bewußt bleibt, bleiben will, muß sich für die
Grundlagen neugierig interessieren, muß nach dem Wesen der Materie, nach dem Wesen des Universums, sie
muß nach dem Wesen des Lebens forschen. In diesem
Sinne akzeptiert unsere moderne industrielle und zu-
gleich demokratische Gesellschaft die Sonderrolle der
Wissenschaft.

Gesellschaft und Staat andererseits bekommen von
Ihnen gelegentlich den Vorwurf, der Staat habe dazu bei-
getragen, durch Bürokratisierung die wissenschaftlichen
Lebensverhältnisse unnötig zu erschweren. Natürlich
trifft das Regelungswesen, das Erlaßwesen moderner
Staaten diejenigen Institutionen am schwersten, deren
Wesen eben das Wagnis des Gedankens, Kreativität, das
Gehen neuer Wege ist. Natürlich wird Kreativität davon
bisweilen am schwersten betroffen.

Es stimmt, die Wissenschaft läßt sich nicht ohne weiteres nach betriebswirtschaftlichen Gesichtspunkten
oder nach Gesichtspunkten fiskalischer Verwaltung organisieren. Aber Sie müssen wissen, die Parlamente, die
Regierungen haben die Verantwortung, die Verwendung
der Steuergelder zu legitimieren, zu prüfen, und sie müssen sich dafür verantworten. Sie haben infolgedessen
auch die Aufgabe, auf Mängel aufmerksam zu machen,
die die Gesellschaft teuer zu stehen kommen können.

Als ein Beispiel für solche Mängel im Bereiche der Wissenschaft nenne ich die Verschleppung der Studienreform, ich sollte es besser im Plural sagen, der Studienreformen, weil jede Fakultät ihre eigenen Mängel reformieren müßte, aber keine ist recht bereit, als Vorbild voranzumarschieren. Ich nenne als anderes Beispiel das in vielen Fällen überalterte Management an den Universitäten, die in Wirklichkeit Dienstleistungs-Großbetriebe sind.

Verantwortung

Wir haben also insgesamt noch über vieles gemeinsam nachzudenken. Wir haben nachzudenken zum Beispiel darüber, wie die Basisinnovation der Mikroprozessoren bewerkstelligt werden kann, ohne in der Summe zu einer Verminderung von Arbeitsplätzen zu führen. Zum Beispiel darüber, wie die Kindersterblichkeit bei uns gesenkt werden kann, wie die Gesundheitsvorsorge verbessert werden kann. Zum Beispiel haben wir auch darüber nachzudenken, wie wir körperlich Behinderten eine vollständige Teilnahme am sozialen Leben ermöglichen können.

Vieles gibt es zu bedenken. Und wenn man genug nachdenkt, so kann man doch nicht alles Denkbare erreichen, aber man kann sehr viel erreichen. Wenn wir genug nachdenken, kann vielleicht auch nicht alles vermieden werden, was zu vermeiden wünschenswert ist. Aber die größten, die meisten Gefahren können vermieden werden.

Die Wissenschaft und das Humanum zur Synthese zu führen, das ist ein hohes Ziel, ein schwer zu erreichendes Ziel, aber ein Ziel, das jeden Tag und jede Woche und in jeder Forschergeneration erneut als Ziel bewußt gesetzt werden muß.

Ich denke, Sie spüren aus dem, was ich zu sagen mich bemühe, und ich denke ebenso von Ihnen: Wir sind uns gleichermaßen bewußt, meine sehr verehrten Damen und Herren, daß wir beide, die Politiker wie die Wissenschaft, dazu in unserem ganzen Leben erhebliche Beiträge zu leisten haben.

SOZIALE PARTNERSCHAFT

Einweihung
der »kritischen Akademie«

Ansprache am 17. Januar 1977 in Inzell

Meine sehr geehrten Damen und Herren!
Lieber Karl Buschmann!
Lieber Heinz Oskar Vetter!
Liebe Kolleginnen und Kollegen!

1.

Zunächst herzlichen Dank für die Einladung und für die
freundlichen Worte der Begrüßung. Ich bin gern gekommen und will das begründen:

Die Errichtung dieser Akademie ist in dem verdienst-
reichen, auch von Enttäuschungen begleiteten, insgesamt aber doch sehr erfolgreichen Lebenswerk meines
Freundes Karl Buschmann ein Höhepunkt.

Zum zweiten scheint mir, daß hier ein beispielhaftes
Ergebnis des Bemühens zweier Tarifparteien vorliegt,
das über die traditionelle Tarifpolitik hinaus neue Wege
der Zusammenarbeit aufschließt.

Was am heutigen Tage hier in Gang gebracht wird,
verdient nicht nur Sympathie und Respekt, sondern für
die Zukunft auch durchaus Neugierde, Beobachtung und
die Bereitschaft, von dem hier Erzielten zu lernen – insbesondere wegen der Absicht, Beiträge zur Schaffung kritischen Bewußtseins zu leisten.

Ich würde mich freuen, wenn möglichst viele Arbeitnehmer, vor allem möglichst viele Frauen – denn an ihnen ist einiges gutzumachen – Gelegenheit bekämen,
diese Akademie zu besuchen. Damit sollte nicht gewar-
tet werden, bis erst für jedermann ein Bildungsurlaub
verwirklicht werden kann; dies geht einstweilen nicht so
schnell, weil ein allgemeiner Bildungsurlaub viele Milliarden kosten würde, die wir uns – noch nicht – leisten
können.

2.

Was den selbstgestellten kritischen Auftrag dieser Akademie angeht:

Wir leben in einer Zeit, in der die Selbständigkeit des
Denkens, die Fähigkeit zur Kritik, aber auch – und das
muß dann auch dazukommen – die Fähigkeit zur Konsequenz im verantwortlichen eigenen Handeln geradezu
von operativer Bedeutung sind.

Kritik ist ja große Mode in Deutschland. Aber nicht alles, was sich als Kritik gebärdet, ist wirklich kritisch,
sondern oft leider nur billige Anpasserei an das, was andere gestern auch schon kritisch gesagt haben. Die Eigenständigkeit der Kritik ist nicht so häufig, wie das
Schlagwort von der Kritik gebraucht wird.

Kritik setzt die Fähigkeit zum eigenen Urteil voraus –
eine der entscheidenden Voraussetzungen für die Selbst-
entfaltung des einzelnen Menschen in einer demokratischen Gesellschaft.

Wir leben in einer Welt voller Konflikte – auch innerhalb der eigenen Gesellschaft –, und Ausgleich schaffen
kann nur derjenige, der selbst vernünftig zu urteilen und
dann zu handeln vermag. Diese kritische Vernunft ist der
Damm gegen die Verführer, die Manipulierer, die Welt-
beglücker und die Dogmatiker.

Zur kritischen Vernunft gehört auch, daß man sich in der gesellschaftspolitischen Diskussion nicht zufriedengibt mit dem, was man vorgefunden hat, daß man nach den Bedingungen fragt, unter denen Fortschritt sich vollziehen kann und Menschsein möglich ist, unter denen der einzelne Freiräume nutzen, bewahren und erweitern kann.

Sicherlich sind die meisten darin einig, daß wir gesellschaftspolitisch in Stillstand geraten könnten, wenn Anpassung und Opportunismus – sei es auch im Gewande der Kritik – sich noch mehr ausbreiteten. Es ist ein Irrtum zu glauben, wir lebten in den letzten Jahren in einer besonders kritischen Zeit. Wir leben in einer besonders anpasserischen Zeit. Alles andere ist Selbsttäuschung.

Wir könnten in Stillstand auch geraten, wenn eigenständig kritische Menschen, junge Menschen zumal, aus Furcht vor persönlichen oder beruflichen Nachteilen sich abwendeten vom politischen Handeln – oder, wie Karl Buschmann gesagt hat, reformierenden Handeln.

Dadurch würde auch die Demokratie Schaden leiden. Denn die Demokratie braucht – das ist ihr wesensimmanent – die Unruhe. Sie braucht die Menschen, die etwas ändern, die etwas bewegen wollen. Die Demokratie müßte eintrocknen, wenn sie des kritischen Engagements entbehren müßte.

3.

Ich habe es immer als ein hervorragendes Merkmal des Aufbaues der deutschen Gesellschaft nach dem Zweiten Weltkrieg angesehen – und diese Akademie ist ein weiterer Beweis dafür –, daß die Gewerkschaften bewußt und absichtsvoll zu den kritischen Kräften gehören, die unsere Gesellschaft voranbringen.

Abgesehen von ähnlichen Verhältnissen bei unseren unmittelbaren Nachbarn in Österreich und zum Teil in Skandinavien, ist im übrigen in den Industriestaaten die Rolle der deutschen Gewerkschaften in der Gesellschaft eine einzigartige. Die ist nicht von den Verfassungsgebern so geschaffen worden. Zwar hat die Verfassung sie erlaubt. Aber geschaffen worden ist die Stellung und Bedeutung der Gewerkschaften von denen, die sich in ihnen organisiert, sich die weitblickenden Führungen gewählt haben. In unserer Gesellschaft haben sich die Gewerkschaften ein besonders hohes Maß an Mitwirkung und Verantwortung errungen und bewahrt.

Karl Buschmann hat von der Lohnautonomie gesprochen. Der autonome Bereich der Gewerkschaften geht ja darüber durchaus hinaus. Aber der Kern der Kraft, die von der deutschen Gewerkschaftsbewegung ausgeht, liegt darin, daß sie auf dem Felde der Lohn- und Arbeitsbedingungen autonom handelt. Das heißt dann auch: Sie muß ihre Entscheidungen selbst verantworten, es ist kein anderer da, der aufpaßt – im Gegensatz zu vielen anderen Gewerkschaftsbewegungen in anderen Staaten, wo behördliche oder parteiliche Instanzen schließlich und endlich Lohnfestsetzung von Staats wegen betreiben. Daraus folgen dann in jenen Staaten alle möglichen weiteren Diktate oder Regelungen, was dann die Gewerkschaften und ihre Führungen zwingt, auf andere Felder auszuweichen, weil das eigentliche, ursprüngliche Feld ihnen versagt ist.

Ich bin dankbar für die Beharrlichkeit, mit der unsere Gewerkschaften – trotz mancherlei Versuchungen, die gewiß immer wieder aufkommen – einen ihrer Verantwortung sich bewußt bleibenden Gebrauch von ihrem autonomen Handlungsspielraum gemacht haben und, wie ich hoffe, weiterhin machen werden. Dankbar bin und dankbar bleiben werde ich auch hinsichtlich des ständigen Drängens auf Veränderung, auf Erneuerung, auf Reform, und dankbar bin ich für den Mut und die Stetigkeit, mit der dabei auch gegen Egoismus und Ellenbogenideologie gekämpft wird.

4.

Wir haben eben von Karl Buschmann erneut ein überzeugendes gewerkschaftliches Bekenntnis zum sozialen Wandel durch demokratische Reform gehört. In dieser traditionellen Grundeinstellung unterscheiden sich gewerkschaftliches Gesellschaftsverständnis und gewerkschaftliche Sozialpolitik gewiß von dem Verständnis anderer Kräfte innerhalb unserer Gesellschaft.

Zum Beispiel: Konservative Sozialpolitik ist zwar auch am einzelnen Menschen orientiert. Es wäre ganz töricht und ungerecht, dies zu bestreiten. Konservative Sozialpolitik erkennt durchaus die Schutzbedürftigkeit des einzelnen im Fall persönlicher Not, durchaus die Notwendigkeit zur Solidarität mit hilfsbedürftigen Menschen. Aber häufig genug wird dabei der Arbeitnehmer – leider – nicht anders betrachtet denn als Gegenstand der Fürsorge und des Schutzes des Staates oder des Arbeitgebers.

Natürlich kann solche Gesinnung im Einzelfall durchaus Not lindern. Aber eine solche Einstellung geht nicht wirklich an die Wurzel dessen, was Not und Unterdrückung verursacht und was unter Umständen Menschen in unwürdiger Abhängigkeit hält. Wer neben dem Prinzip der Solidarität die beiden anderen Prinzipien der Personalität und der Subsidiarität ernst meint, der muß deshalb die ökonomischen und gesellschaftlichen Bedingungen ändern, um soziale Selbstbestimmung des einzelnen durch gesellschaftlichen Wandel zu ermöglichen. Das heißt in unserer Zeit auch: gemeinsam mit anderen wirtschaftlich mitbestimmen. Der Arbeitnehmer ist auf wirtschaftliche Mitbestimmung angewiesen, wenn anders Sozialpolitik nicht beschränkt bleiben soll darauf, den Schutzbedürftigen als Gegenstand der Fürsorge, als Objekt zu betrachten und nicht als Subjekt. Es geht nicht bloß um Hilfe, es geht um Hilfe zur Selbsthilfe. Mitbestimmung zu ermöglichen ist Hilfe zur Selbsthilfe.

Als es nach dem geistigen, sozialen und politischen Zusammenbruch vor über einem Vierteljahrhundert darum ging, diese Gesellschaft wieder aufzubauen, haben viele darüber nachgedacht. Einer von ihnen, Carlo Schmid, hat die Aufgabe im September 1949 beim Zusammentritt unseres ersten frei gewählten Parlaments nach schwerer Zeit so formuliert:

»Demokratie ist nur dort eine lebendige Wirklichkeit, wo man bereit ist, die sozialen und ökonomischen Konsequenzen aus ihren Postulaten zu ziehen. Dazu gehört, daß man den Menschen herausnimmt aus der großen Objektsituation – nicht nur im formal-juristischen Bereich, sondern auch und gerade dort, wo der Schwerpunkt seines Lebens liegt, nämlich im ökonomischen und sozialen Bereich.«

Es ist richtig: beide, die konservativen wie die fortschrittsorientierten Demokraten, orientieren die geistigen Grundlagen ihrer Politik an der Person, an der personalen Würde, an der personalen Freiheit. Aber sie verbinden sie doch mit unterschiedlichen Vorstellungen von Staat und Gesellschaft – die einen mit mehr obrigkeitlicher Grundtendenz, die anderen mit der demokratischen Grundtendenz von mehr Selbstbestimmung und mehr Mitbestimmung.

Hier liegt auch eine der Wurzeln für die unterschiedlichen Auffassungen vom Wesen und von den Funktionen der großen Organisationen der Arbeitnehmerschaft. Die einen sehen in ihnen leicht einen Faktor der Unsicherheit und der Störung eines häufig mehr fiktiven Gemeinwohls. Die anderen – zu denen ich mich zähle – sehen in ihnen wesentliche Faktoren der Selbsthilfe der einzelnen Person und des demokratischen Prozesses gerechter Sozialgestaltung.

Ich stimme Karl Buschmann ausdrücklich darin zu, daß Reformpolitik immer nur eine Politik des schrittweisen Erreichens der Ziele sein kann, bei der in offener Diskussion alle Ansichten, alle Interessen zum Ausgleich kommen müssen.

Ich stimme ihm auch ausdrücklich darin zu, daß dieser demokratische Prozeß vielfältige Wege der Selbststeuerung bzw. der Selbstverwaltung durch die gesellschaftlichen Gruppen, besonders durch die Tarifpartner, eröffnet. Es ist keineswegs ein Naturgesetz und darf auch keines werden, daß alles, was an neuen Aufgaben zu lösen dringlich erscheint, nun gefälligst dem Staat überantwortet wird. Das wäre eine ganz gefährliche, eine zerstörerische Tendenz. Eine Demokratie, die letztlich darauf vertraut, der Staat werde schon alles richten, kann schwer zu Schaden kommen.

Der Staat muß Raum lassen und Raum schaffen dafür, daß auch anderswo Entscheidungen zustande gebracht werden können als in Behörden, Regierungen oder Parlament – nämlich in Gewerkschaften und in anderen sozialen Institutionen der Gesellschaft. Anders kann doch persönliche Freiheit gar nicht erfahren werden als durch ihren Gebrauch. Es ist ganz wichtig, die tatsächlich erreichte personale Freiheit erlebbar und erfahrbar zu machen. Viele junge Leute in der Bundesrepublik meinen, hier sei alles gar nicht so gut; viele sehen nicht die Unterschiede zu anderen Gesellschaften. Gerade sie müssen lernen, von ihren Freiheitsräumen Gebrauch zu machen. Das heißt aber auch, daß man ihnen nicht alle Entscheidungen wegnehmen darf. Man muß im Gegenteil soviel wie möglich Entscheidungsfreiheit dort belassen, wo sie sachgerecht genutzt werden kann.

5.

Übrigens, es ist in Deutschland nicht nur sehr viel Freiheit erfahrbar, es ist auch immer noch Ungerechtigkeit und Ungleichheit erfahrbar. Das wollen wir auch nicht leugnen.

Zum Beispiel sind – ich deutete es schon an – noch immer in eklatanter Weise Frauen gegenüber Männern benachteiligt oder Arbeiterkinder gegenüber Kindern aus bessergestellten Schichten.

Daß Frauen benachteiligt sind, hängt wesentlich davon ab, daß bisher die Familien, aber auch Staat, Gewerkschaften und Arbeitgeber, nicht genügend dafür sorgen, daß junge Mädchen im gleichen Maße etwas lernen wie Jungen. Hier liegt der eigentliche Schlüssel zur Emanzipation der Frauen! Es gehört zwar noch manches andere dazu; aber wenn die Frage der Ausbildung nicht in Ordnung kommt, bleibt alles andere am Rande.

Abbau von Ungerechtigkeiten – das bedeutet mehr Lebensqualität. Das ist ein großes, auch ein schönes Wort. Die Qualität des Lebens muß dem einzelnen Menschen dort bewußt werden, wo er lebt und arbeitet.

Es hätte keinen Sinn, es zu leugnen: manches ist da noch nicht in Ordnung. Auch nicht alles, was als Reform gedacht war, ist im Ergebnis gut geworden. Da muß man auch manchmal den Mut haben, Fehler und Irrwege zu erkennen und andere Wege einzuschlagen. Auch derjeni-

ge, der Reform betreibt, bedarf der Kritik und der Selbstkritik.

Regierungen werden heute für alles Mögliche verantwortlich gemacht. Sie mischen sich übrigens auch
manchmal in Dinge ein, für die sie besser nicht verantwortlich sein sollten, die sie nichts angehen. Ganz
deutlich: Wenn immer wieder mit großer Regelmäßig-
keit einige Leute Verbändegesetze – sprich: Gewerk-
schaftsgesetze – verlangen, dann wäre dies der Beginn einer Einmischung des Staates in Dinge, die den Staat
nichts angehen! Von da bis zur Denunziation der Gewerkschaften ist kein großer Schritt mehr – und meistens steht sie unausgesprochen im Hintergrunde. Bisweilen wird sie – auch das haben wir im letzten Sommer
erlebt – durchaus ausgesprochen.

Auf der anderen Seite – und ich sage das auch als Bundeskanzler und nicht nur als Gewerkschaftsmitglied und
Sozialdemokrat, der sich engagiert einsetzt für die richtig
verstandenen Aufgaben der Gewerkschaften in unserer
Gesellschaft – darf sich niemand darüber täuschen, daß
auch die Gewerkschaften nicht alle Antworten wissen.
Auch sie haben genauso zu suchen und wo nötig zurück-
zunehmen, haben Reformen, die sie eingeleitet haben,
kritisch zu begleiten und wo nötig zu korrigieren wie jeder andere. Denn kritisches Bewußtsein verlangt, immer
neu zu prüfen, was gut und was besser ist.

6.

Was die beiden Fragen angeht, die im Augenblick in unserem Lande besonders im Vordergrund stehen – ich
meine Arbeit und Bildung, beide für viele ein Grundwert –, so ist noch keineswegs heraus, ob wir schon die
richtigen Antworten haben, auch nicht, ob die Gewerkschaften das richtige Rezept hätten. Die Industriestaaten

der Welt haben gegenwärtig 17 Millionen Arbeitslose –
die meisten Staaten sehr viel mehr als wir. Wie schafft
man Arbeit für alle? Wie schafft man qualifizierte Bildung für alle? Das sind die Fragen.

Ich habe – das sage ich als persönliche Wertung – mit
Anerkennung und Respekt die Bemerkung aufgenommen, die ansonsten soviel Anerkennung nicht gefunden
hat, weder bei den eigenen Kollegen noch bei den gegenüberstehenden Tarifpartnern, die der Vorsitzende des
Deutschen Gewerkschaftsbundes kürzlich gemacht hat.
Ich meine den Vorschlag, daß, wenn im Augenblick
nicht genug Arbeit für alle da sei, man sich vielleicht ein
bißchen weniger Arbeit für alle auch vorstellen könnte,
allerdings auch – und das war das Bemerkenswerte – ein
bißchen weniger Lohn, das heißt: Verteilung von Arbeit
und Lohn auf alle.

Ich will den Vorschlag hier nicht wirtschaftspolitisch
oder sozialpolitisch diskutieren. Aber ich möchte hervorheben, was mir das Bemerkenswerteste war: die Vorstellung nämlich, daß, wenn eine Notsituation gegeben
ist, nicht wenige die Not zu tragen, sondern alle solidarisch etwas zu tun und zu opfern haben.

In der ganzen Welt herrscht Arbeitslosigkeit. Die
ganze Welt ist wirtschaftspolitisch in Unordnung. Es ist
keine deutsche Unordnung, obwohl es natürlich Leute
gibt, die zwar in ihrem Firmentitel die Überschrift
»Welt« tragen, aber trotzdem so provinziell sind, daß sie
meinen, es handele sich um ein deutsches Problem. Es
handelt sich nicht um ein deutsches, es handelt sich um
ein Weltproblem – im doppelten Sinne. Und die Welt
kann es nur gemeinsam lösen. Aber selbst wenn die Staaten erkennen, daß ohne solidarisches Handeln dieses
Weltproblem überhaupt nicht gemeistert werden kann,
gehört immer noch sehr viel Erfindungsgabe und Kraft

dazu, die richtigen Rezepte zu finden und in der jeweils eigenen demokratischen Landschaft durchzusetzen.

Wir Deutschen haben in dieser Krise die schlimmsten Auswirkungen vom eigenen Lande ganz gut abhalten können. Man kann sogar in der »Welt« lesen, daß wir ganz gut dastehen, was Preise und Arbeitslosigkeit und Produktivität angeht – relativ im Verhältnis zu anderen, nicht nach den absoluten Maßstäben, nach denen wir selber gerne handeln möchten.

7.

Nun gibt es Leute, die möchten gegenwärtig einen Keil treiben zwischen Gewerkschaften und Staat oder zwischen Gewerkschaftsführungen und Bundesregierung.

Ich möchte an dieser Stelle in einem Exkurs – wie Wissenschaftler es häufig in Fußnoten tun – mich selbst einen Augenblick zitieren. 1971 im Sommer – ich war damals Verteidigungsminister und hatte also wenig mit Wirtschaftspolitik und noch weniger mit Sozialpolitik und mit Gewerkschaften zu tun – habe ich in einer »Zwischenbilanz« sozialdemokratischer Regierungsarbeit mein Verständnis von der Rolle der Tarifpartner in unserer Gesellschaft wie folgt beschrieben:

»Der Wille zum fairen Kompromiß ist auch zwischen Gewerkschaften und Bundesregierung immer aufs neue nötig. Gewerkschaften und Sozialdemokratie stammen aus der gleichen gesellschaftlichen und historischen Wurzel der alten Arbeiterbewegung. Es ist weitgehend Identität der Personen gegeben. Und beide stützen sich weit über ihre Mitgliedschaft hinaus auf die gleichen Millionen von Arbeitern und Angestellten, von Rentnern und Hausfrauen . . .

Trotzdem kann es auch Meinungsverschiedenheiten zwischen einer regierenden Sozialdemokratie und von Sozialdemokraten geführten Gewerkschaften geben. Beispiele dafür hatten wir unter Harold Wilson in England, ebenso unter Olof Palme in Schweden deutlich vor Augen ...

Schließlich ist es überall und zu jeder Zeit die Aufgabe der Gewerkschaften, den gesellschaftlichen Prozeß voranzutreiben, für den Fortschritt zu plädieren. Und das bedeutet dann auch, gegen den bisher bestehenden Zustand zu opponieren. Insoweit sind Gewerkschaften ihrer Natur nach zugleich immer auch eigenständige außerparlamentarische Opposition. Wobei sie durchaus, wie ohne Zweifel zum Beispiel in der Bundesrepublik, fest auf dem Boden parlamentarisch-demokratischer Gesinnung stehen können ...

Zwar werden Interessenkonflikte, zum Beispiel wegen Preisen und Löhnen, wegen der Konjunkturpolitik insgesamt, nicht grundsätzlich vermieden. Wohl aber bleiben sie bei parlamentarisch-demokratischer Grundgesinnung in einer Atmosphäre eingebettet, in der Einvernehmen grundsätzlich, in der Kompromiß grundsätzlich gewollt wird ...

Eine sozialdemokratisch geführte Bundesregierung kann nicht grundsätzlich gegen die Gewerkschaften regieren. Sie kann dies nicht wollen. Dies gilt umgekehrt ebenso. Jeder Gewerkschaftsvorstand weiß, daß der Fortschritt in der sozialpolitischen Gesetzgebung der Sozialdemokratie im politischen Raum bedarf.«

Mir scheint, dies ist auch heute ganz aktuell. Ich habe es zitieren wollen, weil ich in manchen Zeitungen lese, daß Gewerkschaften und Bundesregierung angeblich in eine Kampagne gegeneinander geraten seien. Einige möchten das gern, zweifellos. Ich jedoch habe das Gefühl nicht.

Selbst dann, wenn etwa die Spitzen deutscher Gewerkschaften oder die Spitze des Deutschen Gewerkschaftsbundes in noch viel stärkerer und prononcierterer
Weise, in einer unsere Selbstbesinnung und Selbstkritik
herausfordernden Weise uns kritisieren würden, selbst
dann würde ich kein bißchen zurücknehmen wollen von
meiner tiefen Überzeugung, daß Gewerkschaften das
Recht und die Pflicht zur Kritik haben.

Wir alle können davon nur Nutzen haben, wenn der
Kritik das konsequente eigene Handeln folgt. Dies macht
den Wert der deutschen Gewerkschaftsbewegung aus vor
vielen anderen in andersartigen Gesellschaften.

Die Gewerkschaften handeln bei uns, und sie müssen
die Konsequenzen auch selber verantworten. Hier in
Deutschland hat der Staat noch nie Löhne festgesetzt. Er
hat infolgedessen auch kaum Preise festgesetzt. Er hat
dies weitgehend den gesellschaftlichen Gruppen überlassen, nicht, weil der Staat zu faul war oder zu feige.
Sondern ich sage: Er muß ihnen dies überlassen, wenn
wir eine demokratische Gesellschaft bleiben wollen.

Dieses Grundeinverständnis mit den Gewerkschaften,
auch wenn sich scheinbar oder tatsächlich einmal eine
kritische Phase gegenüber den Regierenden ergeben
sollte – gegenwärtig finde ich das gar nicht –, sehe ich in
keiner Weise gefährdet.

8.

Ich denke, und da weiß ich mich wiederum ganz einig
mit meinen Kollegen Vetter und Buschmann: bei aller
Notwendigkeit und Berechtigung zum Infragestellen –
auf Neuhochdeutsch-Studentisch heißt das auch »hin-
terfragen« – darf nicht in Frage gestellt werden, was uns
das Kritisieren und Fragestellen erst eigentlich erlaubt:

die Prinzipien unserer freiheitlich-demokratischen Grundordnung. Sie müssen unangetastet bleiben.

Wahr ist allerdings, daß man im Laufe von Jahrzehnten und erst recht im Laufe von Generationen Verfassung und Verfassungsgrundsätze auch verschieden interpretieren kann.

Ein Beispiel: Es war ein und dieselbe amerikanische Verfassung, unter der Sklaverei zunächst durchaus möglich war, trotz der hehren Grundsätze und Menschenrechte, die Thomas Jefferson und andere hineingeschrieben hatten. Es ist nach wie vor dieselbe amerikanische Verfassung. Aber in der Mitte des vorigen Jahrhunderts gab es Leute – der Name Abraham Lincoln steht dafür –, die einen Prozeß des Umdenkens in Gang brachten: Sie erkannten, ihre Verfassung konnte nicht zulassen, daß es Sklaven in der Gesellschaft gab.

Auch darüber, was unser Grundgesetz meint, darf es und muß es gedankliches Bemühen und kritische Auseinandersetzung geben. Streit über die Fortentwicklung der Verfassung ist nichts Verbotenes, wenn es im übrigen bei der freiheitlich-demokratischen Grundordnung und ihren Prinzipien bleibt.

Unsere Wirtschafts- und Sozialordnung ist in unserer Verfassung nur in einigen wenigen Prinzipien beschrieben. Das Prinzip vom sozialverpflichteten Eigentum zum Beispiel ist jedem geläufig. Vieles andere ist aber vom Verfassungsgeber her zur Disposition der jeweils lebenden Generation gestellt.

Deshalb sollte sich niemand im Besitz der alleinigen Wahrheit wähnen. Jede Generation muß aufs neue aus ihrem kritischen Geist heraus das Existierende abklopfen und befragen. Auf diesem Felde ist das ähnlich wie sonstwo auch: Einseitige Ernährung kann zur Quelle von Krankheiten werden.

9.

Zu dem aktuellen Thema der Renten habe ich in einer Zeitung gelesen, die Bundesregierung sei hier skrupellos vorgegangen. Zur Sache nur dies:

Wir haben ein nie vorher dagewesenes Rentenniveau erreicht, nämlich im Durchschnitt 66 Prozent der Netto-löhne und Nettogehälter der arbeitenden Menschen, die ja die Renten finanzieren müssen.

Wir werden dieses Niveau halten. Ich habe wirklich keine Sorgen, daß wir das können, wenn nicht die Weltwirtschaftskrise noch ganz andere Ausmaße erreichen sollte. Und ich bitte auch insoweit um Vertrauen.

Ich will eines noch hinzufügen: Eine Regierung, der man alle möglichen Vorwürfe zu Recht machen kann und der auch alle möglichen anderen Vorwürfe zu Unrecht gemacht und alle möglichen Verbalinjurien angeklebt werden, darf sich auch mal wehren.

Die Pressefreiheit und auch die gewerkschaftliche Freiheit und die Meinungsfreiheit sind nicht so gemeint, daß einer der Watschenmann ist, der sich alles gefallen lassen muß.

Und wenn mir jemand Skrupellosigkeit anhängt, dann kann ich durchaus – und in diesem Fall meine ich das wirklich – ihm sagen: Das, was du schreibst, ist skrupellos!

Pressefreiheit heißt nicht, die Presse sei ihrerseits von Kritik ausgenommen. Das ist ein großer Irrtum. Und gewerkschaftliche Freiheit zur Kritik heißt nicht, daß die Gewerkschaften ausgenommen zu sein haben von Kritik.

Jemandem, der einen begründeten Fall vorträgt, mag wohl ums Gemüt sein. Jemand, der nicht so ganz sicher ist, daß seine Sache richtig ist, der soll sich warm anziehen. Wir können nämlich auch. Und wir haben durchaus die Absicht: Wir werden uns nicht die Butter vom Brot nehmen lassen!

Ich bitte um Mithilfe, wenn es darum geht, nicht zuzulassen, daß das Vertrauen in den sozialen Ausgleich, zu dem unsere Gesellschaft fähig ist, zerstört werde. Das ist ein ganz wichtiges Vertrauen. Das Vertrauen in die zukünftige Leistungsfähigkeit unserer demokratischen Gesellschaft schlechthin beruht nämlich darauf.

Ohne die Fähigkeit zum sozialen Ausgleich verlören wir auf die Dauer das Vertrauen in unsere Demokratie.

Zu unserer Fähigkeit zur kritischen Grundhaltung gehört Selbstbewußtsein. Dazu gehört der Wille zum eigenen Handeln. Dazu gehört Tapferkeit. Dazu gehört, wie Ernst Bloch es gesagt hat, der »aufrechte Gang«. Dazu gehört auch, sich nicht irremachen zu lassen und andere nicht irrezumachen durch Stimmungen der Angst und der Furcht.

Karl Buschmann hat den Namen eines Mannes erwähnt, der in der geistigen Vorbereitung dieser Akademie eine führende Rolle gespielt hat: Waldemar von Knoeringen. Ich habe ihn gut in Erinnerung. Ich habe ihn vor einem Vierteljahrhundert zuerst kennengelernt. Er war einer von den Menschen, die in der Lage sind, anderen das Vertrauen in die Zukunft, genauer: das Vertrauen in die eigene Fähigkeit zu vermitteln, die Zukunft zu meistern und zu gestalten. Er hat auf mich einen ganz tiefen Eindruck hinterlassen. Jetzt ist er schon ein halbes Jahrzehnt nicht mehr unter uns.

Ich wünsche dieser Akademie, aber nicht nur ihr, sondern auch den deutschen Gewerkschaften insgesamt, aber auch den Unternehmern, dem anderen Tarifpartner, dessen Anteil am Zustandekommen dieser Einrichtung ja doch nicht unterschlagen werden darf und von Karl Buschmann auch nicht unterschlagen worden ist – ich wünsche uns allen immer ein paar Zeitgenossen, ein paar Kollegen, ein paar Mitbürger wie Waldemar von Knoeringen, die uns helfen, dieses Vertrauen in die eigene Kraft zu stärken und immer wieder zu bestätigen. Herzlichen Dank!

Mitverantwortung für die Sicherheit der Vollbeschäftigung

Ansprache
zum 50jährigen Bestehen der Bundesarbeitsverwaltung,
gehalten am 30. September 1977 in Nürnberg

Meine sehr geehrten Damen und Herren!

1.

Zunächst möchte ich der Arbeitsverwaltung herzlichen Glückwunsch sagen zum insgesamt 50jährigen Bestehen, ebenso herzlichen Glückwunsch an die Bundesanstalt zu ihrem 25jährigen Bestehen. Zugleich möchte ich, für die Bundesrepublik Deutschland sprechend, danksagen für die Leistungen, die diese Anstalt und ihre über 50000 Mitarbeiter erbracht haben und gegenwärtig erbringen.

Wenn ich es richtig verstanden habe, so hat die Bundesanstalt in den 25 Jahren seit 1952 über 83 Millionen Arbeitsvermittlungen zustande gebracht; statistisch bedeutet dies, daß im Schnitt jeder Angestellte und jeder Arbeiter sich viermal der Vermittlung durch die Bundesanstalt bedient hat.

Dies zeigt, daß in einer von ständigem strukturellem Wandel gekennzeichneten Industriegesellschaft eine Arbeitsverwaltung unverzichtbar ist. Ich denke, die Bundesanstalt hat ihre Aufgaben bisher gut erfüllt, und sie wird gegenwärtig mehr gebraucht denn in den 60er Jahren, die ich einmal bis in das Jahr 1973 verlängere.

Wir müssen durchaus dankbar sein für den Weitblick der Menschen, die in den 20er Jahren die Grundsteine gelegt und das Konzept zustande gebracht haben. Ich stimme da voll überein mit dem, was uns eben Herr Herbst gesagt hat.

Seine Worte haben mich an meinen Schwiegervater erinnert – er ist lange tot –, ein einfacher Arbeiter, der 1919 mit viel Idealismus und Engagement eine jener damals selbständigen kommunalen Arbeitsvermittlungseinrichtungen zustande zu bringen geholfen hat. Später war er wieder als Arbeiter tätig. Er war notabene dann von 1929 bis 1936 sieben Jahre lang arbeitslos. Ich habe ihn schon gekannt in jener Zeit. Ich weiß also aus meiner eigenen Jugendzeit und aus den 35 oder 40 Jahren des Umgangs mit diesem Mann – der nirgendwo in einem Geschäftsbericht verzeichnet sein wird –, wieviel Hoffnungen damals Arbeiter auf diese selbstverwalteten neuen Ämter gesetzt haben.

Das erste Reichsgesetz über Arbeitsvermittlung und Arbeitslosenversicherung ist 1927 mit Ausnahme der Kommunisten und mit Ausnahme der Nazis von allen Parteien des Reichstages in durchaus eindrucksvoller Einmütigkeit zustande gebracht worden; wie ebenso ja die Arbeitgeber und die Gewerkschaften sich dafür eingesetzt haben. Nicht zuletzt ist es zustande gekommen dank der Aktivitäten des damaligen Reichsarbeitsministers Brauns vom Zentrum, der, aus katholischer Volksbildungsarbeit stammend, für die Anwendung der katholischen Soziallehre, so wie sie damals existierte, Bedeutendes geleistet und sich große Verdienste erworben hat.

Die Gewerkschaften, die Arbeitnehmer- und Arbeitgeberverbände zusammen mit der öffentlichen Hand haben schon seinerzeit, mindestens was den Arbeitsmarkt angeht, in gewisser Weise die konzertierte Aktion vorweggenommen.

Ich habe vor ein paar Monaten auf dem Krankenkassentag in Hamburg die hohe Einschätzung der Bundesregierung hinsichtlich der Arbeit der Selbstverwaltung prinzipiell dargelegt. Ich betrachte die Selbstverwaltung nicht als eine Selbstzweckinstitution, die nur deshalb so arbeitet, weil sie vor 50 Jahren so gegründet worden ist, sondern als ein lebendiges Instrument, in dem gleichgewichtige Mitverantwortung und gleichgewichtige Mitbestimmung die Probleme des Arbeitsmarktes und der Arbeitswelt lösen will. Diese Kooperation der Sozialpartner hat sich im ganzen gesehen bewährt, und sie war letztlich entscheidend dafür, daß die deutsche Arbeitsverwaltung zu diesem in mancher Hinsicht beispielhaften Instrument geworden ist, das sie heute darstellt.

2.

Ich kann mir auch auf anderen Gebieten durchaus etwas weniger Staat und statt dessen mehr Selbstverantwortung vorstellen, was allerdings dann Bereitschaft zur Mitverantwortung, Bereitschaft zur Auseinandersetzung und zur Einigung mit denjenigen voraussetzt, die die Interessen anderer zu vertreten haben, letztlich Orientierung am gemeinsamen öffentlichen Wohl.

Die Wiederherstellung von Vollbeschäftigung ist ganz gewiß ohne den Staat nicht möglich. Aber sie beruht auch nicht auf politischen Entscheidungen allein, sondern sie ist nur möglich, wenn die Unternehmensleitungen und wenn die Leitungen der Gewerkschaften und wenn die Kommunen und die Länder und der Bundesstaat insgesamt, wenn alle vernünftig und orientiert am Gemeinwohl handeln. Eine alleinige Verantwortlichkeit des Staates kann ich unter keinem Aspekt akzeptieren, sondern verantwortlich sind auch die, die Lohntarifverträge miteinander schließen, verantwortlich sind öffent-

liche Hände vielerlei Art, die durch ihre Haushaltsent-
scheidungen wesentliche Einflüsse ausüben, verantwortlich sind Gesetzgeber in Landtagen und Bundestag,
verantwortlich natürlich auch der Teil des Staates, der
sich durch Regierung und Verwaltung darstellt; aber entscheidend mitverantwortlich sind diejenigen, die in einer freien Gesellschaft individuelle Entscheidungen treffen, die Arbeitnehmer, die Konsumenten, die Unternehmer.

Anders ausgedrückt: in einer offenen demokratischen
Gesellschaft, wie wir sie haben und bewahren werden,
deren Wirtschaftsordnung sehr weitgehend marktwirt-
schaftliche Züge trägt, ist die Wiederherstellung eines
hohen Beschäftigungsstandes und die Sicherung von
Vollbeschäftigung eine gemeinsame Bringschuld aller,
die an der gesellschaftlichen Wertschöpfung beteiligt
sind, und aller, die an der Politik beteiligt sind.

Ich will da nicht mißverstanden werden. Dies ist kein
Versuch, Verantwortlichkeiten abzuwälzen. Ich will
auch keinen neuen Legenden Vorschub leisten. Gerade
die Erinnerung an die 20er Jahre macht ja deutlich, daß
wir alle inzwischen dem Staat eine wesentlich stärkere
Rolle zumessen, als das seinerzeit der Fall gewesen ist.
Aber ich warne davor, den Staat als allein Verantwortlichen anzusehen. Das führt nämlich dann dazu, daß er
auch der allein Zuständige wird.

Gewiß kann der Staat kein unbeteiligter Zuschauer
sein, kein ökonomisches Nullum, kein wirtschaftspoli-
tischer Abstinenzler mit einem Diplom für Nichtstun.
Er versteht sich schon als Ordnungsfaktor, als Kontinui-
tätsfaktor, als Stabilitätsfaktor, und er nimmt seinen
Auftrag durchaus ernst. Der Staat hat ja im Laufe der 25
Jahre, in denen es diese Bundesanstalt gibt, die Global-
steuerung der weitgehend marktwirtschaftlich verfaß-

ten Volkswirtschaft, die Geldpolitik, die Fiskalpolitik, die Wettbewerbspolitik – ob die Strukturpolitik oder die Arbeitsmarktpolitik noch unter die Überschrift Global-steuerung fallen darf, mag man füglich bezweifeln – nicht aus Übermut erfunden, sondern diese Instrumente entstammen ja dem Willen, Konsequenzen zu ziehen aus alledem, was sich nach dem berüchtigten Schwarzen Freitag in New York an unsäglichem wirtschaftlichem und dann allerdings auch politischem und weltpoliti-schem Elend ergeben hat. Ebensowenig jedoch wie der freie Wettbewerb oder, wie die ökonomischen Klassiker das genannt haben, die »unsichtbare Hand« alles und je-des zum Besten wendet, ist auch der Staat allein in der Lage, jeglichen ökonomischen Fehlschlag zu verhindern. Er kann nicht einmal alle wirtschaftlichen Bauch-schmerzen beseitigen.

Wir sind doch alle mit Recht stolz auf die Entwicklung unserer Gesellschaft, die, verglichen mit früheren Sta-dien, gekennzeichnet ist durch das höchste Maß an Frei-heitlichkeit, das bisher auf deutschem Boden erreicht worden ist, sei es für den einzelnen Menschen, sei es für gesellschaftliche Gruppen. Diese Freiheitlichkeit, die Möglichkeit zur eigenen Entscheidung, ist das dynami-sche Signum unserer Gesellschaft, auch und gerade dort, wo es um das Wirtschaftliche geht. Die Freiheit der Be-rufswahl, die Freiheit der Arbeitsplatzwahl, die Konsum-freiheit, auch die recht verstandene Freiheit der Unter-nehmensleitung sind konstitutive Werte für unsere Ge-sellschaft.

Es ist ein Gemeinplatz, zu wiederholen, daß Freiheit-lichkeit ohne Verantwortlichkeit keinen Bestand haben kann, daß sie keinen Bestand haben kann ohne Ver-pflichtung der autonomen Kräfte auf das gemeinsame Wohl, auf das gemeine Wohl, auf das öffentliche Wohl, auf die res publica. Deshalb bedarf also Vollbeschäftigung der gesellschaftlichen Kooperation und Koordination aller. Sie ist – ich wiederhole es – eine Bringschuld aller: sowohl der autonomen Kräfte als auch des Staates.

3.

Die Bundesregierung wird, was ihren Teil der Verantwortung angeht, von der Politik des Wachstums ebensowenig ablassen wie von der Politik der Geldwertstabilität. Gerade beim letzteren liegt ein großer Teil der Verantwortung bei der Bundesbank; ein großer Teil liegt bei den Unternehmungen, was Preisstabilität angeht; ein großer Teil liegt bei den Tarifpartnern, was Lohnkosten und Lohnnebenkosten angeht. Die Bundesregierung bewegt sich mit den Beschlüssen von Mitte September in der Kontinuität dessen, was wir seit der Ölkrise im Spätherbst 1973 getan haben. Bundesarbeitsminister Ehrenberg hat ausgerechnet, daß die Gesamtwirkungen aller Konjunkturprogramme vom Februar 1974 bis August 1975 in Höhe von damals 17 Milliarden Mark einen gesamtwirtschaftlichen Nachfrageeffekt von rund 50 Milliarden Mark bewirkt und damit im Durchschnitt der Jahre 1974 bis 1976 230000 Arbeitsplätze gesichert bzw. neu geschaffen haben. Der Einsatz der arbeitsmarktpolitischen Instrumente hat von 1974 bis 1977 den Arbeitsmarkt jahresdurchschnittlich um eine Viertelmillion Menschen entlastet. Es waren im Tiefstpunkt der Konjunktur 1975 rund 340000 Menschen. Kurzarbeitergeld, Arbeitsbeschaffungsmaßnahmen, berufliche Bildungs- und Ausbildungsmaßnahmen haben sich dabei als am wirksamsten erwiesen.

Auf der anderen Seite haben z. B. die Kredite oder die Zahlungsbilanzhilfen, welche die Bundesrepublik Deutschland an andere am Welthandel beteiligte Staaten gegeben hat, nicht nur jenen Staaten geholfen, sondern auch unsere eigene Beschäftigung sehr stützen geholfen.

Die Kaufkraft der privaten Verbaucher wurde seit Anfang 1975 durch Steuer- und Kindergeldreform jährlich um 15 Milliarden gehoben. Sie wird durch die steuerlichen Maßnahmen, die jetzt zur Debatte stehen, um weitere etwa 8 Milliarden DM gehoben werden.

Schließlich hat die volle Aufrechterhaltung der sozialen Sicherung in der Weltrezession auch die Kaufkraft und damit die Nachfrage von Millionen privater Haushalte, das heißt die Beschäftigung derjenigen, die diese Nachfrage durch ihre Produktion und Leistung zu bedienen haben, bewahrt.

Dazwischen liegt mancherlei, was man noch erwähnen müßte, etwa das 16-Milliarden-Programm für Zukunftsinvestitionen von diesem Frühjahr, das für eine mittelfristige Periode gedacht ist.

Das alles beruht u. a. auf der Einsicht, daß für die Lösung des Beschäftigungsproblems, so wie unsere Produktionsstruktur und unsere Leistungsstruktur nun einmal beschaffen ist, ein kräftiges Wirtschaftswachstum eine unerläßliche Voraussetzung ist. Und alle, die sich vom Club of Rome faszinieren lassen, sollten sich mit der eben gemachten Bemerkung ernsthaft auseinandersetzen.

4.

Ich habe in der Regierungserklärung im Dezember 1976 auch angekündigt, daß wir über die Steuerung der Wirtschaftsstruktur durch die Kräfte des Marktes und über die Setzung staatlicher Rahmenbedingungen den strukturellen Anpassungsprozeß unterstützen wollen durch eine zukunftsorientierte, vorausschauende Industriepolitik. Damit sollen auch soziale Härten, die der strukturelle Anpassungsprozeß mit sich bringt, gemildert werden.

Wir sind im Augenblick dabei, die Voraussetzungen dafür zu schaffen. Zur Zeit ist eine Vorstudie zur sektoralen Strukturberichterstattung in Arbeit. Im kommenden Jahr werden die Aufträge für verschiedene Strukturberichte vergeben werden. Ich denke, daß die ersten 1979 und dann 1980 öffentlich vorgelegt werden können.

Ich will nicht verschweigen, daß wir an diese neue Aufgabe mit Vorsicht herangehen, denn die bisherigen strukturpolitischen Leistungen der öffentlichen Hände von der regionalen Industrieansiedlung – im Landkreis X oder in der kreisunabhängigen Stadt Y oder in dem Bundesland Z, auch die bisherigen strukturpolitischen Leistungen der Bundesregierungen über die letzten 30 Jahre – bis hin zu einzelnen sektoralen Eingriffen sind ja nicht auf allen Gebieten überzeugend. Mehrere Bundesregierungen haben z. B. nacheinander am Ausbau der Luft- und Raumfahrtindustrie in Deutschland fördernd mitgewirkt. Und wie sieht es dort heute aus? Ich warne also vor Überoptimismus hinsichtlich dessen, was staatliche Behörden an Prognose leisten können. Die Fähigkeit zur Vorausschau ist am grünen Tisch der Ministerien genausowenig überentwickelt wie im Sachverständigenrat. Man darf also die marktwirtschaftlichen Seismometer nicht ausschalten. Man darf auch die Maßstäbe von Soll und Haben nicht ausschalten.

Gleichwohl ist es nötig, besser als bisher die Herausforderungen, auch die Gefährdungen zu erkennen und zu verstehen, die aus dem tiefgreifenden Strukturwandel entstehen, den die Weltwirtschaft gegenwärtig durchmacht, ausgelöst durch die Ölkrise, verstärkt durch die Zahlungsbilanzkrisen vieler Staaten, verstärkt vor allem durch die Ansprüche der Dritten Welt. Auf der ganzen Welt ist die Struktur der Nachfrage, die Zusammensetzung dessen, was nachgefragt wird, die Gewichtungen der Güter und Leistungen, die nachgefragt werden, in einem schnellen Wandel begriffen. Noch vermag niemand zu sagen, welche Formen die weltweit im Gang befindliche Anpassung der Produktionsstrukturen an diese veränderten Nachfragestrukturen, die Neuorganisation der Produktion annehmen wird. Wir vermögen die Grundrichtung zwar dem Sinne nach zu erkennen, z. B. arbeitsintensivere Produktionen in der Dritten Welt, kapitalintensivere Produktionen in den westlichen Industrieländern. Und es ist auch zu erkennen, daß damit eine Verlagerung von Arbeitsplätzen einhergeht, mindestens aber eine Veränderung von Arbeitsplätzen, und daß damit einhergehen wird eine Zunahme weltweiter Konkurrenz um Arbeitsplätze, besonders zwischen Entwicklungsländern und uns.

Die Konsequenz daraus kann aber sicherlich nicht sein, daß wir uns in Autarkie von den anderen abschotten. Sie bedürfen ja unserer Hilfe. Und darüber hinaus würden wir unseren Lebensstandard fühlbar senken müssen, falls wir uns abschotten wollten. Beinahe 30 Prozent unseres Sozialproduktes gehen heute in den Export, ein unglaublich gewachsener Anteil der Abhängigkeit unserer Arbeitsplätze davon, daß wir unsere Produkte und Leistungen auf dem Weltmarkt erfolgreich anbieten, d. h. verkaufen können, d. h.: daß wir wettbewerbsfähig sind.

Auf der anderen Seite ist ebenso klar – das ist mehr für das Ausland gesagt –, daß natürlich in dieser Lage nun nicht das deutsche Volk oder die deutschen Arbeitnehmer im Interesse durchaus wohlgemeinter entwicklungspolitischer Ziele auf die eigene Basis der Produktion auch relativ arbeitsintensiver Massengüter verzichten können. Wir müssen bloß konkurrenzfähig sein bei solchen Massengütern. Wir werden nicht bei allen Gütern konkurrenzfähig bleiben. Wir müssen bei manchen Massengütern unsere Produktion umstellen auf etwas anderes, was die anderen noch nicht können oder noch nicht so gut können, wie wir es dann werden können müssen. Wir werden zwar immer mehr Deutsche in Dienstleistungen aller Art beschäftigen und werden davon leben, aber mit dem Export von Blaupausen allein ist ein 60-Millionen-Volk nicht zu ernähren.

Eine Konsequenz ergibt sich also in jedem Falle aus diesem Strukturwandel, nämlich die, daß wir uns selber durch noch zunehmende Leistung und durch noch besseres Angebot qualifizieren müssen. Daraus ergibt sich die Konsequenz, daß wir den technischen Fortschritt, daß wir die Rationalisierung nicht verteufeln lassen dürfen. Mit Bilderstürmerei würden wir Gefahr laufen, unser eigenes Land aus der Wettbewerbsfähigkeit herauszukatapultieren und damit den Wettbewerb um die Arbeitsplätze auf solchen Gebieten zu verlieren.

Es gehört mithin zur vorausschauenden Strukturpolitik, daß wir unsere eigene Volkswirtschaft nicht amputieren lassen. Es gibt ein paar Beispiele, die bedenklich stimmen. In der Kernkrafttechnologie etwa marschieren wir durchaus an der Spitze des technischen Fortschritts in der Welt. Wir haben darin das Musterbeispiel einer an sich expansionsfähigen Branche, in die der Steuerzahler im Laufe von 20 Jahren viele Milliarden hineingesteckt hat, um nicht nur Energiesicherheit, sondern auch Arbeitsplatzsicherheit zu gewährleisten. Diese Branche könnte künftig noch sehr viel mehr Arbeitsplätze zur Verfügung stellen, wenn wir uns nicht aus teils sehr berechtigten Erwägungen, teils aus übertriebenen Sorgen, teils aber auch aus bewußt geschürten Ängsten den Ast absägen, auf dem wir sitzen.

Es ist eine Frage von hoher beschäftigungsstruktureller Bedeutung für die kommenden Jahrzehnte, die hier im Augenblick entschieden wird, zumal die Auseinandersetzung auf dem Kernenergiesektor inzwischen auf den ganzen Energiesektor übergegriffen hat und insbesondere übergegriffen hat auf diejenigen Teile der Industrie, die dafür die Maschinen und die Anlagen zu bauen haben, und deren Beschäftigte. Im Augenblick stagniert der Ausbau konventioneller Kraftwerke genauso wie der von Kernkraftwerken, und die Anzahl der Instanzen, die mitzuwirken haben, ist noch viel größer als die Zahl der behördlichen Instanzen, die mitzuwirken haben bei der Genehmigung des Baues eines Einfamilienhauses. Und dort ist es bereits schlimm genug.

Heutzutage kann kaum noch eine Stadt oder ein Land oder der Bund eine neue Straße bauen oder eine neue Bahnstrecke oder ein Kreuzungsbauwerk zwischen Straße und Bahn, ohne daß man sich alsbald vor Gericht in endlosen Verfahren wiederfindet. Der deutsche Perfektionismus feiert hier Urständ. Dem müssen wir alle entgegentreten. Das geht so nicht weiter. Gewiß muß das Recht unangetastet bleiben für jedermann, vor Gericht sein Recht zu suchen. Aber gewiß müssen wir auch erkennen, daß wir es hier mit einer bedenklichen Erstarrung unserer Strukturen in vieltausendfacher Auflage von Kohlhaaserei zu tun haben. Der Mann erhielt zwar bei Kleist schließlich sein Recht. Aber es ist ihm schlecht bekommen.

Die Verfestigung von Strukturen, um ein soziologisches Schlagwort zu benutzen, war nie größer als gegenwärtig mit dem Hang aller Beteiligten auf allen Seiten, Verfahren so zu komplizieren, daß kaum noch jemand sie mehr handhaben kann. Wenn alles, was Veränderung eines bestehenden Zustandes bedeutet – und Zukünftiges kommt selten zustande ohne Veränderung –, wenn alles, was Anpassung verlangt und Umdenken, oft auch Über-den-Schatten-Springen und Orientierung am Gemeinsamen, zunehmend aus egoistischen Motiven bekämpft und verteufelt wird, kommt Zukünftiges nicht zustande. Ich habe als junger Mann nichts davon gehalten, daß die Nazis den Grundsatz, daß Gemeinnutz vor Eigennutz gehe, zu ihrer Phrase gemacht und millionenfältig mißbraucht haben. Aber was wir heute an manchen Stellen der Gesellschaft erleben, daß nämlich zur unausgesprochenen Moral gemacht wird, Eigennutz gehe vor Gemeinnutz, das geht nun wirklich genausowenig. Wir dürfen Umstrukturierung, Umdenken, Anpassen an neue Notwendigkeiten nicht zerstören lassen. Sonst bekommen wir keine neuen und sicheren Arbeitsplätze.

5.

Ich appelliere deshalb an alle, auch an die öffentllichen Hände auf allen Ebenen, an die Länder, an die Gemeinden. Wir können den Kampf gegen die Arbeitslosigkeit nur dann erfolgreich bestehen, wenn wir alle in gleicher Richtung ziehen.

Das gilt besonders auch für die Haushaltspolitik. Manche öffentlichen Hände halten es für eine große Tugend, wenn der nächste Haushalt möglichst noch unter dem bisherigen liegt. – Wenn ich sehe, daß z. B. die Gemeinden und die Länder zusammen knapp 60 Prozent der Gesamtausgaben der Gebietskörperschaften bestreiten und dabei ganz stolz sind, daß sie immer weniger Kredit aufnehmen, während andererseits der Bund, nicht weil wir das Geld brauchen, sondern weil wir es für volkswirtschaftlich notwendig halten, Geld auszugeben, um damit Beschäftigung und Wirtschaftstätigkeit zu stimulieren, immer mehr Kredit aufnehmen muß, dann macht das wenig Sinn. Der Bund hat inzwischen seinen Anteil an der öffentlichen Kreditaufnahme von 30 Prozent auf 70 Prozent gesteigert; diese Umkehrung des Anteils der Kreditaufnahme bei den öffentlichen Händen ist ein, wie ich hoffe, einsehbarer Hinweis auf das unterschiedlich konjunkturgerechte Verhalten verschiedener Ebenen von öffentlichen Händen.

Wenn z. B. die Länder in ihrer Gesamtheit im Jahr 1978 nicht zu einem konjunkturgerechten Verhalten finden sollten, dann werden die Maßnahmen, die der Bundestag oder die Bundesregierung auf ihrem relativ schmalen Felde treffen können, mit Sicherheit nicht ausreichen. Dann brauche ich kein konjunkturwissenschaftliches Institut, das mir dies bescheinigt. Das kann man von vornherein anhand der Größenordnungen erkennen. Man muß deshalb auch die Landesregierungen und die Gemeinden bitten, 1977 ihre Haushalte auszuschöpfen und nicht stolz zu sein auf beträchtliche Haushaltsreste. Und man muß sie bitten, 1978, insbesondere bei den öffentlichen Investitionen, deutlich über die Steigerungsrate des gegenwärtigen Jahres hinauszugehen. Länder und Gemeinden sind dazu nach der Umsatzsteuerneuverteilung, die sie dem Bund abgepreßt haben, ja durchaus auch in der Lage, wenn die Herren Länderfinanzminister nur die Gemeinden und Städte an der Finanzmasse anständig beteiligen würden.

Die Erhöhung der Finanzmasse zugunsten der nachgeordneten Gebietskörperschaften schafft dort Handlungsspielraum, und den sollte man nutzen, z. B. – dort, wo es noch nicht geschehen ist – für die Einführung eines berufsorientierten 10. Schuljahres, jedenfalls einmal für die Jugendlichen, die keine Lehrstelle haben. Ich bin für das 10. Schuljahr, aber ich bin zugleich dafür, daß es berufsbezogen gemacht wird.

6.

Ich will ein ebenso klares Wort an die Unternehmerschaft sagen.

Von den Unternehmern ist *erstens* zu verlangen: äu-
ßerste preispolitische Disziplin. Verbandspräsidenten
und Vorsitzende, die in ihren öffentlichen Reden sich beschweren über inflatorische Prozesse und selber im eigenen Unternehmen die Preise um 6 Prozent erhöhen, die
hielten besser den Mund und prüften, ob sie nicht vielleicht auch mit 4 1/2 Prozent auskommen könnten.

Zweitens muß von den Unternehmensleitungen erwartet werden, daß die steuerlichen Vorteile, die am
1. Januar in Kraft treten – degressive AfA sogar schon
früher wirksam –, nun auch genutzt werden in Form
stärkerer Auftragsvergabe für Investitionsgüter und -lei-
stungen und daß nicht abermals Attentismus Raum gegeben wird. Es gibt einen großen Modernisierungsbedarf
in der Wirtschaft; Ersatzinvestitionen sind auf vielen
Feldern nötig, und die sollte man nicht vor sich herschie-
ben.

Ich kann *drittens* schlecht verstehen, daß immer wieder, so regelmäßig wie die Kirchenfeste aufeinander folgen, die Syndizi und Präsidenten der Verbände Gefahren
für die Marktwirtschaft an die Wand malen, während sie
andererseits überall dort, wo das privatwirtschaftliche
Unternehmen oder eine ganze Branche nicht floriert, sei
es beim Schiffbau, sei es beim Stahl, sei es in der Flug-
zeugindustrie, sei es in der Textilindustrie, zum Staat ge-
laufen kommen; der soll dann gefälligst eingreifen. Etwas mehr Selbstbewußtsein kann man wohl verlangen.
Natürlich wird der Staat helfen, soweit er das kann. Aber
beim Staat angelaufen kommen, wenn es einem
schlechtgeht, weil man vielleicht etwas nicht richtig
gemacht hat, und andererseits, um dem eigenen Publi-

kum zu gefallen, den Staat schelten, wenn er wirtschaftspolitisch handelt, dies paßt schlecht zusammen. Da muß mehr nachgedacht werden.

Und es paßt überhaupt nicht zur Situation, daß man vom Katheder eines Verbandes aus in seinen Reden die Zukunft grau in grau oder gar grau in schwarz malt. Vor ein paar Tagen hat Otto Wolff sich öffentlich von dieser resignierenden Haltung distanziert. Ich begrüße das ganz ausdrücklich, wenn ich auch keineswegs mit allem einverstanden bin, was er sonst sagt. Vom Staat Führung zu verlangen und selber die Zukunft mieszumalen kann doch nicht zum Erfolg führen in einer freien Gesellschaft, in der es auf die Entscheidung der einzelnen und deren Stimmungslage eben auch ankommt. Verbände haben Führungsaufgaben. Das gilt für Gewerkschaften genauso wie für Unternehmerverbände.

Viertens möchte ich an die Unternehmerschaft die Erwartung aussprechen, daß sie noch mehr als bisher die Schaffung und Erhaltung neuer Arbeitsplätze als ihren sozialen Auftrag versteht. Ich füge hinzu: humaner Arbeitsplätze.

Die gegenwärtige Arbeitslosigkeit darf nicht als eine willkommene Gelegenheit betrachtet werden, Druck auszuüben gegen sozialen Fortschritt. Da würde die Unternehmerschaft in dieser Bundesregierung niemanden finden, der dabei nur abwartend zuschaut, sondern sie würde dann in dieser Bundesregierung sich Gegner machen. Die Bundesregierung will aber kein Gegner unternehmerischer Aktivität sein. Im Gegenteil: sie weiß, daß sie angewiesen ist – der Staat, die ganze Gesellschaft ist angewiesen – auf die Nutzung der Entscheidungsfreiräume, die Unternehmensleitungen zur Verfügung stehen.

Ich glaube – und diese Bitte richte ich nicht nur an die

Unternehmer, die richte ich genauso an die Gewerkschaften und an diese Bundesanstalt –, daß wir für mehr
Flexibilität sorgen müssen bei der Ausschöpfung und der
Pflege des vorhandenen Arbeitskräftepotentials. Von
1968 bis 1973 war unsere Wirtschaft in der Lage, allen
Deutschen, die einen Arbeitsplatz wollen, auch einen zu
geben, und außerdem noch 2 1/2 Millionen ausländische
Arbeitnehmer zu beschäftigen. Die meisten Ausländer
hatten nichts gelernt. Die haben wir alle angelernt, und
die haben alle ihre Arbeit prima geleistet. Das ging.
Warum geht das eigentlich nicht bei Deutschen? Ich
habe tiefsten Respekt und, wenn Sie so wollen, Liebe zu
dem Typ des leistungsfähigen und auf seine Leistung
stolzen deutschen Facharbeiters. Er ist für mich der Pro-
totyp des Arbeitnehmers, in dem sich unsere Gesellschaft verkörpert, wenn man das so überhaupt sagen darf.
Aber wir sehen doch auch alle, wie ganze Industrie-
zweige – schauen Sie sich die Automobilproduktion an
oder größte Teile der Elektroindustrie oder der Textilindustrie – mit angelernten Arbeitnehmern neben den
Facharbeitern ganz gut auskommen. Man kann nämlich
Leute, die sonst etwas taugen im Leben und die in einem
anderen Beruf schon gezeigt haben, daß sie etwas taugen,
auch an- oder umlernen.

Übrigens darf auch der Arbeitnehmer nicht meinen,
daß der Beruf, den er in jungen Jahren einmal gelernt hat,
derjenige ist, auf den er auch noch im 45. oder 50. Lebens-
jahr Anspruch hat.

Das ist eine falsche Haltung auf beiden Seiten. Es ist
eine Führungsaufgabe der Verbände, der Gewerkschaften
wie der Arbeitgeberverbände, eine Führungsaufgabe der
Arbeitsmarktpolitik und eine sehr konkret am Ort und
in dem einzelnen Unternehmen zu handhabende Aufgabe, etwas mehr Flexibilität zustande zu bringen. Wir

können doch auf die Dauer ein so großes Potential an arbeitswilligen und arbeitsuchenden Menschen nicht deshalb brachliegen lassen, weil das, was sie früher einmal gelernt haben, im Augenblick nicht gefragt ist. Ebensowenig ist auf die Dauer ein Ausweg, Menschen vom Arbeitsmarkt zu nehmen, um sie auf einen neuen Beruf umzuschulen, wenn auch der neue Beruf in Wirklichkeit nicht gefragt ist. Hier ist genauere Untersuchung und Orientierung nötig.

Wenn also in der Hochkonjunktur Anlernen und Fortbildung im Betrieb möglich war und sogar für Menschen möglich war, die der deutschen Sprache nicht mächtig waren, als sie herkamen, dann muß es ja wohl jetzt und für uns selber auch möglich sein. Und das muß zum Teil durch Überreden geschehen, und zum Teil müssen Sie Anreize schaffen, und zum Teil müssen Sie auch sanften Druck ausüben.

Ich will heute zur Jugendarbeitslosigkeit nur so viel sagen, daß ein Großteil an Glaubwürdigkeit der unternehmerischen Verbände auf dem Spiel steht, wenn die Versprechungen in bezug auf Ausbildungsplätze sich in diesem Herbst nicht erfüllen sollten. Wir können die Verbände aus ihrer Verantwortung – darauf will ich mich heute beschränken – nicht entlassen.

7.

Lassen Sie mich nun aber auch mit derselben Deutlichkeit, mit der ich bisher zu bestimmten Interessengruppen gesprochen habe, auch ein Wort sagen an die Tarifpartner; die Gewerkschafter werden verstehen, daß es an ihre Adresse genauso gemeint ist wie an die Adresse der Arbeitgeber und ihrer Verbände.

Ich wiederhole, was ich bei meinen Freunden von der IG Metall in Düsseldorf vor ein paar Tagen – sicherlich

nicht zu jedermanns Gefallen – gesagt habe: Die Tarifpartner müssen sich dessen bewußt sein, daß der Grat
zwischen der konjunkturell erwünschten Erhöhung der
Einkommen und andererseits der beschäftigungspoli-
tisch und stabilitätspolitisch abträglichen Erhöhung von
Lohnkosten und Lohnnebenkosten schmal ist. Wenn
dieser Grat verlassen wird, mag das für einzelne sehr vor-
teilhaft erscheinen im Augenblick oder für ein Jahr, aber
für die Gesamtheit der arbeitenden und der arbeitsuchenden Menschen können daraus große Nachteile
entstehen. Viel mehr als früher entscheidet heute die
Höhe der Kosten über die Möglichkeiten, das eigene Pro-
dukt auf den Weltmärkten abzusetzen, d. h. über die
Möglichkeit, Beschäftigung zu erhalten oder gar zu steigern oder sie abbauen zu müssen.

Ich denke, daß wir durch die Kindergeldpolitik, durch
die Steuerpolitik, durch die Vorschläge, die in diesen
Wochen zusätzlich in Gesetzesform gegossen werden,
eine ganze Menge dazu beigetragen haben, die effektive
Nachfrage zu steigern, ohne das Inflationskarussell in
Gang zu setzen, weder auf dem Felde der Preise noch auf
dem Felde der Kosten.

Ich will dem deutlich hinzufügen, daß dies keine geeignete Zeit ist für verteilungspolitische Glaubenskrie-
ge. Die Bundesregierung vertraut auf die Tarifautono-
mie. Das sage ich auch all den Steuerpolitikern, die heute
erzählen, sie müßten einen durchgehenden Progres-
sionstarif haben. Ich möchte einmal wissen, was wohl –
von Adenauer bis heute – die Lohntarifautonomie für
Ergebnisse gehabt hätte, wenn nicht zu jeder Zeit die
Lohn- und Einkommensteuer eine breite Proportional-
zone gehabt hätte. Ich warne hier vor den scheinbaren
Patentlösungen. Ich glaube zutiefst an die Lohntarifautonomie. Sie ist eine der konstitutiven Faktoren einer

freien und offenen Gesellschaft. Laßt uns die nicht gefährden! Sie könnte durch mancherlei Experimentierlust
gefährdet werden. Sie kann aber auch gefährdet werden,
wenn sie überdehnt wird durch diejenigen, die sie handhaben. Daß wir trotz Rezession so gut dastehen mit hohen Realeinkommen und mit relativ wenig Streik, das
hängt ja damit zusammen, daß anders als in unseren unmittelbaren Nachbarstaaten die Regierung eben nicht in
die Lohnpolitik eingegriffen hat. Ich möchte gerne dabei
bleiben dürfen, den Menschen in unserem Land zu sagen,
es sei nicht Sache des Staates, dort einzugreifen. Ich bin
fest davon überzeugt, daß dieses von den Tarifpartnern
selbst verantwortete, am Gesamtwohl orientierte Ver-
handeln, daß eine Verteilungspolitik des Gib und des
Nimm das beste Rezept ist, das uns auch in Zukunft vor
sozialen Eruptionen schützen, die Leistungsfähigkeit
unserer Wirtschaft erhalten und dauerhafte Arbeit gewährleisten kann.

Wir können stolz sein auch auf unsere sehr spezifi-
schen sozialen Errungenschaften, wie etwa unsere Be-
triebsverfassung, unsere Unternehmensverfassung. Ich
finde es deshalb nicht gut, wenn vor dem Bundesverfassungsgericht, wo gewiß jeder von uns, der sich irgendwo
in seinem Grundrecht verkürzt fühlt, klagen darf und
auch dürfen muß, Demonstrationszüge veranstaltet
werden. Was die Mitbestimmungsklage-Demonstration
eigentlich soll, ist mir schwer verständlich, es sei denn,
ich hätte diese kollektive Demonstration zu bewerten
als ein Zeichen eigener Schwäche, weil offenbar kein
Unternehmer allein bereit war, zu klagen. Ich bin allerdings auch nicht sicher, ob nach der ersten spontanen
kräftigen Gegenreaktion, auf einen groben Klotz auch
einen groben Keil zu setzen – das kann ich nicht nur verstehen, das hätte ich ganz genauso auch gemacht –, die

Beteiligten nun fortschreiten sollten, sich gegenseitig wehzutun. Da ist zwecks Klimaverbesserung Grund zum Nachdenken, zunächst auf der Seite derjenigen, die da kollektiv und demonstrativ eine Klage eingebracht haben gegen ein Gesetz, das immerhin von CDU und FDP und SPD gemeinsam beschlossen worden ist.

Aber die andere Seite hat danach auch Grund, darüber nachzudenken.

8.

Der einzelne Arbeitnehmer, der arbeitswillig ist, der aber draußen steht, kann verlangen, daß nichts unterlassen werde, seinem Recht auf Arbeit zur Geltung zu verhelfen. Ohne sein eigenes Zutun geht das allerdings nicht.

So richtig es ist, daß wir auf der einen Seite nicht eine Gesellschaft von Wohnwagenfahrern werden wollen, so unbestritten ist auch, daß wir mit personeller Immobilität, mit mangelnder Bereitschaft zum lebenslangen Lernen, unsere Wirtschaftsstrukturprobleme nicht lösen können.

Ich will hier keine vordergründige Diskussion über Arbeitsunwilligkeit führen. Gewiß gibt es einige, die das soziale Netz als ein sanftes Ruhekissen mißverstehen. Und ich begrüße durchaus, daß die Arbeitsmarktpolitik und auch Ihre Anstalt, Herr Stingl, im Laufe der letzten Zeit sich dieser Ausnahmeerscheinungen angenommen hat. Das muß wohl auch so bleiben. Vielleicht muß es sogar hier und da noch verstärkt werden, damit Spreu vom Weizen gesondert werden kann.

Auf der anderen Seite muß ich mich wehren dagegen, daß hier und da versucht wird, den Eindruck zu erzeugen, als ob die Arbeitslosen aus Drückebergern oder aus Sozialschnorrern oder Unfähigen bestehen. Dies kann nun wirklich nicht hingenommen werden! Es gibt große

Gruppen von Angestellten – ich sehe Hermann Brandt von der DAG hier sitzen –, insbesondere im Bereich der älteren Angestellten, für die ist trotz unserer ausgezeichneten sozialen Abfederung Arbeitslosigkeit in vielen Fällen eine sehr schwere Prüfung und für manchen eine persönliche Katastrophe, der gegenüber irgendwelcher Zynismus fehl am Platze ist!

Es kommt darauf an, für den einzelnen die objektiven Umstände zu ändern, die seine Arbeitslosigkeit verursachen oder die ihm eine Wiederaufnahme von Arbeit erschweren. Es kommt aber auch darauf an, ihm zu sagen, daß er nicht dieselbe Arbeit wiederfinden kann. Das muß er auch innerlich akzeptieren. Das muß ihm auch von seiner Gewerkschaft gesagt werden.

Ich würde wünschen, daß die Zusammenarbeit der Unternehmen mit dem örtlichen Arbeitsamt noch intensiviert werden könnte, daß man stärker noch als bisher aufeinander zugeht, insbesondere hinsichtlich Umschulung und Ausbildung. Umgekehrt heißt dies, Herr Stingl, daß die Anstalt selber nicht nur nicht aufhören darf, in die Betriebe hineinzugehen, sondern daß sie das verstärkt tun muß, um die personalpolitischen Planungen rechtzeitig miteinander zu besprechen.

Man muß von den Arbeitgebern Mut zur Offenheit gegenüber der Arbeitsverwaltung erwarten. Die Arbeitsverwaltung hat selbst vieles getan, um ein negatives Image, das sie hier und da gehabt haben mag, abzubauen; sie ist ja im Dritten Reich in schrecklicher Weise mißbraucht worden.

Man kann also auf den Weg, der inzwischen zurückgelegt ist, durchaus stolz sein, aber man muß auch den Weg zu einer umfassenden arbeitspolitischen Service-Anstalt sehr bewußt weitergehen. Sie leisten einen Dienst an der Öffentlichkeit, einen Service. Die Leistung besteht nicht darin, sich selbst zu verwalten. Das wird jetzt niemand auf sich persönlich ziehen; aber ich wollte neben die Bejahung des Prinzips der Selbstverwaltung etwas stellen, nämlich den Dienst am öffentlichen Wohl. Diesen Weg der Service-Anstalt müssen Sie weiterhin bewußt beschr iten.

9.

Unser aller Auftrag bleibt: dem Recht auf Arbeit Geltung verschaffen. Brauns – wenn ich es richtig weiß, hat er im Rufe eines »roten Kaplans« gestanden, was übrigens ja gar nicht so schlecht ist –, der damals vor 50 Jahren als Zentrums-Politiker für die Arbeitsverwaltung viel getan hat, von dem sein Nachfolger Wissell, der ein Roter war, ein Sozialdemokrat, vor dem Reichstag gesagt hat, er sehe es als seinen Auftrag an, Brauns' Werk fortzusetzen, hat 1932 auf dem Katholikentag in Essen das Folgende gesagt:

> »Für den Leiter eines Betriebes, so heißt es oft, komme nur die Rentabilität in Frage. Alle anderen Fragen gehörten in das Arbeits- und Wohlfahrtsministerium. Dieselben Herren aber, die so reden, schreien nach der Freiheit der Wirtschaft, wenn ein Arbeits- oder Wohlfahrtsminister neben dem Gewinnstreben auch Menschenrechten Geltung verschaffen will.«

Manches würde er heute, 50 Jahre später, so nicht mehr sagen, aber einiges würde dem Grunde nach auch heute so gesagt werden müssen. Ich habe es vorhin ähnlich gesagt.

Daraus, daß der Mensch sich wesentlich in seiner Arbeit entfaltet, daß er sich als Mensch wesentlich in der Arbeit verwirklicht, folgt zwingend, daß sein Grundrecht auf Persönlichkeitsentfaltung das Recht auf Arbeit einschließt. Dies ist kein Recht auf einen bestimmten Arbeitsplatz in einem bestimmten Beruf. Das können wir nicht garantieren. Solches Recht hätte einen bösen Pferdefuß. Denn ein solches Recht wäre unvermeidlich verbunden mit Arbeitspflicht, mit der Einweisung in einen Arbeitsplatz von Staats wegen. Mit einem so verstandenen Recht auf Arbeit wäre das Grundrecht auf freie Wahl des Arbeitsplatzes nicht zu vereinbaren.

Ich meine mit Recht auf Arbeit das elementare Recht jedes Menschen, sich arbeitend zu bestätigen, ein Recht, das nicht einmal Kriegsgefangenen oder Strafhäftlingen verweigert wird. Ich meine, daß sich aus dem so verstandenen Recht auf Arbeit unsere gemeinsame Verpflichtung ergibt, nach bester Einsicht und nach besten Kräften uns zu bemühen, denen, die diesen Anspruch auf Arbeit erheben, auch die Chance dazu zu geben.

Ich will nicht philosophieren über den Sinn der Arbeit oder darüber, ob Arbeit auch ein Fluch sein kann – man kann ein Leben lang darüber nachdenken. Für die meisten von uns ist Arbeit in hohem Maße beglückend, nicht selten aber auch schwere, häufig sogar harte und bittere, äußerst beschwerende Last. Das Nachdenken darüber will ich, weil ich ja selber ein Verfechter rationaler Arbeitsteilung bin, den Philosophen oder den Anthropologen überlassen. Aber eines will ich doch sagen: Für die Bundesregierung ist aufgezwungene Arbeitslosigkeit sittlich unannehmbar!

Wohl wissend, daß wir in einer Welt des konjunkturellen Auf und Ab letzte Arbeitsplatzgarantien nicht geben können, verfolgen wir mit aller Kraft Vollbeschäftigung als unser gegenwärtig oberstes Ziel.

Ich wünsche uns allen, insbesondere aber dieser Anstalt und ihren 51 000 Mitarbeitern, lieber Herr Stingl, dabei eine helfende Hand zu sein, eine erfolgreich helfende Hand.

Herzlichen Dank!

DGB-Bundeskongreß

*Ansprache vor dem 11. Ordentlichen Bundeskongreß
des Deutschen Gewerkschaftsbundes
am 22. Mai 1978 in Hamburg*

Liebe Kolleginnen und Kollegen,
lieber Heinz Oskar, lieber Jan Sierks!

Von Jan Sierks habe ich heute nacht gehört, daß er seine
Rede gestern mit »Hummel, Hummel« geschlossen
haben soll. Jetzt soll ich Euch begrüßen. Da könnte
ich eigentlich anknüpfen, aber ich habe Angst vor der
Antwort.

In der Vorbereitung auf euren diesjährigen hamburgischen Kongreß bin ich auf den 1928 ebenfalls in Hamburg stattgefundenen Kongreß des Allgemeinen Deutschen Gewerkschaftsbundes gestoßen. Einer der damaligen Redner war Fritz Naphtali. Seine Worte sind nach
meinem heutigen Urteil nicht nur damals richtig gewesen, sondern sie waren zugleich auch eine sehr weitsichtige Kennzeichnung des politischen Auftrags, wie er sich
den Gewerkschaften genauso heute noch stellt.

Naphtali hat damals – vor genau fünfzig Jahren – gesagt: »Die geschichtliche Erfahrung lehrt, daß die politische Demokratie noch keineswegs die Beseitigung der
wirtschaftlichen Unfreiheit bedeutet.« Und er hat hin-
zugefügt, zugleich sei »aber die Demokratie notwendiger
Ausgangspunkt, und zugleich ist sie unerläßliche Vor-

aussetzung für die völlige Befreiung des arbeitenden Menschen«. Soweit damals Naphtali.

Für uns heute ist es fast selbstverständlich, daß wir in einem Staat leben, der die politische Gleichberechtigung des arbeitenden Menschen verwirklicht hat, fast selbstverständlich, in einem Staat zu leben, der auch die soziale Gleichberechtigung ein bedeutendes Stück vorangebracht hat. Für viele ist dies übrigens leider schon so selbstverständlich, daß sie sich kaum noch vorstellen können, manches von dem Erreichten könnte auch wieder verlorengehen.

Es reicht nach meiner Überzeugung nicht, sich glücklich zu preisen, heute in einem freiheitlichen Staate leben zu können, sondern wir müssen auch etwas dafür leisten, daß uns dies auch in Zukunft sicher möglich bleibt. In der Weimarer Demokratie sind wir mit diesen beiden Zielsetzungen von Fritz Naphtali gescheitert. Weder konnten damals die politischen Freiheitsrechte der Arbeitnehmer dauerhaft gesichert werden, noch ist damals ihre dauerhafte ökonomische Befreiung eingeleitet worden. Aber beides zusammen ermöglicht doch erst das, was wir unter der Würde der Person, unter der Würde des Menschen begreifen.

Die erste deutsche Demokratie ist nicht nur an ihren wirtschaftlichen Schwierigkeiten gescheitert, nicht nur an ihren sechs oder sieben Millionen Arbeitslosen, sie ist auch gescheitert an der weitverbreiteten Unterschätzung der Gefahren und am Mangel an demokratischem Engagement. So ist es denn geschehen, daß Millionen von Wählern, enttäuscht in ihren allzu großen, allzu schnellen Hoffnungen, politisch getäuscht, extremistischen Parteien auf der äußersten Linken, auf der äußersten Rechten die Stimmen gaben, mit deren Hilfe diese extremistischen Parteien gemeinsam die erste deutsche

Demokratie zerstört haben. So konnte es geschehen, daß
man schließlich mit Mehrheit einer Bewegung, wie sie
sich nannte, das Feld räumte, einer Bewegung, die erklär-
termaßen weder mit politischer Freiheit noch mit sozialer Befreiung etwas im Sinn hatte.

Natürlich – das muß man hier nicht sagen –, es hat
viele gegeben, die dagegen gekämpft haben, weil sie wuß-
ten, daß Freiheit sich nicht von selbst versteht, daß sie
geschützt, daß sie verteidigt, daß sie stets aufs neue erworben werden muß. Und wäre in der damaligen ersten
Weltwirtschaftskrise die demokratische Freiheit überall
aus innerster Überzeugung tapfer vertreten worden,
dann wären möglicherweise unserem Volke und ganz
Europa ungeheure Opfer erspart worden.

Der Vorsitzende des Deutschen Gewerkschaftsbundes
und viele hier in diesem Saal, ich nehme an, die allermeisten, werden mir zustimmen, wenn ich aus dieser Rück-
erinnerung an den ADGB-Kongreß vor 50 Jahren hier in
Hamburg mit allem Nachdruck und mit allem Ernst ein
bewußtes Engagement für unseren demokratischen
Staat und für ein gerechtes Sozialgefüge verlangen muß
im Interesse der demokratischen, friedlichen Zukunft
der nach uns kommenden Generation.

Ich will in diesem Zusammenhang über die bitteren
Kriegserfahrungen, die Männer wie Heinz Oskar Vetter
und die seiner Generation angehörenden Männer und
Frauen machen mußten, über das Erlebnis des Zusam-
menbruchs, über die Phase des Wieder-sich-Zurechtfin-
dens und über die Phase des Wiederaufbaus danach
heute nicht sonderlich sprechen. Man darf ja auch nicht
allzuviel Rückschau darbieten, weil man dann in den
Augen der Jüngeren und zumal der Jugend, die über dem
Gegenwärtigen häufig dazu neigt, das geschichtlich
Gewordene geringzuschätzen, leicht in den Ruch der

Nostalgie gerät. Aber ich denke, daß man andererseits gegenüber der nachwachsenden Generation nicht zurückhaltend sein sollte und gegenüber ihrem leicht abwertenden Wort: »Ach ihr, das sind damals ganz andere Zeiten gewesen; heute stehen doch wieder ganz andere Probleme im Vordergrund.« Die jungen Leute müssen hören, was war, wie es gekommen ist, damit sie zu ihren Rechten auch ihre demokratischen Pflichten lernen. Ich muß das einmal sagen: Das Wort »Pflicht gegenüber der Gemeinschaft« wird mir zu klein geschrieben in der ganzen Bundesrepublik, auch in der Gewerkschaftsbewegung. Es muß verstanden werden, daß zum Fordern auch das Verantworten gehört. Freiheit und Verantwortung sind eng aneinander gebunden, sind zwei Seiten einer und derselben Medaille aus gutem Metall, aus demokratischem Metall.

Ich möchte festhalten, was seit dem Erleben und Erleiden von Unfreiheit, Unrecht und Katastrophe die noch führende Generation der deutschen Gewerkschaftsbewegung, viele hier in diesem Saal und auch mich persönlich miteinander verbindet, nämlich das Bemühen, aus der Geschichte zu lernen, und daraus folgend der Wille, politische Antworten zu finden, die vor unseren Kindern und Enkeln bestehen können, ein Wille, der aus dem Bewußtsein erwächst, daß sich schuldig macht, wer gegenüber Fehlentwicklungen abseits steht, daß sich schuldig macht, wer politisch nicht mitgestaltet, wer die Chance versäumt, nicht nur für sich, sondern auch für andere eine bessere Gemeinschaft aufzubauen. Und an der Stelle wiederhole ich mit anderem Wort, was ich eben schon sagte: Gemeinschaft ist ja nicht eine Einrichtung, von der man nur etwas zu fordern hätte, sondern Gemeinschaft gibt es nur insoweit, wie wir alle auch zu ihr beitragen.

Aus der gleichen Erfahrung, aus diesem gleichen Willen haben andere, eine Generation vor uns, die Einheitsgewerkschaften geschaffen. Mit ihnen waren wir damals, die Jüngeren, die wir zu jener Zeit in unsere Gewerkschaften eintraten, einig. An die Stelle von Großmannssucht, an die Stelle von totalitärer Unterordnung und Unterdrückung des arbeitenden Menschen wollten wir Freiheit und Gerechtigkeit, Mitbestimmung und Mitverantwortung setzen. Und wir wollten diese Werte in ein stabiles Gefüge innerer Sicherheit einbetten. Wer heute Gefahr läuft, das in diesen 30 Jahren seither geschaffene soziale Netz der Sicherheit unterzubewerten, das doch viele, viele Bürger unseres Staates besonders auch in wirtschaftlicher Krisenzeit trägt und das nicht überlastet werden darf, wer Gefahr läuft, das, was an konkreter Freiheit für den einzelnen Menschen erreicht wurde, geringzuschätzen oder das an Demokratie und Mitverantwortung Erreichte zurückzuschrauben, allen denen ist ins Gedächtnis zu rufen: Das, was ihr heute habt, das war nicht immer so. Es ist auch gar nicht selbstverständlich, daß es so bleibt, und ihr müßt mit dafür sorgen, daß es nicht kaputtgemacht werden kann. Demokratie kann nur gedeihen, wenn sie von Demokraten getragen wird, von solchen, die sich selbstbewußt, mutig und notfalls auch tapfer zu ihrer Verantwortung bekennen und danach handeln.

Das alles sagt einer, der Krieg, Entbehrung und Armut erlebt hat wie die allermeisten hier im Saal, und ich sage es gar nicht zu den Delegierten des Deutschen Gewerkschaftsbundes hier in diesem Saal, sondern ich sage es zugleich in Eurem Namen für jedermann in unserem Lande.

Ich sage es nach draußen: Wehret den Zweiflern und den Pessimisten, wehret den Leichtfertigen, den Leichtgläubigen, auch den Zynikern und den Ideologen, die zum Teil ja die Großmäuler und Zerstörer von heute sind.

Wehret Euch zum Beispiel gegen diejenigen, die leichtfertig, wie der Vorsitzende der CSU und der Vorsitzende der Steuerbeamtengewerkschaft, von einer vierten und einer fünften Partei und ich weiß nicht von wieviel Parteien reden, die sie gründen wollen.

Wir haben aus der Weimarer Demokratie gelernt. Deshalb wehrt Euch ebenso gegen jede Zersplitterung der Einheitsgewerkschaft. An dieser Stelle darf ich einen herzlichen Glückwunsch an die Polizeigewerkschaft, insbesondere auch an die ÖTV und an den ganzen Deutschen Gewerkschaftsbund einfügen für diesen weiteren Schritt der gewerkschaftlichen Integration. Dieses Land und unser Volk müssen an der Einheitsgewerkschaft festhalten und müssen sie stärken.

Wer sich in Europa umsieht, wer aus anderen europäischen Ländern zu uns kommt und uns besucht und unsere gewerkschaftliche und politische Situation studiert, der gibt uns recht. Wir dürfen uns nicht auseinanderdividieren lassen, auch nicht von solchen, die ein Verbändegesetz schmieden wollen oder die sich ein neues Arbeitskampfrecht als neue Kandare herbeiwünschen.

Der Redner von 1928 hatte damals sehr recht und hat heute noch recht. Ich meine: Alle, die sich am Sonntag oder bei der Eröffnung eines Kongresses als Festredner und Begrüßungsredner zur Demokratie bekennen, sollten dankbar sein, daß es Gewerkschaften und Gewerkschafter gibt, welche die Demokratie als zwingende Voraussetzung begreifen, die sie erhalten wollen, für ihre Tätigkeit am Montag und am Dienstag bis zum Sonnabend und bis zum Sonntag, für alle Tage und nicht nur für den Sonntag.

Diese Dankbarkeit gegenüber denjenigen, welche die Demokratie am Leben halten, welche die Flamme am Leben halten, sollte bisweilen ruhig offen ausgesprochen werden. Dankbarkeit muß nicht eine Sache des stillen Kämmerleins sein.

Dankbarkeit sollte auch deswegen ausgesprochen werden, weil es doch zum Grundkonsens, wie es so schön heißt, über die staatliche Ordnung, über die inneren Werte unserer Ordnung gehört, daß die tragende Melodie zu hören bleibt und daß sie nicht verdeckt wird von den unvermeidlichen und unvermeidlich lautstarken Dissonanzen. Die tragende Melodie muß doch uns allen nicht nur im Gehör bleiben, sondern sie muß manchen auch immer wieder ins Bewußtsein gehoben werden.

Zu den Dissonanzen, die unvermeidlich sind, gehört zweifellos das, was an vielen Orten, in vielen industriellen Bereichen sich in diesem Frühjahr an Lohnkämpfen abgespielt hat. Seit 1973, seit dem Beginn der zweiten Weltwirtschaftskrise, ist ja vielfach zu hören gewesen, jetzt würden die Verteilungskämpfe härter werden, jetzt würden die Zerreißproben kommen. In manchen Ländern haben solche Propheten durchaus recht bekommen. Bei uns ist auch etwas davon zu spüren gewesen.

Lohnkämpfe – erst recht solche in Zeiten knapper werdender Sozialproduktszuwächse – sind nun einmal keine Schönwetterveranstaltungen, und Stürme können schon einmal sein. Das muß auch so sein.

Was nun aber den Lohn und das Gehalt angeht: Alle müssen etwas langsamer treten; das ist wahr. Vielleicht sollte das auch für die Diäten der Politiker gelten, füge ich in Klammern hinzu.

Es ist wahr: Natürlich sind vier oder fünf Prozent brutto Lohn- und Gehaltserhöhung bei Preissteigerungen von drei Prozent oder drum herum – und auf das letzte bin ich durchaus stolz, das sollten wir alle sein können – kein Goldregen. Auf der anderen Seite bitte ich aber, deutlich zu sehen: Wenn es uns nicht eines Tages so gehen soll wie dem Fischer und seiner Frau in dem pommerschen Märchen, daß eines Tages der große Geist rauscht und sagt: »Go du man to hus, se sitt all wedder in ehren olen Pißpott«, dann bitte ich durchaus zu sehen, daß unsere realen Lohn-, Gehalts- und Rentensteigerungen in einer weltwirtschaftlichen Schlechtwetterzone keineswegs schlecht sind. Sie sind nicht von Pappe. Vergleicht sie einmal mit den realen Einkommenssteigerungen in anderen Ländern, die gleich uns von derselben Weltwirtschaftsmisere betroffen sind!

Ich rate also weiterhin zum Augenmaß bei der Beurteilung dessen, was Ihr erreicht habt.

In dieser Zeit weltweiter Konkurrenz und knapper und teurer Energie, in dieser Zeit des Kampfes um Absatz und das heißt um Arbeitsplätze bei rapider struktureller Veränderung im Inland wie draußen, geht es im wahrsten Sinne des Wortes darum, daß wir uns die Äste nicht absägen, auf denen wir sitzen.

Es ging ja in diesem Frühjahr nicht nur um Lohn; es ging um Arbeitsplätze im Zusammenhang mit dem technischen Fortschritt.

Dabei muß man auf zwei Dinge aufpassen: zum einen darauf, daß wir keine neue Maschinenstürmerei bekommen. Einer meiner Kollegen, der Bundesminister Volker Hauff, hat sich kürzlich mit Recht gegen allzu verkürzende Darstellungen gewendet. Schlagzeilen wie zum Beispiel »Ein Chip, der Arbeitsplätze frißt« oder »Der Jobkiller schlägt zu« machen Angst und verdecken, daß wir ohne Rationalisierung und ohne technischen Fortschritt bei unseren Einkommen und bei unserem realen Lebensstandard vielleicht schneller, als mancher denkt, das Schlußlicht in die Hand gedrückt bekommen könnten.

Ich habe mich dazu neulich in der »Welt der Arbeit« geäußert. Ich will das hier nicht wiederholen. Mir ist gesagt worden, daß dort an einer Stelle ein Druckfehler vorgekommen sei, der ein Argument in das Gegenteil verkehrt hat. Vielleicht sollte ich, um mich vor Mißdeutungen zu bewahren, angesichts dieser Druckfehlerteufelei wenigstens den einen Satz hier noch einmal wiederholen, nämlich daß ich im Zusammenhang mit der Rationalisierung, von der ich eben als Notwendigkeit sprach, von den berechtigten Sorgen der Arbeitnehmer sprechen wollte und sprechen muß.

Wir haben ja einige Generationen lang einen Kampf um die Emanzipation der Arbeitnehmer gemeinsam geführt. Das, was in diesem Emanzipationskampf für den Arbeitnehmer gewonnen worden ist, das darf nun allerdings nicht unter die Räder der Rationalisierung oder unter die Räder des technischen Fortschritts gelangen. Soziale Wertvorstellungen müssen sich gerade in Krisen bewähren, sonst taugen sie nichts.

Nun kann ich als Bundeskanzler nicht die Funktion eines Tatrichters übernehmen. Aber wenn ich an die Aussperrungen dieses Frühjahrs denke, dann muß ich sagen: Auf die Legitimität eines Kampfmittels darf sich nur berufen, wer zugleich bereit ist, von diesem Kampfmittel keinen unverhältnismäßigen Gebrauch zu machen. Ein Verbot des Übermaßes gilt für unsere ganze rechtsstaatliche Ordnung.

Soziale Verantwortung beweist nur, wer bereit ist, die sozialen Sorgen der Arbeitnehmer ernst zu nehmen, und die Sorge um den Arbeitsplatzverlust bei technischem Fortschritt ist eine legitime, eine sehr naheliegende Sorge.

Der Sozialstaat darf nicht zu einem Etikettenschwindel werden. Er darf übrigens auch nicht zu einem Selbstbedienungsladen gemacht werden. Der Sozialstaat ginge kaputt, wenn von ihm immer nur gefordert wird und dabei vergessen würde, daß man dazu auch beitragen muß, wenn man von ihm etwas haben will.

Der Sozialstaat ist andererseits, wie ein Kronjurist unter Konrad Adenauer vor 30 Jahren es einmal geschrieben hat, kein »substanzloser Blankettbegriff«.

Und daß er dies nicht werde, daß alle, die in ihm Verantwortung tragen – die Gruppen, die ihn mit Leben und Inhalt erfüllen –, dies auch tatsächlich tun, ist eine der Aufgaben dieses DGB-Kongresses, wie es die Aufgabe aller anderen Gewerkschaftskongresse früher war und auch in Zukunft sein wird. Das ist auch eine Aufgabe der alltäglichen Arbeit aller Gewerkschaften.

Ich halte es übrigens auch für eine sozialstaatliche Fehlentwicklung – das Wort Dissonanz reicht hier nicht aus –, verursacht durch diejenigen, die über Ausbildungsplätze verfügen, daß diejenigen, die über Ausbildungsplätze verfügen, angesichts des Ansteigens der Zahl junger Menschen, die ins Berufsleben treten wollen, ihren Aufgaben noch nicht voll gerecht geworden sind. Dies muß sich ändern. Sonst versagt unsere sozialstaatliche, unsere wirtschaftliche Ordnung in einem ganz wichtigen Punkte.

Wenn ich sage »diejenigen, die über Ausbildungsplätze verfügen«, schließe ich Euch ein. Es ist ein Irrtum zu meinen, daß der Staat durch Verordnung in unserer Wirtschaftsordnung dies erzwingen kann. Ich schließe ganz ausdrücklich die Betriebsräte und Personalräte sowie auch die, die in Aufsichtsräten mitbestimmen, mit ein in die Verantwortung, genug Ausbildungsplätze zu schaffen für die größere Zahl von jungen Menschen, Mädchen und Jungens, die in diesen Jahren von den Schulen kommen. In wenigen Jahren wird es schon wieder einen Mangel an gewerblichem Nachwuchs geben. Und dann wird es einen Mangel an Facharbeitern geben können.

Dies ist meine erste Bitte an Euch. Ich habe heute vier Bitten vorzubringen. Meine erste Bitte an Euch lautet, die Möglichkeiten der betrieblichen wie der unternehmerischen Mitbestimmung zu nutzen auf diesem Feld, daß jeder, der es möchte, ein Ausbildungsverhältnis eingehen kann.

Ja, ich möchte, und das ist meine zweite Bitte, darum ersuchen, daß wir möglichst viele – vor allen Dingen möglichst viele Mädchen und deren Eltern – dazu überreden, daß auch Mädchen sich in ein Lehrverhältnis einlassen. Die Gleichberechtigung der Frauen kann nie Wirklichkeit werden, wenn sie nicht am Anfang des beruflichen Lebens ihre Chancen wahrnehmen.

Und das ist auch nicht nur eine Sache bloß zum Beklatschen auf einem Kongreß, sondern dafür muß man in der eigenen Familie sorgen.

Übrigens, um das Stichwort von den sozialen Dissonanzen noch einmal aufzunehmen: Wir könnten selber eine produzieren. Wir, die Arbeitnehmerbewegung, könnten selber eine Dissonanz produzieren, wenn wir, wie zum Beispiel in der Frage der Rentenfinanzierung, nicht den Wunsch nach noch höheren Rentensteigerungen auf der einen Seite austarieren, auf der anderen Seite mit der Belastungsfähigkeit der aktiven Arbeitnehmer, die durch ihre Abzüge vom Bruttolohn und Bruttogehalt die ganze Sache ja finanzieren müssen. Sie finanzieren das durch ihre Abzüge in Gestalt der Lohnsteuer. Man soll sich da nicht täuschen.

Wer nach vielen Jahren überproportionaler Rentenerhöhung heute in wirtschaftlich schwieriger Zeit der

Meinung ist, die Zuwachsraten der Renten müßten auch in Zukunft noch netto höher sein als die Einkommen der Aktiven brutto, wird es schwer haben, auf die Frage nach der Symmetrie eine ausreichende Antwort zu geben, der wird es auch schwer haben, im Bewußtsein der arbeitenden Menschen die Bereitschaft zum Einhalten des Generationenvertrages ungeschmälert zu erhalten.

Ich möchte von einem anderen Thema, dem wichtigsten Thema dieser Jahre, sprechen. Das betrifft unsere größte Aufgabe, nämlich die Wiederherstellung eines hohen Beschäftigungsstandes, einer vollen Beschäftigung all derer, die arbeiten wollen und können. Das ist eine Aufgabe, die alle Beteiligten nur gemeinsam lösen können.

Wenn es gegen die Arbeitslosigkeit geht, wenn es darum geht, alle wieder in produktive Tätigkeit zu bringen, sollte sich keiner zurückhalten, der dazu einen Beitrag leisten kann. Es ist keineswegs der Staat allein, der dies zu leisten hätte. Es seid zum Beispiel auch ihr. Es ist auch der gegenübersitzende Tarifpartner. Man kann nicht bei Lohnautonomie, für die ich solange kämpfen werde, wie ich in der politischen Arena stehe, sowie bei freien Märkten und freien Preisen, für die ich auch kämpfen werde – dabei kann ich mir nicht vorstellen, daß die Beamten des Staates das besser können als mitbestimmte Unternehmen –, die Verantwortung für das Ergebnis einseitig dem Staat und seinen Behörden zuschieben wollen.

Der Staat kann, wenn es der Bundesrat und das Verfassungsgericht erlauben sollten, durch seine Gesetze Steuern senken, Kindergeld erhöhen – hat er auch gemacht – und Investitionsprogramme machen. Das hat er auch getan. Er kann Milliarden ausgeben. Er kann sich jedes Jahr in Milliardengröße bis an die Halskrause neu verschulden. Das tut er auch, jedenfalls der Bund. Und er hat ja damit mehr Erfolg als manche anderen Länder, die uns in industrieller Hinsicht vergleichbar sind.

Aber der Staat ist nicht allein verantwortlich. Auch andere Beteiligte dürfen sich aus der Mitverantwortung nicht wegstehlen. Und es geht eben auch nicht ohne die Entschlußkraft der Unternehmen. Und es geht auch nicht ohne die Risikobereitschaft der Unternehmen.

Ich spreche nicht nur von den großen. Ich spreche ausdrücklich auch von den mittleren. Und ich spreche ganz ausdrücklich von den kleinen und benutze die Gelegenheit, vor einem Gewerkschaftkongreß ein Wort der Anerkennung zu sagen gegenüber dem Handwerk, das in den letzten Jahren außergewöhnlich erfolgreiche Anstrengungen unternommen hat, um zusätzliche Lehrverhältnisse zu schaffen.

Und es geht nicht ohne das eigene Zutun der Arbeitnehmer, nicht ohne die Mobilität des einzelnen Arbeitnehmers, nicht ohne seine Bereitschaft, im Notfall sogar den Beruf, und nicht nur den Arbeitsplatz, zu wechseln. Und es geht nicht ohne die Bereitschaft, im Notfall sogar des Arbeitsplatzes wegen den Wohnort zu wechseln. Und es geht auch nicht ohne innere Bereitschaft zum lebenslangen Lernen. Hier sitzen die Gewerkschaften am langen Hebel der Aufklärungsmöglichkeiten.

Ich will hier eine Bemerkung einfügen, die man aus meinem Munde schon kennt. Ich hätte es gern gesehen, wenn die sehr tief sitzende Verstimmung aus Anlaß der Mitbestimmungsklage von vornherein vermieden worden wäre. Hier ist von konservativer Seite politisches Porzellan zerschlagen worden.

Ich habe aus meiner Meinung, daß ich die Verfassungsbeschwerde für einen schlimmen Fehler halte, nie ein Hehl gemacht. Aber ich füge auch hinzu: Die Verfassungsklage sollte kein Anlaß sein, daß wir uns selbst in dem gesellschaftspolitischen Give und Take, in der gesellschaftspolitischen Auseinandersetzung, teilweise bewegungsunfähig machen.

Die Mitbestimmungsklage rührt in der Tat an die Grundfesten unserer gesellschaftlichen, auch unserer staatlichen Ordnung, aber auf eine andere Weise, als die Verfassungskläger sich das vorstellen.

Für mich gehört Mitbestimmung zu den Grundforderungen an die demokratische Ordnung, in der wir leben wollen.

Sie darf von konservativen Rückwärtsdenkern aus unserer politisch gesellschaftlichen Ordnung und Wirklichkeit nicht hinausinterpretiert werden. Ohne die Mitarbeit der Gewerkschaftsbewegung wäre ja auch unser Grundgesetz nicht zu der freiheitlichsten und zu der sozial gerechtesten Verfassung geworden, die je auf deutschem Boden gegolten hat.

Meines Erachtens gehört das, was führende Frauen und Männer der Gewerkschaftsbewegung gedanklich und geistig zur Entstehung des Grundgesetzes beigetragen haben in jener Zeit nach der großen Katastrophe, mindestens mit demselben Recht zum notwendigen Material der Verfassungsinterpretation wie das, was konservative Verfassungsjuristen und Industrieanwälte später in das Grundgesetz hinein- oder aus dem Grundgesetz herausinterpretiert haben möchten.

1949 hat Hans Böckler auf dem Gründungskongreß des DGB die Verwirklichung der Mitbestimmung als eine der zentralen Erwartungen an die neue Verfassung gekennzeichnet. Er hat damals durchaus weitsichtige Mitstreiter gehabt, zum Beispiel im gleichen Jahr 1949 den Katholikentag in Bochum, der gesagt hat: »Das Mitbestimmungsrecht aller Arbeitenden bei sozialen, personellen und wirtschaftlichen Fragen ist ein natürliches Recht in gottgewollter Ordnung.«

Und ähnliche Grundsatzvoten hat damals auch die Evangelische Kirche Deutschlands abgegeben. Nun geht es freilich nicht allen von uns um die gottgewollte Ordnung, wohl aber geht es doch uns allen um die demokratische Ordnung.

Und als einer der leitenden Angestellten dieses Staates mit erheblicher Verantwortung für das Gelingen dieses Staates belastet, füge ich hinzu: Wer den deutschen Arbeitnehmern das Vertrauen in mehr Mitgestaltung, in mehr Mitverantwortung, in mehr Mitbestimmung nehmen würde, der könnte auch ein gutes Teil ihres Vertrauens in die Demokratie gefährden.

Ohne das Vertrauen der Arbeitnehmer würde dann in der Tat auch die zweite deutsche Demokratie erheblichen Schaden nehmen. Vielleicht darf man an dieser Stelle hinzufügen, daß von Anfang an, seitdem es das Grundgesetz gibt, an dem jedes Jahr soviel gebastelt wird, im gleichen Artikel und im gleichen Rang mit der Eigentumsgarantie eben auch das Prinzip von der Sozialpflichtigkeit des Eigentums steht, und das mit Recht. Wenn von der Verfassung die Rede ist, möchte ich an dieser Stelle eine dritte Bitte aussprechen dürfen. Morgen jährt sich zum 29. Mal der Tag der Verkündung des Grundgesetzes. Im nächsten Jahr wird dann unsere Verfassung und damit unsere Demokratie 30 Jahre, früher hätte man gesagt, ein Menschenalter, bestehen.

Vielleicht sollten wir den kommenden 30. Geburtstag unserer Verfassung zum Anlaß nehmen, bewußt über die Grundlagen unseres demokratischen Selbstverständnisses nachzudenken. Vielleicht wäre es ein Anlaß für einen jedermann überzeugenden Feiertag für die Demokratie in Deutschland.

Wir Deutschen tun uns ja eine bißchen schwer mit dem Feiern. Wir suchen die Anlässe auch nicht immer gerade geschickt aus. Ich habe in der Weimarer Demokratie in der Schule noch den Sedan-Tag gefeiert. Das kommt einem heute sehr komisch vor.

Die Schlachten- und Heldengedenktage sind ja nun Gott sei Dank vorbei. Aber mir scheint, auch der 17. Juni war als Feiertag immer reichlich problematisch. Das ist gewiß keine Verbeugung vor dem anderen deutschen Staat, in dem es gewerkschaftliche Freiheiten nicht gibt.

Aber der 17. Juni 1953 war letztlich eine Niederlage des Freiheitswillens. Ich könnte mir deshalb, und das sage ich für meine Person, ganz gut vorstellen, daß wir in Zukunft das »große Angebot«, als das Gustav Heinemann das Grundgesetz bezeichnet hat, mit einem sehr selbstbewußten Festtag am 23. Mai feiern. Jedenfalls möchte ich die Gewerkschaften herzlich darum bitten, darüber nachzudenken und das Ergebnis Eures Nachdenkens einzubringen in solche Überlegungen.

Ich habe nun noch eine vierte Bitte, und die ist scheinbar ganz unpolitisch und sie betrifft ein Thema, das man gemeinhin vom Bundeskanzler nicht erwartet. Er wird zwar als kompetent angesehen für Wirtschafts- und Finanzpolitik, Sicherheits- und Außenpolitik, und ich denke, sogar zu Recht.

Aber zu Fragen des zwischenmenschlichen Klimas unserer Gesellschaft, zu denen ich einen Gedanken äußern möchte, soll ein Bundeskanzler nach allgemeiner Meinung eigentlich nur in der Neujahrsansprache etwas sagen.

Bei mir wie bei vielen anderen verstärkt sich der Eindruck, daß die Menschen heute nicht mehr genug miteinander reden und daß sie nicht genug miteinander tun. Dies ist nun allerdings ganz und gar nicht eine private

Sache. Die Demokratie ist darauf angewiesen, daß ihre Bürger nicht nebeneinanderherleben, sondern daß sie ihr Leben gemeinsam gestalten.

Ich habe in der letzten Woche mit einigen Fachleuten ein Gespräch darüber geführt, welche Rolle eigentlich das Fernsehen oder genauer gesagt der durchschnittliche Fernsehkonsum in deutschen Familien für die verminderte Kommunikation in unserer Gesellschaft spielt. Entschuldigt bitte diesen soziologischen Ausdruck. Jedermann wird langsam davon infiziert.

In manchen Familien ersetzt das Fernsehprogramm heute weitgehend den unmittelbaren Umgang der Menschen miteinander. Viele Bürger sitzen Abend für Abend zwar zusammen, aber sie sitzen schweigend vor der »Glotze« und lassen sich von der Faszination gefangennehmen, die von dort ausgeht. Bei der Diskussion der letzten Woche habe ich in meinem Beitrag, den will ich auch dieser Tage in einer Zeitung veröffentlichen, ein Experiment vorgeschlagen. Nämlich das Experiment, ob man nicht in jeder Familie in jeder Woche einmal einen Abend das Fernsehen von sich aus und freiwillig und auf gemeinsamen Beschluß ausläßt.

Der Beifall war spärlich. Es ist auch zum Nachdenken und nicht zum sofortigen Beklatschen.

Es ist ja nur eine Bitte, darüber nachzudenken, ob man auf diese Weise mehr Raum, mehr Gelegenheit gewinnt zum Gespräch mit den eigenen Kindern – in wieviel Familien ersetzt das Fernsehgerät den Babysitter –, mit eigenen Freunden und Nachbarn, und vielleicht auch für mehr aktive Freizeit in Vereinen, für Spiel, für den Sport, auch übrigens für die Gewerkschaftsarbeit. Die richtet sich inzwischen ja auch nach Fernsehterminen. Genau wie die Arbeit der politischen Parteien.

Ich möchte nicht mißverstanden werden. Das ist eine

Bitte, darüber nachzudenken. Vielleicht auch andere Erfahrungen einzubringen. Es geht um Freiwilligkeit. Nicht um einen aufgezwungenen fernsehfreien Tag. Jeder private Haushalt muß das selber wissen und entscheiden.

Es geht nicht darum, das Fernsehen schlechtzumachen. Im Gegenteil, das hat sehr viele gute und unerhört nützliche Seiten. Was die politische Information angeht, was den Arbeitnehmer angeht, dem es ermöglicht, sich am Feierabend zu entspannen. Für viele alte Menschen ist das Fernsehen geradezu unersetzlich.

Ich denke aber, man sollte den Vorschlag einmal diskutieren und überlegen, ob da nicht ein bißchen mehr Humanität in unsere Gesellschaft kommen könnte. Ich erinnere mich ja noch sehr gut und viele von Euch, denen es genauso geht, wie wohltuend wir das alle empfunden haben, als wir unter dem Druck des Ölembargos heute vor ein paar Jahren ein paar Sonntage nicht Auto fahren konnten, wie gut das war, wie menschlich das Leben plötzlich war.

Wenn man darüber nachdenkt, was der technische Fortschritt an sozialer Gefährdung mit sich bringt, dann sollte man auch einmal darüber nachdenken, was der technische Fortschritt in Gestalt von Fernsehen und Autos an Gefährdung der Humanitas mit sich bringt.

Nun aber Schluß mit meinen Bitten um Erörterung und Diskussion. Ich möchte am Schluß sagen: die Weiterentwicklung der sozialen und der liberalen Werte unserer Gesellschaft kann nur gelingen, wenn durch das Gespräch untereinander, auch durch das kritische Gespräch, unsere Gesellschaft immer wieder vor Erstarrung bewahrt wird. Deswegen muß dieser ständige Anstoß, den das kritische Gespräch bringt, zum Weitermachen und zum Vollenden immer wiederholt werden. Und dabei hoffe ich, daß Ihr Euch jenen Schuß pragmatischen Denkens bewahrt, der Euch auszeichnet.

Es war doch die Verbindung von Grundsatztreue auf der einen mit der Fähigkeit auf der anderen Seite, nach Augenmaß pragmatisch zu handeln, die in diesen dreißig Jahren von 1949 bis heute aus der Zerstörung und Katastrophe heraus die deutschen Arbeitnehmer in die Spitze des Reallohnes und der realen Renten auf der ganzen Welt geführt hat. Das muß man sich zum Bewußtsein bringen. Eine stattliche Leistung, im wesentlichen Eure Leistung. Das sage ich hier nicht, um dem Gewerkschaftstag zu gefallen; ich habe das auf vielen politischen Versammlungen meiner Partei und ebenso im Bundestag viele Male in ähnlicher Form gesagt. Diese Verbindung zwischen Grundsatztreue und der Fähigkeit zum pragmatischen Handeln, das rauszuholen, was drin war, ohne die Kuh zu schlachten, die auch nächstes Jahr Milch und Butter geben soll, das hat die Leistung zustande gebracht.

Meine Hoffnung ist, daß die Gewerkschaftsbewegung sich diese pragmatische Fähigkeit bewahrt. Schließlich ist das Abstrakte, das Akademische, das auf der Stirne zur Schau getragene Grundsätzliche, in vielen Fällen nichts anderes als ein Brett vor dem Kopf.

Ich habe davon gehört, daß Walter Hesselbach gestern hier eine viele Menschen anregende, ihnen zu Herzen gehende Rede in realistischem Optimismus gehalten hat. Ich möchte ihm beipflichten. Laßt Euch doch nicht anstecken von der Schwarzmalerei gewisser Syndizi der unternehmerischen Verbände. Dazu ist gar kein Grund.

Wir haben Sorgen, das ist wahr. Aber wir haben auch gezeigt, und wir können doch vergleichen – es gibt ja internationale Gewerkschaftsverbindungen, internationale Treffen und Diskussionen –, daß wir fähig waren, bei allen Sorgen, die alle Staaten, alle Menschen in Indu-

strieländern und Entwicklungsländern, gleichermaßen
haben, hier beinahe die allerhöchsten Reallöhne der ganzen Welt zu erreichen, mit einigen anderen Ländern gemeinsam die höchsten Reallöhne der ganzen Welt, die
höchsten realen Renten der ganzen Welt mit einigen anderen Ländern gemeinsam, in der ganzen Europäischen
Gemeinschaft die geringste Arbeitslosigkeit, wenn ich
einmal für ein paar Minuten vom Großherzogtum Luxemburg absehen darf, und den niedrigsten Preisanstieg
in der Europäischen Gemeinschaft.

Sicherlich ist das nicht alles gut, was Sie hier heute
vorfinden. Ich bin weit entfernt, es für gut zu halten.
Aber sicherlich ist es nicht schlecht. Die Grundmelodie
muß hörbar bleiben, sagte ich vorhin, und zur Grundmelodie gehört das Bewußtsein und der Stolz auf das und das
Bewußtsein dessen, was wir hier gemeinsam erreicht haben. Es ist nicht selbstverständlich, und es kann zerstört
werden.

Meine Bitte deshalb, daß wir uns das Stirnrunzeln bewahren, wenn es um sogenannte Patentrezepte geht, daß
wir uns die gesunde Skepsis bewahren gegenüber neuen
Systemen, die uns angepriesen werden; es gibt sie bisher
nirgendwo auf der Welt mit Erfolg, aber auf dem Papier
werden sie uns doch angepriesen. Es gibt sie nicht, die
großen einfachen Entwürfe gegen Arbeitslosigkeit, für
mehr Energie, gegen Terrorismus, für Vollbeschäftigung,
das ist alles nur auf dem Papier einfach.

Auch den Frieden in der Welt kann man nicht mit klugen Papieren wahren, sondern nur durch zähe und gedul-
dige Arbeit für Verständigung und Ausgleich, auch mit
solchen, mit deren inneren und Grundwerten wir nicht
übereinstimmen und auch in Zukunft nicht übereinstimmen wollen.

Und auch der innere Frieden, die Überwindung des

Terrorismus, etwa der Gefahren, die von ihm ausgehen, auch das ist nicht durch einfache Rezepte zu machen, etwa nach dem Motto: Je schärfer ein Gesetz, desto besser. Das ist auch nicht zu machen durch eine Flut von Gesetzen und auch nicht durch eine Flut von allgemeiner Schnüffelei im öffentlichen Dienst.

Dieser inzwischen mehr berüchtigt als berühmt gewordene Extremistenerlaß hat für die Bundesregierung seit Jahren keine Bedeutung, wie Sie wissen; ich sage das nur, weil gestern ein anderer, der Oppositionsführer im Bundestag, eine Frage an mich gerichtet zu haben scheint. Für die Bundesregierung gilt das Beamtengesetz, und es gibt dazu die vom Bundesverfassungsgericht ergangene Rechtsprechung, insbesondere vom Mai 1975. Auch wenn sie in einzelnen Punkten nicht voll überzeugt, haben wir die verdammte Pflicht und Schuldigkeit, den Befehlen der Verfassung – und das Bundesverfassungsgericht setzt zusätzliche Befehle von Verfassungsrang – zu gehorchen. Dies ist meine Amtspflicht.

Wie das Bundesverfassungsgericht entscheidet, weiß man nicht immer vorweg, sonst würde man ja auch gar kein Verfassungsgericht brauchen; wenn das Verfassungsgericht gesprochen hat, ob es uns gefällt oder nicht, auch in Sachen des öffentlichen Dienstes, wollen wir, müssen wir befolgen, was dort gesagt wird.

Aber ich will in dem Zusammenhang der inneren Befriedung auch ein ausdrückliches Wort des Dankes an die Gewerkschaftsbewegung insgesamt richten, die uns bisher – und ich hoffe, das wird auch so bleiben – in der Abwehr exzessiver Gesetzgebungsvorschläge ein sehr solider Partner mit demokratischem Augenmaß gewesen ist. Das muß auch so sein.

Was insgesamt, liebe Kolleginnen und Kollegen, vor uns steht, außenpolitisch, was den äußeren Frieden angeht, wirtschaftspolitisch, in der Welt und im Innern, sozialpolitisch, was den inneren Frieden angeht, was insgesamt an politischer und sozialer Aufgabe vor uns steht, das alles verlangt Geduld, Gelassenheit; ich wiederhole mich, ein bißchen Fröhlichkeit von Zeit zu Zeit wäre dabei ganz gut, paßt auf, daß wir nicht zu Sauertöpfen werden.

Und es verlangt die tapfere Bereitschaft, das zu erhalten und das zu verteidigen, was wir aufgebaut haben und was wir weiter ausbauen wollen.

Laßt uns dafür, liebe Kolleginnen und Kollegen, weiterhin die Bestätigung der Menschen in den Betrieben suchen, weiterhin Mehrheiten finden, weiterhin glaubwürdig bleiben für das, was uns gemeinsam bewegt, und für das, was wir gemeinsam bewegen wollen.

Es ist in diesem Sinne, daß ich dem Bundeskongreß des Deutschen Gewerkschaftsbundes von Herzen guten Erfolg wünsche.

REGISTER

Vorbemerkung:

Namen sind durch kursive Schrift gekennzeichnet. Nicht in das Register aufgenommen wurden die sehr häufig vorkommenden Stichworte: Bundeskanzler, Deutschland, Nation, Staat. Für einige andere Stichworte, die ebenfalls sehr häufig vorkommen, werden nur die ausführlicheren Textstellen angegeben, z. B. Bundesregierung, Bundesrepublik, Demokratie, Europa, Freiheit, Frieden, Toleranz, Verantwortung, Verfassung, Vertrauen, Würde.